미래실전 투자론

하태관

황금알

미래실전 투자론

발행일 | 2022년 8월 25일

지은이 | 하태관
펴낸곳 | 도서출판 황금알
펴낸이 | 金永馥

주간 | 김영탁
편집실장 | 조경숙
편집디자인 | 황은정
인쇄제작 | 칼라박스
주소 | 03088 서울시 종로구 이화장2길 29-3, 104호(동숭동)
전화 | 02) 2275-9171
팩스 | 02) 2275-9172
이메일 | tibet21@hanmail.net
홈페이지 | http://goldegg21.com
출판등록 | 2003년 03월 26일 (제300-2003-230호)

값은 뒤표지에 있습니다.

ISBN 979-11-6815-029-4-93320

PROLOGUE

본서는 투자론을 처음 접하는 학생 그리고 공과대학생들과 투자론에 관심이 있는 투자자, 투자분석가, 기업의 CFO, 애널리스트 지망생, 투자를 준비하고 있는 벤처기업가, 중소기업 경영자 등과 일반인들이 투자를 하기 전에 배워야 할 필수적인 요소들, 투자대상에 대한 분석능력, 동물적 감각과 분석스킬을 가르치고자 하오며 본서를 강의교재로 채택하시고자 하는 교수님들을 위해 강의교안을 제공한다.

투자론이 학문화되는데 그리 길지 않은 역사 때문에 현존하는 투자론은 대부분 투자대상인 상품을 가르치는데 한정되어 있다. 따라서 다년간 강의와 애널리스트 경험을 통해 학생과 직장인, 투자자들이 갖추어야 할 투자대상과 투자상품을 분석할 줄 아는 시각을 키워줄 수 있는 책이 필요하다고 느꼈기에 부족하나마 본서를 집필하게 되었다. 이 책을 통해 사고의 확장과 다양하고 변화무쌍한 산업과 투자동향을 파악하게 되어, 투자분석능력이 향상되었으면 하는 바람이다. 투자대상에 대한 투자분석능력의 바탕이 반듯하게 선 후에야 자신에게 맞는 투자상품은 언제든지 고르기만 하면 되도록 그 본서의 기초를 두었다.

본 책은 최근 투자환경의 변화와 제도를 반영하고자 하였으며, 새로운 이슈와 추세를 최대한 반영함으로써 독자들에게 가장 최신의 자료와 지식, 정보를 전달하는 한편 이론적인 면보다는 실제 활용면을 중심으로 기술된 것이 특징이라 할 수 있다.

본서는 크게는 5부 16장으로 그 구성내용을 살펴보면 다음과 같다.

제1부에서는 투자론에 대한 개념을 정립하기 위하여 제1장에서는 투자론의 기초개념을 통해 투자론을 배우는 목적을 분명히 하고 투자와 투기의 차이점을 구분하도록 하였다. 특히 부자가 되고 싶은 이유와 재테크 개념을 확립하며 최근 투자환경의 변화를 탐구하도록 하였다. 제2장에서는 도대체 경기란 무엇인가? 경기변동성에 대한 이해를 비롯하여 실전 투자환경과 그 개념 그리고 호황과 불황에서의 투자법을 익히도록 하였다. 제3장에서는 투자심리와 투자에 임하는 태도를 학습하고, 집단의견 수렴현상을 통해 집단 속에서의 개인의 의사결정의 쏠림현상에 대한 이해와 군중심리를 잘 이해해, 투자세계에 대한 폭넓은 이해와 시각을 갖추도록 하였다.

제2부에서는 경기변동성 속에서 투자의 기회와 위험의 개념과 실전 투자방법을 익히기 위해 불확실성 하의 선택기준과 위험과 수익률 개념을 정립하도록 하였다. 제4장에서는 투자의 기회와 위험을 경기순환 과정의 구조 속에서 경기의 저점과 고점에서의 투자전략을 실제 상황에 접목하여 투자스킬을 학습하도록 하였다. 제5장에서는 위험과 수익률의 상충개념을 배워 "수익률을 쫓지 마라"는 격언의 의미를 깨우치도록 하였다. 제6장에서는 투자에서 가장 중요한 투자자산에 따른 구매력위험, 이자율위험과 경영위험 등 각종 종류별 투자위험을 분석하여 리스크관리 스킬을 배양하고자 하였다. 제7장에서는 전장에서 학습된 변화된 시각으로 효율적 분산투자와 자본자산가격결정모형을 학습하여 투자의 기회와 위험에 대한 의사결정능력을 향상하도록 하였다.

제3부에서는 시장과 정보에 대한 이해도를 높이고자 하였다. 제8장에서는 효율적 시장가설의 개념적 정리와 가장 중요한 각종 뉴스와 정보의

차이에 대한 이해와 이 세상에 존재하는 모든 정보에 대한 해석방법을 알아보고 주식투자의 정석을 배워보도록 하였다. 특히 전설적인 펀드매니저가 왜 전설적인가와 그 의미와 시장을 상대로 싸워 수익률을 내는 것이 얼마나 드문 일인가를 이해하도록 하였다. 제9장에서는 비정상적인 시장패턴이 자산가격에 지속적이고 반복적으로 영향을 주는 시장이례현상을 학습하고 시장심리를 파악하여 실전에 응용하도록 하였다.

제4부에서는 투자대상에 내재된 리스크를 발견할 줄 알고 투자대상에 대한 리스크분석 스킬과 분석방법을 익히는데 주안점을 두었다. 특히 투자분석 능력개발을 위해 제10장에서는 투자분석은 왜 하여야만 하는지 그 개념을 정립하고 애널리스트로서 핵심분석 8가지 분석포인트와 투자대상에 내재된 제반 리스크의 종류를 학습하도록 하였다. 제11장에서는 투자대상분석에서 가장 중요한 기본적 분석절차와 스킬을 익히며 제12장에서는 기술적분석에 대한 기초개념을 배우도록 하였다. 그리고 제13장에서는 기업에 대한 가치평가의 목적과 필요성, 중요성에 대한 인식하에 주식가치평가, 채권가치 평가 등 가치평가 분석능력을 키우도록 하였다.

제5부에서는 앞에서 배운 투자에 대한 기초지식과 분석 스킬 배양을 통해 자신이 선택해야 하는 투자대상인 금융투자상품에 대한 이해도를 높이는 단계이다. 제14장에서는 현대인으로서 필요한 최신의 다양한 자본시장법에 따른 금융투자상품과 집합투자증권, 신탁과 실적상품, 기타 금융투자상품에 대하여 학습하도록 하였다. 제15장에서는 주식과 채권에 대한 기초개념과 상품에 대한 이해도를 높이도록 하였다. 마지막으로 제16장에서는 파생상품에 대한 기본개념을 정리하여 리스크 헷지 개념을 정립하도록 하였다.

특히, 본서의 특징은 각 장을 학습해가면서 자연스럽게 투자론에 대한 기초지식을 쌓고 실전까지 익혀지도록 구성하였고 투자대상 분석능력을 키우는데 주안점을 두었다. 각 장마다 학습목표와 학습내용을 제시하여 투자론을 이해하는 데 도움을 주고자 하였으며 실전감각을 키울 수 있도록 준비하였고, 투자론 산책을 통해 투자론 상식을 증대시키고, 연습문제를 통해 종합정리와 피드백에 도움이 되도록 설계하였다.

끝으로 본서가 나오기까지 끊임없는 격려와 성원을 보내주신 황금알출판사 김영탁 주간님에게 존경과 감사의 말씀을 올리며, 고마움을 표합니다. 그리고 대한민국의 백년대계인 참교육을 위해 평교사의 길을 가고 있는 고마운 아내와 동물을 사랑해 수의사의 길을 가고 있는 큰아들 종수와 사람을 사랑해 의사의 길을 선택한 작은 아들 준수, 가족들과 어머니, 그리고 30여 년의 산업경험을 다시 보태주신 호서대학교의 강석구 총장님께 감사의 인사를 드립니다. 또한, 이 순간 하루의 여행을 저와 함께 살아가고 있는 모든 분들에게 큰 고마움을 표하며 이 모든 것을 주님께 바칩니다.

2022년 양재천에서
하태관 씀

차 례

제1부 투자론의 기초와 투자심리

제1장 투자론의 기초개념

제2장 실전 투자환경과 경기변동성에 대한 이해

제3장 투자심리와 태도

제 2 부　투자의 기회와 위험

제4장 투자의 기회와 위험

제5장 위험과 수익률

제6장 투자위험의 특성과 리스크관리

제7장 포트폴리오 관리

제3부 효율적시장가설과 시장이례현상

제8장 효율적시장가설

제9장 시장이례현상과 주가변화

제4부 투자분석 능력개발

제10장 투자분석 능력개발

제11장 기본적 분석

제12장 기술적 분석

제5부 투자상품에 대한 이해

제14장 금융투자상품에 대한 이해

제15장 주식과 채권에 대한 이해

제16장 파생상품에 대한 이해

제1부 투자론의 기초와 투자심리

제1부의 목표

제1부에서는 투자론에 대한 개념을 정립하기 위하여 제1장에서는 투자론의 기초 개념을 통해 투자론을 배우는 목적을 분명히 하고 투자와 투기의 차이점을 구분하도록 하였다. 특히 부자가 되고 싶은 이유와 재테크 개념을 확립하며 최근 투자환경의 변화를 탐구하도록 하였다. 제2장에서는 도대체 경기란 무엇인가? 경기변동성에 대한 이해를 비롯하여 실전 투자환경과 그 개념 그리고 호황과 불황에서의 투자법을 익히도록 하였다. 제3장에서는 투자심리와 투자에 임하는 태도를 학습하고 집단의견 수렴현상을 통해 집단 속에서의 개인의 의사결정의 쏠림현상에 대한 이해와 군중심리를 잘 이해해 투자세계에 대한 폭넓은 이해와 균형 잡힌 시각을 갖추도록 하였다.

투자론의 기초개념

이 장에서 학습하는 내용

- 투자론의 기초개념
  - ▶ 투자란 무엇인가?
  - ▶ 투자와 투기의 차이점
  - ▶ 재테크란 무엇인가?
- 최근 투자환경의 변화

이 장의 학습목표

- 투자란 무엇인가 그 본질을 이해한다.
- 재테크에 대한 개념을 정리한다.
- 최근 급변하는 투자환경을 학습한다.

투자론 산책

남보다 빨리 부자되려면 창업하라
부자학 전문가 2인에게 물었다 "어떻게 돈버나"

사람들의 가장 흔한 신년 소망은 뭘까. 부자가 되고 싶다'라든지 "로또에 당첨됐으면 좋겠다" 등등 그야말로 희망사항에 불과한 것들이 대부분이다. '부를 누리고 싶다'는 것은 누구나 꿈꾸는 이야기겠지만, 현실의 덫에 걸리고, 때로는 방법을 잘 몰라서, 어떤 때는 노력 부족 등으로 대부분 잘 이뤄지지 않는다. 그래서 새해만 되면 한결같은 목소리로 사람들은 '돈을 많이 벌고 싶다'는 희망을 내비친다.

하지만 이를 단순한 희망에 머무르게 하지 않고, 실제로 실현한 사람들도 분명히 있다. 세상엔 돈의 구속에서 벗어나 자신이 하고 싶은 자유를 만끽하는 억만장자들이 수두룩하다. 군이 누구에게나 잘 알려진 워런 버핏이나 MS의 빌 게이츠를 거론할 필요가 없다. 2014년 새해를 맞아 매일경제 MBA팀은 30대에 '부(Wealth)'를 이룬 사람과 그 누구보다 부자들을 잘 아는 '부자학 전문가'를 인터뷰했다.

아무것도 가진 것 없던 빈털터리 청년 엠제이 드마코(MJ DeMarco)는 30대에 억만장자가 됐다. 리무진 운전사로 일하다가 리무진 예약서비스를 창업해 부자가 된 그는 '젊은 부자'가 되라고 강조한다. 인도나 서행차선이 아닌 '부의 추월차선'으로 달려야만 젊은 나이에 '부'를 얻을 수 있다고 말한다. 20·30대의 몇 년간, 하루 24시간 온종일 몸이 부서져라 일하더라도 젊었을 때 부유한 삶을 누릴 수 있는 게 훨씬 낫다는 것이다. 드마코에게 '젊은 부자되기'의 정답은 간단하다. 월급쟁이가 아니라 창업을 하는 것이다. 돈을 버는 게 아니라 창출하라는 뜻이다. 그 돈으로 미래의 시간을 사라고 조언한다. 지금 당장 명품 소비나 라이프스타일을 누리고 싶은 욕망은 집어치우라는 메시지도 잊지 않는다. 드마코는 매경 MBA팀과 인터뷰에서 "다 늙어 휠체어를 타게 된 부자는 소용없다"는 독설을 서슴없이 날렸다. 일주일에 5일씩 매일 오후 6시까지 평생 일해 모은 자금으로 60대에 은퇴해 근근이 살아가는 선택은 하지 말라고 했다.

부자들의 삶을 돋보기로 보듯이 관찰해온 부자학 전문가 루이스 시프(Lewis Schiff)는 부의 시스템화를 강조했다. 시프는 "주변에 부자들을 항상 두고, 그들의 이야기를 듣고 종합해 이를 하나의 시스템으로 만들라"고 조언했다. 그런 다음 이 시스템을 스스로에게 적용하는 데서 부의 창출이 시작된다는 게 시프의 주장이다. 시프는 '좋아하는 일을 직업으로 삼는 것'의 함정을 강조했다. 자신이 좋아하는 일을 잘해서 부자가 된다는 생각은 '중산층'의 순진한 생각이며, 오히려 부를 쌓아 자신이 좋아하는 일을 하는 역발상이 중요하다고 강조했다.

다음은 이들과의 자세한 인터뷰 내용이다. 먼저 엠제이 드마코의 인터뷰 내용을 소개한다.

엠제이 드마코 "자본 없단 말은 핑계…인터넷사이트라도 만들라"

❑ 많은 사람들이 부자가 되고 싶어 하지만 대부분 실패한다.

▶ 애초에 잘못된 길을 선택해 따라갔기 때문이다. 부자가 되려면 추월차선으로 빠르게 달려야 한다. 오전 9시~오후 6시까지 일하며 월급 일부를 펀드에 넣고, 저축을 하는 '성실한' 삶은 서행차선으로 달리는 것이다. 남에게 보이기 위해 과한 소비를 하거나 향락에 몰두하면 인도로 가는 것이다.

그러나 추월차선에 있는 사람은 다르다. 빠르고 효율적으로 사업을 시스템화해 기하급수적으로 돈을 벌며, 자신의 삶에 대한 통제력을 쥔다. 사람들은 부자가 되고만 싶어 할 뿐 추월차선으로 노선을 바꾸려고 하지 않는다. 그리고 실패한다.

❑ 보통사람들이 추월차선으로 노선을 변경하기 위해 어떻게 해야 하나.

▶ 시장에서 소비자가 되려는 생각을 일단 버려야 한다. 소비하기 위해 돈을 벌고, 주말을 위해 주중에 일을 한다는 소극적 생각은 버려야 한다. 펀드나 모기지론 등으로 부자가 될 수 있다는 생각도, 절약이 최고의 미덕이라는 순진함도 다 버려야 한다. 남의 밑에서 일하는 월급쟁이로는 안 된다.

자신의 현재 삶에 만족하고, 현재의 일에 보람을 느끼는 게 목표라면 월급쟁이도 괜찮다. 그러나 정말 '부자가 되는 것'이 목표라면, 자신만의 비즈니스를 해야 한다.

❑ 결국 창업이 답이라는 이야기인가.

▶ 그렇다. 자신만의 사업을 하고, 자신이 통제력을 갖고 있어야만 부를 기하급수적으로 불릴 수 있다.

❑ 누구나 창업을 할 수 있는 것은 아니지 않나.

▶부를 간절히 원하는 '절실한 사람'은 자신만의 비즈니스를 시작하기가 쉽다. 오히려 좋은 집이나 차, 옷을 갖고 있는 중산층이 현재 가진 것을 포기하지 못해 창업을 주저한다. 현재의 서행차선에서 '추월차선'으로 차선을 바꾸기를 꺼린다.

아래 중 하나만 100만 명에게 제공해도 부자가 된다
① 기분을 좋게 해줘라 ② 문제를 해결해줘라 ③ 교육을 제공하라 ④ 외모를 발전시켜라(건강, 영양, 옷, 화장) ⑤ 안전을 제공하라 ⑥ 긍정적 정서를 유발하라(웃음, 사랑, 행복, 자신감) ⑦ 삶을 편하게 만들어라 ⑧ 꿈과 희망을 고취하라

자료: 엠제이 드마코의 '부의 추월차선'

❑ 주변 여건이 허락하지 않거나, 조건이 안 맞아 창업을 주저하는 사람도 많을 것 같다.

▶ 나는 그런 이야기를 하는 사람들에게 '변명 3종 세트'는 집어치우라고 말한다. 변명 3종 세트는 '난 원래 돈이 없어' '난 시간이 없어' '나는 어떻게 해야 할지 모른다'고 하는 것이다. 우리 스스로를 세뇌시키는 거짓말이다. 마음을 병들게 하고, 변화를 위한 기본적인 시도조차 하지 않게 만든다. 이미 전 세계 수많은 창업가들이 이 세 가지는 변명에 불과하다는 것을 증명했다. 특히 인터넷이라는 도구가 보편화하면서 더 그렇다. 웹사이트를 열어 유지하는 데 얼마나 드는가. 월 10달러 정도다. 웹에는 지식이 널려 있다. 과거와 달리 저렴한 비용에 배울 수 있고, 이를 통해 우리는 각자의 아이템을 개발하고 창조할 수 있다.

❑ 하지만 사회의 구조적 문제도 있지 않나. 가난의 대물림은 아직도 풀리지 않는 숙제다.

▶ 과거엔 분명 그랬다. 지금도 일부 나라에선 그런 상황이 벌어지고 있다. 하지만 대부분 의지만으로 가난을 극복할 수 있는 여러 방안이 존재한다고 나는 믿는다.

가난한 사람에게 몇백 달러가 주어졌다고 가정해보자. 그 사람은 이 돈을 저금(서행차선으로 가는 길)할 수도 있고 최신 신발을 구입하는 데 소비(인도로 가는 길)할 수도 있다. 하지만 몇백 달러로 아이폰을 구매해 '유데미(Udemy)' 애플리케이션을 깔아 교육강의 프로그램을 볼 수도 있고, 전자책을 구매할 수도 있다. 이는 부의 추월차선으로 가는 길이다.

우리 앞엔 많은 선택지가 있다. 어떤 것을 고를지는 자신의 선택이다. 과거엔 가난하게 태어나면, 계속 가난할 수밖에 없는 구조였지만 이제는 나같이 가난한 사람도 부자가 될 수 있는 패러다임의 전환이 일어나고 있다.

❏ 어떻게 하면 부자가 되는 창업을 할 수 있나.

▶ 돈을 벌고 싶어 돈만을 좇는 사람들은 오히려 돈을 잘 못 번다. 돈만 따르다 보니 뭐가 돈을 잡아끄는지를 이해하지 못한다. 돈이란 가치다. 문제를 해결해줄 때, 편리해질 때 사람들은 돈을 기꺼이 지불한다. 간단한 메커니즘이지만, 많은 사람들이 이를 이해하지 못한다.

시장은 아주 이기적이고 무미건조한 공간이다. 이런 공간에서 '어떻게 하면 돈을 벌자'라는 마인드로 그저 시장을 '공략'하기만 하니 돈을 잘 벌 리가 없다. 오히려 '시장이 지금 필요로 하는 것이 무엇이고, 나는 그것을 어떻게 제공할 수 있는가'라는 극도로 이타적인 마인드로 접근해야 성공한다.

❏ 구체적인 방법을 제시한다면.

▶ 인터넷과 혁신, 의도적 되풀이 중 하나만 잡아도 된다. 100만 명의 사람에게 필요한 무언가를 개발해 인터넷으로 팔았다고 하자. 부자가 될 거다. 꽉 막힌 문제를 해결해주는 혁신적인 솔루션을 개발해도 된다. '달러 셰이브 클럽'을 창업한 마이클 두빈을 봐라. 두빈은 사람들이 '면도기가 왜 이렇게 비싸야 하지?'라는 문제를 느끼고 있다는 것을 발견했다. 두빈은 이 문제를 해결하기 위해 월 1달러만 내면 고객들에게 면도기와 면도날을 제공해 주는 서비스를 론칭했다. 다른 사람들이 생각만 할 때 두빈은 해결책을 제시하는 혁신을 일궜다. 의도적 되풀이는 반복과 확장이다. 스타벅스와 맥도널드는 '의도적 되풀이'의 고전적인 성공 사례다. 전국, 전 세계에 지점을 내는 것이다. 미국에서 고급 강아지 호텔로 성공을 거둔 한 사업가는 호주로까지 진출해 같은 서비스를 제공해 부자가 됐다.

❏ 실패의 가능성도 언제나 있다.

▶ 실패는 당신의 노력에 대한 시장의 반응이다. 당신이 만든 제품이 잘 팔리지 않는가? 소비자들이 다시 재주문을 하지 않는가? 부정적 평가를 받는가? 이는 뭔가 잘못됐다는 시장의 신호이고, 이를 분석해 변하면 된다. 좌절할 필요가 없다. 나는 실패도 자산으로 만드는 3A를 권한다. 왜 내가 실패했는지 평가(Assess)하고, 이에 따라 변화를 주거나 조금 비트는 조정(Adjust)을 단행하고, 다시 시도하는(Act) 것이다. 진짜 실패는 실패를 핑계 삼아 꿈을 포기하는 것이다.

❏ 자신만의 부의 정의를 내려본다면.

▶ 나는 '부=자유 + 가족 + 건강'이라고 생각한다. 그중에서도 자유는 가장 핵심이다. 자유가 있어야 가족과 행복한 시간을 보낼 수 있고, 건강도 챙길 수 있기 때문이다. 스스로에게 최적화된 삶을 영위할 수 있는 것, 화요일 오후에도 불행하지 않은 것, 가족들과 행복한 시간을 원할 때 보낼 수 있는 것, 꾸준히 운동하고 건강한 삶을 영위할 수 있는 것, 이것들은 모두 부가 가져다주는 축복이다.

◆ 엠제이 드마코는…

리무진 차량 예약서비스를 론칭해 30대에 수백억 원을 벌어들이는 부자가 됐다. 과감하게 자신의 사업을 높은 가격에 팔고 나와 지금은 '천천히 부자되기'에 반대하며 '젊은 부자'가 되는 방법을 전파하는 일을 하고 있다. 청소일을 하며 근근이 삶을 이어가던 자신이 어떻게 억만장자가 됐는지를 알려주는 책 『부의 추월차선』으로 큰 인기를 끌었다.

‖ 루이스 시프 "절약만 해선 그저 그런 중산층 … 투자해야 부자"

부자들을 자세히 관찰해온 '부자학 전문가' 루이스 시프는 부의 창출은 '시스템화 했을 때 위력을 발휘한다고 강조했다. 이 같은 시스템화는 △실제 부를 체득한 사람들을 곁에 둘 때 △절약보다는 투자에 집중할 때 △단순히 좋아하는 일을 하는 것이 아니라 좋아하는 일을 하기 위해 돈을 포기하지 않을 때 △언제나 자기의 이익을 위해 협상할 때 이뤄진다고 말했다. 다음은 시프와의 일문일답.

❑ 부의 시스템화를 강조했다.

▶찰리 라우(Charley Lau)는 가장 뛰어난 타자 코치였다. 라우는 수백 명의 성공한 타자들을 분석해 '성공 10단계'를 만들어 시스템화했다. 수백 명의 타자들의 성공하는 습관과 방식을 면밀하게 관찰해 가장 성공할 확률이 높은 것만을 추려놓은 것이다. 지금도 야구선수들 사이에서 찰리 라우 방식은 가장 널리 쓰인다. 부를 시스템화하는 방법도 마찬가지다. 부자들의 습관을 면밀하게 관찰하고, 이를 시스템화해 자신에게 적용하는 것이 중요하다. 한번 시스템화하면 반복할 수 있고 학습도 가능하다.

❑ 시스템화는 어떻게 하는가.

▶ 좋아하는 일이나 돈도 포기하지 않는 것, 사소한 절약보다는 투자할 곳을 찾는 것, 똑똑하게 모방하는 것, 부자 네트워크를 가지는 것, 자기 이익을 위해 항상 협상하는 것 등이다. 이를 꾸준히 따르고 실천하다 보면 '부'를 얻을 수 있다는 믿음이 있다.

❑ 많은 사람이 믿는 '좋아하는 일을 하면 돈도 따라올 것'이라는 명제에 반론을 제기하기도 했다.

▶ 연구를 진행해보니 중산층의 **70%**가 좋아하는 일을 하면 돈도 따라올 것이라고 믿고 있었지만, 자수성가한 부자들은 이에 동의하지 않았다. 이들은 '좋아하는 일을 하다가 우연히 부자가 된 것이 아니라 자신의 꿈과 열정을 따라가면서도 동시에 돈에 대한 감(感)을 잃지 않았다. '태양의 서커스'를 만든 기 랄리베르

테는 좋아하는 '서커스' 일을 했지만, 항상 부의 창출을 잊지 않았다. 공연만을 위해 열정을 쏟은 것이 아니라, 그 공연을 브랜드화해 키우는 데 투자를 아끼지 않았고, 더 큰 수익을 위해 과감하게 비영리단체로서 받는 혜택을 포기하고 개인기업으로 전환했다. 부자들은 '좋아하는 일'과 '돈 버는 일'을 한데 묶는다. 그리고 자신이 좋아하는 일을 하는 것만큼, 그 일을 통해 돈을 버는 것을 즐긴다. 언제나 자기가 얼마만큼의 이익을 낼지 계산하고 협상한다. 중산층과 부자의 큰 차이다.

❑ 절약이 부자가 되는 데 큰 도움이 되지 않는다는 대목도 흥미로웠다.

▶ 괜찮은 삶을 영위할 정도의 돈을 원하는 '재정적 안정성'을 추구하는 사람들에게 절약은 미덕이다. 하지만 돈 걱정 없이 살고 싶은 '재정적 독립성'을 원하는 사람에겐 절약이 아니라 투자를 통한 '부의 창출'이 핵심이다. 전자의 사람들은 당연히 '작은 수준의 부'만을 누릴 수 있고, 상대적으로 돈을 버는 데 노력을 덜 들인다. 반면 후자의 사람들은 계속해서 부를 늘려나가 '상당한 부'를 가지게 된다.

	중산층과 부자의 생각 차이
중산층 부자	▶ 좋아하는 일을 하면 돈도 따라올 것이다 ▶ 좋아하는 일을 하기 위해 돈을 벌어야 한다
중산층 부자	▶ 절약을 통해 부를 축적할 수 있다 ▶ 절약은 중요한 요인이 아니며, 투자가 더 중요하다
중산층 부자	▶ 수입창구를 다각화해야 부자가 된다 ▶ 수입창구 다각화보다는 한 가지 요인에 주인의식을 발휘해 큰돈을 벌어야 한다

자료 : 루이스 시프의 '부의 감(感)'

재정적 안정성을 추구하는 사람에게는 함정이 있다. 결국에는 조그마한 부조차 얻기 어려운 상황에 봉착하게 된다는 것이다. 재정적 독립성을 추구하는 사람들은 기하급수적으로 부를 늘려나간다. 따라서 이들에게 사회의 한정된 자원이 집중되기 때문에 재정적 안정성을 추구하는 사람들의 몫은 줄어들게 된다. 중산층은 가난한 사람 쪽으로 수렴할 수밖에 없으며 다른 한 축인 '부유한' 그룹만 우뚝 서게 된다. 결국 절약만으론 중산층의 삶을 꾸려나가는 데도 한계가 있다는 결론이다.

❑ 부자가 되고 싶다면, 부자를 곁에 두라는 기본적이지만 어려운 방법을 제시했는데.

▶ 우리는 모두 자라면서 가족이나 친구 등 주변 사람들로부터 어떻게 하면 성공할 수 있는지에 대한 이야기를 듣고 학습한다. 이들은 보통사람들에게 진실로

받아들여지는 (사실은 진실이 아닌) 성공의 비법을 강조하지만, 이들 대부분은 실제로 부나 성공을 획득하지 못한 사람들이다. 이런 사람들에게 배우는 방법이 먹히겠는가? 당연히 부자가 되고 싶다면 실제로 부를 창출한 사람들을 곁에 두고 이들에게 방법을 물어야 한다.

❏ 부자 네트워크를 시작하는 방법은.

▶ 지금 당장 당신보다 높은 지위에 있고, 돈을 더 많이 번 사람에게 방법을 물어라. 주변에 그런 사람이 없다면 어떻게든 수소문해 편지를 쓰거나 이메일을 보내라. 부를 얻은 사람들, 성공한 사람들은 항상 재능 있는 신선한 인물을 찾게 마련이다. 당신이 그런 사람임을 인식시켜라. 부자를 옆에 두었다면, 상당한 시간을 들여 그들의 이야기를 듣고, 그들의 지원을 받기 위해 투자하라. 그들의 관심사를 파악해 당신이 그들에게 도움이 되는 사람임을 알려줘라. 자연스럽게 당신은 '부자 네트워크'를 가지게 될 것이고, 이들에게 도움을 받으며 부에 다가갈 수 있을 것이다.

◆ 루이스 시프는…

재정컨설팅 전문가면서 부자의 남다른 생각과 재능을 찾는 연구를 해온 부자학 전문가다. 막연해 보이는 '부자되기'를 체계적이고 실증적으로 정리한 『부의 감』이라는 책을 썼다. 경제월간지 Inc 산하 경영자협회 전무를 맡고 있으며 하워드 슐츠 스타벅스 CEO와 스티브 포브스 회장과 함께 '부를 창조하는 법' 콘퍼런스를 개최하기도 했다.

< 매경 **MBA**, 박인혜 기자>

제1장 투자론의 기초개념

제1절 투자의 개념

1. 투자란 무엇인가?

대부분의 사람들이 부자가 되고 싶어 한다. 세계의 부자들에게 부자가 되는 방법을 물었다. 그들은 가능한 하루 24시간을 부자가 되려고 생각하며 하루하루를 보내고 있다고 대답했다. 그러나 하루 24시간 중에서 하루에 한두 시간만이라도 부자가 되기 위해 투자를 고민하는 사람은 드물다. 그래서 가난한 것이다. 이제부터라도 하루에 한 시간 이상은 투자에 대해서 생각해보자. 부동산투자, 주식투자, 채권투자, 미술품투자 등은 우리 주위에서 흔한 이야기가 된 지 오래이다. 이제 현대 사회에서 투자를 이해하지 못하는 이는 거의 없다. 그러나 투자란 무엇인가? 하고 물으면 그 정의를 제대로 말하는 이는 거의 없다. 투자(Investment)란 무엇인가? 이는 미래수익(future)을 얻기 위해 현재소비를 희생하는 행위를 의미한다. 이러한 투자의 속성을 보면 투자를 위한 지출은 현재에 이루어지고 수익은 미래에 발생한다. 그런데 미래에 발생할 수익은 불확실하다. 따라서, 투자자들은 투자를 결정할 때 현재의 지출에 대한 포기와 미래의 불확실성에 대한 보상을 기대하게 된다. 따라서, 시간(Time)에 대한 보상인 무위험이자율과 불확실성(Uncertainty)에 대한 보상으로서의 위험프리미엄으로 구성된다.

> 투자자의 기대수익률 = 무위험이자율(시간에 대한 보상)
>   + 위험프리미엄(불확실성에 대한 보상)

투자결정은 시간선호(Time Preference)와 위험선호(Risk Preference) 두 가지 사항의 선택문제이다. 사람마다 시간선호도와 위험선호도가 각자 다르기 때문이다.

투자결정에서 가장 중요한 것은 투자자가 투자대상에 대한 수익모델과 리스크에 대한 분석능력을 키우는 일이다. 만약 투자대상에 대한 분석능력을 키웠다면 이제 투자할 대상인 부동산, 주식, 채권, 파생상품 등 투자자의 자금유동성에 맞게 투자상품을 고르기만 하면 되기 때문에 투자대상 분석능력을 키우는 것이 무엇보다 중요하다. 그래서 투자자는 이제부터 시각을 바꾸어 투자대상을 제대로 분석할 줄 아는 '눈', 즉 동물적 감각을 키워야만 한다. 본서는 그러한 투자대상에 대한 분석능력을 자연스럽게 키워주는 데 아주 유용한 지침서가 될 것이다.

2. 투자의 3요소

투자결정시 고려해야 하는 3요소는 역시 수익성, 위험 또는 안정성, 유동성이다. 무위험이자율을 대표하는 금융상품인 정기예금, 국공채, CD(양도성예금증서) 등은 상대적으로 이자율이 낮아 기대수익이 낮은 대신 위험도 낮으며 환매가 가능해 유동성은 매우 높다. 같은 금융투자이지만 주식투자의 경우에는 기대수익이 높은 대신 위험도 크고 유동성도 비교적 높다. 일반적으로 수익이 높으면 위험이 크며 유동성이나 안정성은 낮다. 대표적으로 부동산 PF의 경우 투자수익률이 높을수록 사업 진행이나 향후 분양이 안 되거나 지체되어 부도확률이 높은 사례가 많다. 따라서, High Risk High Return으로서 수익률이 높다면 일단 위험이 커 부도날 확률이 높다고 판단해야 한다. 수익률이 높은 투자대상을 찾는 일은 위험이 큰 대상을 쫓는 일과 같다. 즉 상대적으로 1~2%의 수익률이 높은 투자대상을 고른다면 원금 100%를 허공에 날려버릴 각오를 해야만 한다. 따라서, 본서를 대하는 독자들은 이 시간 이후부터는 투자상담을 할 때 수익률 높은 상품을 찾지 말고 투자자금을 장기적으로 증식할 방안 또한 투자대상에 대한 리스크를 분석하여 수익모델이 있는지를 찾아보기를 바란다.

[그림1-1] 투자와 재테크의 3요소

 수익성(Profitability) 측면에서 투자는 미래보다 큰 수익을 얻기 위하여 현재의 소비를 포기하는 것이다. 따라서 위험을 최소로 하며 적절한 안정성을 추구할 수 있는 투자대상이 얼마만큼의 적절한 수익성을 가져다줄 것인가를 고려해야 한다.

 위험(Risk) 또는 안정성(Safety) 측면에서 투자로 얻게 되는 미래의 수익은 불확실하며 투자대상에 따라 그 불확실성(Uncertainty)의 정도는 다르다. 투자목표를 달성하기 위하여 허용할 수 있는 투자의 불확실성 혹은 위험의 정도를 고려하여 투자대상을 선정하여야만 한다. 유동성(Liquidity)이란 필요시 현금화될 수 있는 가능성을 말한다. 증권시장에서 거래되는 증권들 간에도 유동성에 차이가 있는데 투자자는 장래 시점별로 필요한 유동성 규모를 고려하여 투자결정을 해야 한다. 만약 과다한 투자가 아니더라도 필요한 자금이 일시적으로 투자로 묶여 현금유동성을 상실한다면 현금흐름이 악화하여 흑자도산하는 사례가 발생할 수도 있는 것이다.

3. 투자와 투기의 차이점

투자(Investment)와 투기(Speculation)의 차이점은 위험, 수익 이외에도 투자자의 투자동기, 투자기간, 이용 가능한 정보의 차이 등에 의해 구분해 볼 수 있다.

조순의 경우에는 자산을 구입하는 자산에서 생기는 수익에 주된 목적이 있는 경우에는 투자이고, 시장가격의 장래를 예측하여 그 예측으로부터 이득을 얻고자 함을 목적으로 할 때에는 투기로 보기도 한다. Kaldor는 투기는 재화 그 자체를 사용하는데 목적이 있는 것이 아니라 나중에 다시 팔 목적으로 재화를 사는 행위로 설명되고 있다. 즉 어느 정도 위험부담이 따르지만 가격변화에 대한 좋은 기대를 하고 있기 때문에 이러한 투기적 거래가 이루어지게 된다. Fridson(1993)은 투기를 구분하여 가격의 변화(Price), 단기적 이익(Quick Profits), 높은 위험부담(High Risk)으로 구분하였다.

기간에 따라 구분하면 투자란 대체로 장기에 걸쳐서 적절한 이익을 추구하는 행위라 한다면 투기는 단기에 큰 이익을 추구하려는 행위라 할 수 있다. 또한 기대하는 이익(Expected Return)과 위험(Risk)의 크기로 구분하면, 투자는 위험에 상응하는 적절한 크기의 기대수익을 추구하는 행위라 한다면, 투기는 매우 큰 위험을 감당하는 대신 비정상적으로 큰 수익을 기대하는 행위이다. 사례로 주식을 매매할 경우에 배당이나 장기적으로 적절한 시세차익을 위해 장기 보유할 때는 투자라고 할 수 있으나, 단기간에 비정상적으로 큰 이익을 기대한다면 투기라고 할 수 있다. 이러한 투기도 경제활동에는 매우 유용한 기능을 수행하는데 투기활동 역시 선물시장(Futures Market)이나 옵션시장(Options Market)에서 가격의 큰 변동에 따르는 위험을 헤지(Hedge)해 주는 역할을 수행하기도 한다. 그러나 현실적으로는 투자와 투기를 명확히 구분 짓기는 매우 어려운 일이다. 하여튼 투자뿐만 아니라 투기도 인간이 존재해온 고대에서부터 현재, 그리고 미래에도 계속 존재해갈 것이라는 사실이다.

제2절 투자자들의 투자행동

1. 위험회피형 투자자

위험회피형 투자자(Risk Averter)는 위험을 싫어하는 투자자를 말한다. 따라서 위험회피형은 위험을 기피하는 이성적인 인간의 행동으로 기대수익이 동일하면, 보다 작은 위험을 선호하고 위험이 동일하면 기대수익이 보다 큰 대안을 선호하기 때문에 위험을 부담하면 반드시 이에 상응하는 보상을 요구한다.

2. 위험중립형 투자자

위험중립형 투자자(Risk Neutralist)는 투자대상을 선택할 때 위험을 고려하지 않고 기대수익률만 고려하는 투자자를 말한다. 따라서 위험중립형은 위험의 크기와 관계없이 기대수익률이 보다 높은 대안을 선호하기 때문에 위험자산인 주식과 안전자산인 채권에 적절히 분산 투자하여 높은 수익을 추구한다.

3. 위험선호형 투자자

위험선호형 투자자(Risk Seeker)는 위험을 좋아하는 투자자를 말한다. 따라서 위험선호형은 기대수익률이 동일하면 위험이 보다 큰 대안을 선호하고, 위험이 동일하면 기대수익률이 보다 큰 대안을 선호하기 때문에 위험이 커지더라도 충분한 보상의 대가가 존재한다면 기꺼이 위험을 감수하려고 한다.

제3절 재테크

최근 금융시장의 글로벌화와 동조화가 진전되면서 국민의 재산을 관리하는 국가나 기업, 개인까지도 수익을 높이거나 자산을 증식하려는 욕구가 왕성하다. 재테크는 재무 테크놀로지(Financial Technology)의 준말로 수준 높은 재무관리 지식과 기술을 의미한다. 재테크 활동은 기업경영에만 적용되는 것이 아니라 국가차원의 금융정책과 개인이나 가계에서 여유자금의 증식수단으로 활용되기도 한다. 금융경제 지식의 보유여부에 따라 자산관리방법이나 자산증식방법이 차별화가 되는 시대가 되었다.

재테크는 자산운용에 있어 운용방법의 차이에 따라 수익에 커다란 차이가 발생한다. 재테크도 투자의 3요소처럼 수익성, 안정성, 유동성의 특징을 가진다. 수익성은 일정기간 자산을 투자함으로써 얻는 이득에서 자산의 매매 및 보유에 따른 제비용을 차감한 수익을 의미한다. 안정성은 투자한 자산을 보유함으로써 손실이 발생할 가능성을 의미한다. 주식의 경우 수익성은 좋을 수 있으나 안정성은 취약할 수 있고 반면 국채의 경우 발행자가 정부이므로 채무불이행 위험은 거의 없기에 안정성 측면에서는 좀 더 유리하다고 할 수 있다. 유동성이란 투자자산을 거래비용을 수반하지 않고 단기간 내에 현금자산으로 전환될 수 있는 환금성을 의미한다. 일반적으로 금융자산은 실물자산보다 환금성이 높다.

재테크 방법은 주식, 부동산, 채권 등 다양한 수단으로 투자할 수 있다. 사례로 예금, 부동산, 주식 등에 분산 투자하는 방법이다. 예금은 안정성과 환금성은 있지만 인플레이션(Inflation) 시기에는 화폐가치 하락에 따른 위험 헤지가 약해 수익성은 낮다. 부동산투자는 안정성과 수익성은 높을 수 있으나 환금성이 낮다는 단점이 있다. 반면 주식투자는 안정성은 낮으나 수익성과 환금성이 상대적으로 높다. 따라서 "계란을 한 바구니에 담지 말라"는 격언처럼 한 곳에 집중투자하여 위험에 노출되기보다는 주식, 부동산, 예금, 채권 등에 분산 투자하여 위험을 최대한 감소시키는 것이 중요하다.

표 1-1 Charles Schwab의 자산배분

투자자성향	자 산 배 분		
매우 공격적	현금 5%	주시형 펀드 95%	
		대형주 40% 해외주식 30% 소형주 25%	
약간 공격적	현금 5%	채권형 펀드 15%	주식형 펀드 80%
			대형주 35% 해외주식 25% 소형주 20%
중립적	현금 10%	채권형 펀드 30%	주식형 펀드 60%
			대형주 30% 해외주식 15% 소형주 15%
약간 보수적	현금 15%	채권형 펀드 40%	주식형 펀드 40%
			대형주 20% 해외주식 10% 소형주 10%
매우 보수적	현금 25%	채권형 펀드 40%	주식형 펀드 20%
			대형주 15% 해외주식 5%

재테크 자산에 대한 포트폴리오를 구성할 때 도움이 될 미국의 Charles Schwab의 전략적 자산배분 유형을 살펴보면 〈표 1-1〉과 같다. 즉 투자자의 성향에 따라 자산배분을 권유하고 있다.

현재와 같이 국내경기 및 세계경기가 위축된 상황에서는 새로운 개념의 재테크 전략이 필요하며 현금을 보유하며 쉬는 것도 한 방법이며 관리비용을 줄이는 방법을 강구하거나 절세 전략도 중요한 시기이다.

재테크 전략

- ☐ 재테크의 기본원칙을 따른다.
- ☐ 수익보다는 리스크를 먼저 고려하라.
- ☐ 구체적인 목표액과 기간을 정한다.
- ☐ 목표를 세웠으면 바로 시작한다.
- ☐ 정보와 지식을 최대한 활용한다.
- ☐ 최악의 상황에 대비한다.
- ☐ 최대수익 목표를 생각한다.
- ☐ 세테크에도 노력을 해야 한다.
- ☐ 싸게 사서 최대한 활용하고 비싸게 팔아라.

제4절 최근 투자환경의 변화

1. 글로벌 투자환경의 동조화

우리나라 증권시장 혹은 중국의 증권시장에서도 개방화가 지속하고 있으며 증권거래의 글로벌화가 진행되고 있다. 그런데 증권거래의 글로벌화는 국가장벽의 개념을 희석해 거래시장의 국제간 경쟁을 심화시키고 있다. 특히 유럽의 경우에는 단일 통화인 유로화의 탄생으로 유럽 내 거래소 간의 경쟁은 이미 국내 거래소들 간의 경쟁에 가깝게 되었다.

또한 각국의 FTA 타결로 세계 경제는 하나가 되어 가고 있다. 최근 우리나라의 종합주가지수는 미국의 S&P500지수나 다우지수를 따라 움직이고 코스닥 주가는 미국의 나스닥 시장의 주가흐름을 추종하고 있는 것으로 나타났다. 이러한 주가의 동조화 현상은 한국 증시에만 국한된 것이 아니라 전세계적으로 유사하게 나타나고 있다. 국내 증시가 미국 증시와 뚜렷하게 동조화 현상을 보이는 데 대해 전문가들은 미국 중심의 세계 경제구조, 인터넷 등 실물경제 측면에서는 정보통신기술의 발달과 확산을 이유로 들고 있고 금융 측면에서는 외환위기 이후 급속한 자본자유화로 외국인 주식투자자금의 유출입에 제한이 없어진 것에 기인한다. 또한 국내 증시에서 미국계 자금이 가장 큰 비중을 차지하고 있어서 미국 주가가 약세를 보이면, 미국 투자자들의 불안한 심리가 한국 증시에 그대로 전달된다는 설명이다.

국내 주식시장이 미국 주식시장에 따라 움직이면 주가뿐만 아니라 환율이나 물가 등 거시 경제지표까지 영향을 받게 된다. 주식시장에서 외국인이 순매수하면 주가는 오르는 대신 환율은 하락하고, 외국인이 순매도를 하면 주가는 내려가고 환율은 상승하는 이른바 '역동조화' 현상이 나타나는 것이다. 이는 미국 경제에 대한 의존도 심화가 원인이며, 현재는 중국, 유럽 등과도 동조화 현상이 심화하는 경향이 뚜렷하게 나타나고 있다.

2. 인구분포에 따른 투자생태계의 변화

최근 투자환경이 인구분포의 변화에 따라 급속도로 변화하고 있다. 과거 유럽이 세계를 지배할 당시에 유럽은 해가 지지 않는 나라였고 그 어떤 나라도 스페인이나 영국을 따라잡지 못하였다. 그러나 현재의 유럽의 경제상황은 많이 바뀌었다. 그 변화의 주체가 인구분포의 변화에 기인한다. 왜냐하면 인구는 결국 생산과 소비의 주체이기 때문이다. 중국이 떠오르고 10년 후 인도가 비상할 것으로 예측하는 것도 다 소비인구의 보유와 증가에 기인한다. 반면 유럽은 인구분포가 점차 감소하여 그중에서 유럽의 경제활동인구는 점점 감소 중이다. 그러니 경제가 살아날 이유가 없는 것이다. 우리나라의 경우에도 투자 1번지는 아파트에 대한 투자였다. 그러나 현재는 1인, 1~2인 가구수 증가가 2014년 기준 53%에 육박하고 초고령화 사회로 진입하여 아파트의 경우 소형 평수 외엔 점차 아파트가격의 하락을 멈출 수가 없는 투자상황이 된 것이다. 단기적으로 정권의 통치유혹 때문에 부동산경기를 부양하려 하겠지만 결국 장기적으로는 인구감소와 1~2인 인구증가, 노령화로 수요자가 없어 하락의 길로 접어들 것으로 전망된다.

　　이렇듯 인구분포의 변화는 곧 투자생태계의 변화를 의미하며, 투자자는 투자하기 전에 투자생태계를 파악하는 것이 우선되어야 하고 그중에서도 생산과 소비의 주체이며 가계의 주체이고, 경기활동의 주체인 인구분포의 변화를 분석하고 예측하여 투자에 임해야 한다.

　　저자의 소견으로는 10년 후 미래의 투자생태계가 가장 왕성할 곳은 역시 인구가 많은 지역일 것이다. 현재는 중국, 10년 후엔 중국과 인도가 세계 생산과 소비, 투자의 1번지가 될 것으로 믿어 의심치 않는다. 그렇다면 투자자로서 지금부터 무엇을 준비해야 할지 명백해지지 않았는가?

3. 직접금융의 확대

　　금융이라 하면 금융기관에 가서 대출을 받는 것을 의미했지만 현재 자금수요자들은 시장에서 직접 조달하는 추세이다. 이를 직접금융이라 하며, 직접금융(Direct Financing)은 기업을 중심으로 한 자금수요자들이 금융기관의 전통적인 대출(Loan)방식을 벗어나 기업의 신용(Credit)을 바탕으로 직접금융시장에서 회사채(Bond)나, 변동금리채(FRN) 등 증권을 발행하여 자금을 조달하는 것을 말한다.

　　기업의 자금조달에 있어 직접금융은 간접금융보다 일반적으로 다음과 같은 특징을 지니고 있다. 첫째, 자금배분의 효율성이 증대된다. 보다 많은 이해관계자가 참여하여 직접 금융시장에서 정보의 효율성이 증대되어 그 결과 결정된 가격이 내재가치에 근접할 가능성이 더욱 커지기 때문이다. 둘째, 기업경영의 건전화를 유도한다. 금리자유화가 시행되고 주식발행시장에서 시가발행제도가 정착된다면 기업의 경영성과는 바로 기업의 자본조달비용에 영향을 미치기 때문이다. 셋째, 직접금융시장에서 보다 다양한 저축수단이 제공된다. 일반 국민들의 소득수준이 향상됨에 따라 투자자들의 위험 회피도는 낮아져 비록 위험은 크더라도 수익성과 성장성이 높은 금융상품을 선호하게 된다. 이러한 투자자들의 욕구를 간접금융시장에서는 충족시키기에 한계가 있다. 마지막으로 직접금융시장은 합리적인 금융조정기능을 수행한다. 통화당국은 지금까지 여신을 조정하는 방법 등으로 통화관리를 해왔으나 이제는 공개시장조작, 콜금리조정, 지급준비율 변경 등을 통한 간접규제방법으로 통화관리방식을 변경시키고 있다. 간접규제 통화관리가 성공하기 위해서는 채권시장의 성장발전이 무엇보다도 선결요건이 될 것이다.

4. 투자대상의 증권화

이제 눈에 보이는 모든 자산을 증권화할 수 있는 세상이 되었다. 증권화 (Securitization)란 자금의 조달과 운용에 있어 증권이 확대되어 가는 현상을 말한다. 이는 시대적 조류로서의 증권화와 금융상의 새로운 기법의 탄생 두 가지의 특징을 가진다. 우선 시대적 조류로서의 증권화는 자금조달면에서 금융형태가 간접금융에서 직접금융으로 전환되고, 금융기관의 자금운용이 대출에서 유가증권으로 전환되는 것인데, 주로 유로시장에서 전개되고 있는 특징이다. 한편 금융기법으로서의 증권화는 비유동적인 자산을 매매 가능한 증권형태로 유동화시키는 것으로서 자금을 만기 이전에 회수하기 위해 보유하고 있는 대출채권 등의 자산을 담보로 채권을 발행하거나 이를 직접 매각하는 것을 가리키는데 주로 미국에서 발전하고 있는 현상이다. 유로시장에서는 금리변동위험을 완화할 수 있는 변동금리부 채권(FRN, Floating Rate Note), 채권발행에 의한 자금조달방식에 신디케이트론 방식을 결합한 형태로서 차입자는 단기증권 발행을 통하여 자금을 조달하되 중장기의 신용기간 내에서는 동 자금조달이 인수단에 의해 항상 보장되는 증권발행보증(NIF, Note Issuance Facility) 등과 유로기업어음(Euro Commercial Paper)의 비중이 높아졌다. 미국에서의 증권화는 주택저당대출(Mortgage Loan)을 중심으로 생성되고 발전되어 왔다. 그후 정부저당금고가 원리금을 보증하는 저당담보증권(MBS, Mortgage-Backed Securities)이 발행되고 최근에는 자동차대출, 신용카드대출, 리스채권 등을 대상으로 한 자산담보증권(ABS, Asset-Backed Securities)까지 발행되며, 금융기관이 보유하고 있는 장기대출자산의 매각도 자산의 유동화라는 점에서 증권화의 한 현상으로 보인다. 우리나라도 최근에는 회사채 위주의 시장에서 변동금리채(FRN), 자산담보부증권(ABS), 카드채권이나 대출채권의 유동화까지 증권화가 활발히 진행되고 있다.

5. 투자자금의 해외이동 자유화

외국인의 국내증권 투자 자유화는 1998년 5월에는 외국인 투자자의 국내주식 투자한도, 주가지수 선물 및 옵션에 대한 투자한도 및 수익증권에 대한 투자제한을 대부분 폐지하였으며 비상장주식에 대한 발행시장에서의 유가증권 취득도 허용하였다. 1999년 말경에는 모든 상장채권에 대한 외국인 투자한도 제한을 완전히 폐지한 바 있다. 또한 외국증권회사의 국내 진출이 점차 확대되고 있다. 1990년 11월이 후 외국증권회사의 지점 및 합작회사 설립이 가능하게 되었다. 1998년 4월에는 증권거래업 등 7개 업종을 외국인에게 전면 개방함에 따라 외국증권회사의 국내 현지법인 설립도 가능하게 되었다. 투자신탁업 및 투자자문업의 경우에도 1998년 1월에는 외국투자자문회사의 국내 현지법인 설립이 허용되기에 이르렀다.

중국도 후강통을 통하여 중국에 상장된 회사의 주식을 홍콩의 증권회사의 중개를 통해 직접 매매할 수 있는 길을 열어 놓고 있다.

6. 정보의 차이가 부의 차이

과거의 투자환경에서는 누가 투하자본을 많이 가지고 있느냐가 부의 차이를 결정지었다. 즉 보유자금의 차이, 보유자산의 차이가 곧 부의 차이로 연결되었으나 현재는 누가 고급정보를 독점하는가 또는 누가 정확하고 신속하게 정보를 획득하느냐가 부의 흐름을 좌우하는 시대가 되었다. 아무리 자산을 많이 보유하고 있다고 하더라도 시대의 흐름을 예측하지 못하거나 눈에 보이는 가치 있는 정보를 알아보지 못한다면 일순간에도 그 많은 부를 잃을 수도 있다. 획득한 고급정보를 잘 해석하여 시장의 변화와 흐름을 예측할 수 있다면 그 능력이야말로 부를 거머쥘 수 있는 능력으로 인정받는 시대가 되었다. 따라서 이제는 정보의 차이가 곧 부의 차이가 되는 투자환경의 시대로 변화하였다.

7. 기후변화에 따른 투자지도의 변화

네팔 같은 대규모의 지진, 폭우나 폭설로 인한 재난, 녹조현상, 가뭄 등 지구 온난화로 인한 기온과 환경의 변화로 지구의 동식물 생태계가 변화하고 있다.

정글 우림 속에 있던 바이러스의 인간침투, 파란 원숭이의 몸에 기생하던 에이즈의 만연, 에볼라 사태 등은 척박한 기후변화로 생존을 위한 먹거리 대상을 옮기며 진화해가는 바이러스와 인간의 처절한 싸움이 지속할 것으로 예상된다. 이에 따라 인간은 바이러스 퇴치와 생존을 위한 투자가 지속할 것으로 보이며 새로운 산업과 비즈니스의 탄생을 예고하며 바이오시밀러 등 신약생산에 매우 큰 영향을 미치고 있다.

나일론을 처음 발명한 Dupon사는 특수화학섬유 분야 선두주자인데 미래의 투자지도를 통찰하여 1차산업, 바이오, 생명공학 쪽으로 주업종을 전환해 가는 과정에 있고, 삼성이나 녹십자 등도 바이오, 신약제조 비즈니스에 막대한 투자를 하고 있다. 또한 한국의 CJ그룹이나 롯데그룹 등은 식량과 대체에너지 원료 확보를 위해 대두, 사탕수수, 옥수수, 곡물 등 재배산업에 많은 투자를 하고 있다. 기후변화에 따라 수자원 고갈과 식량부족 위기 등으로 향후에는 국가 간, 인종 간 전쟁 발생도 예상되는 바이다.

물과 식량, 대두, 사탕수수, 옥수수, 곡물 등 식량과 수자원, 대체에너지 원료의 가치가 매년 20%~30% 이상 뛰며 변동함에 따라 이에 대한 투자대상으로 떠오르고 있는 지 오래되었다.

연습문제

1. 투자란 무엇인가 그 개념과 투자의 3요소에 대해 논하라

2. 투자와 투기의 차이점을 비교 설명하라.

3. 투자자들의 투자행동의 유형을 설명하라

4. 재테크의 개념과 전략을 논하라

5. 최근의 투자환경과 변화추이를 논하라.

실전 투자환경과 경기변동성에 대한 이해

이 장에서 학습하는 내용

- 투자환경의 실제
  - ▶ 생존경쟁의 역사
  - ▶ 대형재료의 특징
- 경기변동성과 투자
  - ▶ 경기란 무엇인가?
  - ▶ 호황국면과 불황국면에서의 투자포인트
- 경기의 순환구조와 투자

이 장의 학습목표

- 실전 투자환경의 본질을 이해한다.
- 경기변동성과 투자스킬을 학습한다.
- 경기의 순환구조에 따른 투자감각을 익힌다.

투자론 산책

코스닥 환골탈태 4가지 선결조건

1월 26일 코스닥지수가 6년 7개월 만에 590선을 넘으면서 600고지 돌파에 대한 기대감이 커지고 있다. 하지만 600선 안착을 위해선 해결해야 할 선결과제가 만만치 않다는 지적이다.

‖ 엉터리 실적 전망 · 정보 비대칭 뜯어고쳐야 단타매매 · 쏠림현상
   시정으로 신뢰회복 절실

코스닥시장이 개선되고 있다. 상장 폐지 건수도 줄었고 신규 상장 기업들의 면모도 기술주 중심으로 다져지는 모습이다. 지속적인 노력으로 시장 건전성도 제법 개선됐다. 그럼에도 코스닥지수 600 안착까지 넘어야 할 고질적인 병폐도 여전하다. 코스닥 환골탈태의 조건을 따져봤다.

❑ 조건 1. 기관 · 외국인 투자 유치

• 높은 변동성에 단타 매매 난무
코스닥시장은 외국인 · 기관투자자 등 소위 '큰손'이 많지 않다. 개인투자자 비중이 압도적이다. 한국거래소에 따르면, 1월 28일 기준 최근 한 달간 개인의 코스닥 거래대금 비중은 무려 88.8%에 달한다. 기관투자자는 5.6%, 외국인은 4.6%, 연기금은 1%에 그쳤다. 큰손들의 저조한 참여는 코스닥시장의 안정성을 떨어뜨리고, 이는 다시 투자자들의 이탈이라는 악순환으로 이어진다. 이정기 하나대투증권 애널리스트는 "코스닥시장을 아직도 잠깐 치고 빠지는 단타시장 정도로 여기는 인식이 문제"라고 지적했다.
최근 코스닥 랠리에 '한탕'을 노리고 뛰어든 개인투자자도 큰 폭 늘었다. 지난 1월 29일 기준 코스닥의 신용거래 융자잔액은 약 2조8356억 원으로 코스피(2조 6268억 원)를 넘어섰다. 코스닥 시가총액이 코스피의 8분의 1이라는 걸 감안하면,

그만큼 위험한 투자가 많다고 해석할 수 있다. 빚을 내서 주식을 사는 투자자가 많아지면, 작은 악재에도 물량을 쏟아낼 가능성이 커진다. 이는 지수의 추가 상승에 걸림돌로 작용하기 쉽다.

허약한 기초체력을 개선하기 위한 해답은 결국 기관과 외국인투자가의 비중을 늘리는 한편, 장기적인 관점에서 '투자할 만한 시장'이라는 인식을 뿌리내리는 것이다.

이를 위해 거래소는 코스닥 개별주식 선물·옵션상품 출시를 준비 중이다. 위험회피(헤지) 수단을 마련해 기관과 외국인투자가를 유치하려는 목적에서다. 이효섭 자본시장연구원 연구위원은 "코스닥과 연관된 파생상품이 생기면, 주식 현물 거래도 함께 활성화될 것"이라며 "코스닥시장 종목의 변동성이 상대적으로 크기 때문에 기관이나 외국인투자자에게 부담이 될 수 있지만, 변동성 완화장치가 완충 역할을 하면서 수요가 늘어날 것으로 본다"고 예상했다.

더불어 전문가들은 정부 차원의 정책적 지원이 뒷받침돼야 한다고 말한다. 조희정 한국거래소 코스닥매매제도팀장은 "기관이나 외국인투자자를 유치하기 위해 코스닥 펀드 등 간접투자를 활성화해야 한다. 이를 위해 코스닥 전용 펀드에 공모주 우선 배정 등의 인센티브를 제공하는 정책적 배려가 필요하다"고 강조했다.

□ 조건 2. 첨단기술주 위주 육성
　　　부품주시장 한계 벗어야

과거 코스닥시장은 '부품주시장' '코스피 2중대'와 같은 별칭으로 불렸다. IT부품주가 전체의 30~40%를 차지해 삼성전자 실적에 따라 지수가 좌지우지되거나, 코스피가 한번 들썩이면 코스닥 주가가 우르르 출렁이는 일이 잦았기 때문이다. 코스닥 기업이라고 하면 실적 대비 주가를 제대로 평가받지 못한다는 '코스닥 디스카운트'라는 용어도 생겨났을 정도다.

최근 들어 변화의 조짐이 나타나고는 있다. 한국거래소에 따르면 2013년 이후 소프트웨어(보안 솔루션, 온라인 서비스, 모바일 게임), 헬스케어(제약, 의료기기), 바이오 등 고부가가치 업종의 기업공개(IPO)가 증가하면서 기술주 중심 시장으로 체질 변화가 진행 중이다. 신규 상장 법인 중 대기업 의존형 기업 비중도 2012년 72%에서 2014년 52.4%로 낮아졌다.

박웅갑 한국거래소 코스닥시장본부 상장심사부장은 "아직 코스닥시장을 대기업에 부품을 납품하는 소형주만의 리그로 보는 시선이 있는데, 첨단기술주가 차지하는 비중은 날로 높아지고 있고 시장 성격도 빠르게 변하고 있다"고 강조했다.

시가총액 상위 업체의 면면도 달라졌다. 지난 1월 28일 기준 코스닥 시총 1, 2위 기업은 다음카카오와 셀트리온으로 각각 소프트웨어, 바이오업체다. 메디톡스(5위), 컴투스(6위) 등 기술주도 시총 상위권을 꿰찼다. 이성길 한국거래소 코스닥 상장심사팀장은 "최근 고령화, 소득수준 증가, 보안 강화 등에 따라 헬스케어, 바이오, 소프트웨어 업종의 상장 청구가 늘었다"고 분석했다.

하지만 '기술주·성장주의 메카'라 불리는 나스닥을 따라잡기에는 아직 한참 부족하다는 지적이다. 나스닥에 애플, MS(마이크로소프트) 같은 대형주들이 즐비한 반면 코스닥에는 마땅한 '스타주'가 없다는 게 대표적인 문제점이다. 게다가 자금조달이 원활하지 못하다 보니 소위 잘나간다 싶은 코스닥 종목들은 네이버나 엔씨소프트와 같이 코스피시장으로의 탈출을 꿈꾸는 경우가 태반이다.

이대우 KDB대우증권 애널리스트는 "코스닥시장이 기술주 중심 시장으로서의 정체성을 제대로 갖추기 위해서는 코스피시장과의 확실한 차별화를 꾀할 필요가 있다. 엄정한 평가를 통해 기술력을 인정받은 기업에 대해서는 확실한 인센티브를 제공하는 등 유인책과 함께 자금 조달 기능을 강화하는 방향으로 제도를 마련해야 한다"고 주문했다.

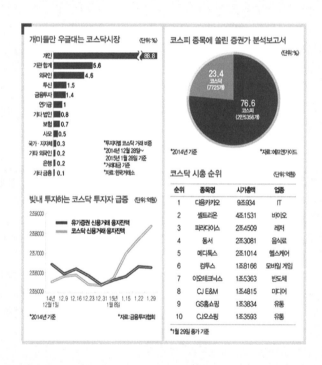

□ 조건 3. 건전성 강화
　　　테마주, 엉터리 실적 전망 여전

코스닥은 테마주가 많기로 유명하다. 최고경영자(CEO)가 유명 정치인과 대학 동문이란 이유만으로 기업 주가가 1년에 수백 % 오르내리는 경우가 비일비재하다. 경영진의 배임·횡령, 분식회계, 자본잠식 등으로 상장 폐지되거나 기업 이미지 세탁을 위해 주가가 급락할 때마다 사명을 바꾸는 경우도 적잖다. 모두 코스닥 상장 기업에 대한 신뢰도를 떨어뜨리는 사례들이다. 덕분에 코스닥시장은 기관·외국인투자자 등 '큰손'들이 떠나고 '묻지마 투자'로 한탕을 노리는 개미들의 '투기판'이 됐다.

물론 최근 코스닥시장은 조금씩 달라지는 분위기다. 각종 지표들이 코스닥의 건전성이 강화되고 있음을 보여준다. 한국거래소에 따르면, 지난해 12월 기준 코스닥시장 불성실 공시건수는 47건으로 2002년 이후 최저 수준을 기록했다. 자격 미달로 상장이 폐지된 회사도 지난해 15곳으로, 코스닥에 상장실질심사가 도입된 2009년(65곳) 이후 최저치였다. "감독당국의 회계감리활동 등 회계 투명성 강화, 기업 부실을 초래하는 거액의 자금 대여나 경영권 변경 시 공시 의무화 등 실효성 있는 투자자 보호 정책이 효과를 냈다"는 게 한국거래소의 분석이다.

그럼에도 테마주 쏠림 현상이나 엉터리 실적 전망, 높은 주가 변동성 문제 등 고질병은 여전하다.

코스닥의 대표주 중 하나인 서울반도체는 지난해 3분기 연결 기준 매출액과 영업이익을 각각 2,700억 원, 189억 원으로 전망했다. 그러나 실제 뚜껑을 열어본 결과는 매출 2,302억 원, 영업이익 43억 원으로 전망치에 턱없이 모자랐다. 회사 측이 실적 전망 근거로 밝힌 조명 부분 매출 성장세가 오히려 둔화된 탓이다. 신재생에너지 기업인 비에이치아이도 2013년 영업이익을 490억 원으로 전망했지만 실제는 247억 원으로 절반에 그쳤다. 이 같은 '어닝쇼크'는 다음 거래일 주가를 10% 이상 떨어뜨리는 등 주가 변동성을 더욱 키우는 주범이다.

전문가들은 코스닥시장에 대한 당국의 지속적인 건전성 개선을 주문한다. 서동필 IBK투자증권 애널리스트는 "건전성은 결국 기업 이익의 결과물이기 때문에 기업 재무보고의 투명성 관리를 더 강화해야 한다. 테마주도 여전히 기승을 부리고 있는 만큼, 테마주에 대한 모니터링도 더 필요하다"고 강조했다.

□ 조건 4. 정보 비대칭 해소
    코스닥 상장사 절반, 분석 보고서 '0'

큰손들이 코스닥시장을 외면하는 또 다른 이유는 '정보 부족'이다. 상장 기업에 대한 신뢰성 있는 보고서가 태부족하다는 것.

에프앤가이드에 따르면 증권사들이 지난해 코스피와 코스닥 종목을 분석한 보고서는 각각 2만5356개와 7725개. 코스피가 3배 이상 많다. 코스피에 상장된 기업(약 800개)이 코스닥(약 1,100개)보다 적은 점을 감안하면 코스피 쏠림 현상은 더 심각하다고 해석할 수 있다. 코스닥 상장 기업 중 절반가량은 지난해 한 해 동안 단 한 번도 보고서가 나오지 않았다.

실적이 좋은 코스닥 기업도 외면받기는 마찬가지다. 한국거래소가 우수 중소기업으로 인정한 '히든챔피언' 대상 분석보고서는 2013년 18개에서 지난해 9개로 절반이나 줄었다. 이 같은 기업 정보 부족은 각종 추측성 루머를 양산해 다시 코스닥 기업에 대한 신뢰성을 떨어뜨리는 악순환으로 이어진다.

코스닥 종목에 대한 보고서가 적은 이유는 뭘까.

증권사는 애널리스트 인력이 부족한 상황에서 상대적으로 투자자 관심이 많은 대형주에 분석 역량을 집중할 수밖에 없다고 말한다. 또 회사 측에서 탐방 자체를 거부하는 등 공시(IR) 업무를 거의 하지 않는 코스닥 기업도 적잖다고 하소연이다. 코스닥 기업들은 업무 부담 과중을 탓한다. 업무 분장이 뚜렷한 대기업과 달리 중소기업은 회계·자금 담당자들이 IR도 겸직하는 경우가 많아 탐방을 반기지 않는다는 것. 국내 주식 투자 문화가 성숙하지 못한 점을 지적하는 목소리도 나온다. 익명을 요구한 애널리스트는 "주가가 실적보다 테마로 움직이는 경우가 많아 탐방 이후에도 주가를 평가할 방법이 없다. 그래서 스몰캡 보고서 중에는 목표주가를 제시하지 않는 경우가 많다"고 털어놨다.

전문가들은 증권사와 코스닥 상장사가 기업 탐방과 IR에 적극 나서도록 당국이 채찍과 당근을 적절히 활용할 것을 권한다.

김윤서 KTB투자증권 애널리스트는 "한국거래소 담당자와 코스닥 전문가들로 구성된 TF(태스크포스)를 구성해 대책을 마련해야 한다. 증권사들이 코스닥 관련 보고서를 일정 수준 이상 작성하면 인센티브를 주는 방식도 도입할 필요가 있다"고 말했다. "중소기업 IR 담당자가 기업 탐방 요청에 과도한 부담을 느낀다면, 적어도 분기에 한 번씩이라도 기업 IR 의무화 방안을 고려해볼 만하다"는 건 추연환 KDB대우증권 애널리스트의 생각이다.

❑ 코스닥 등용문 코넥스
　　메디아나·랩지노믹스 등 코스닥 열풍 주도

코스닥시장이 살아나면서 천덕꾸러기 취급을 받던 코넥스도 부활의 날갯짓을 하고 있다.

한국거래소에 따르면 올해 들어 1월 29일까지 코넥스시장의 일평균 거래대금은 7억6,000만 원으로 지난해의 두 배 수준으로 급증했다. 같은 기간 일평균 거래량도 지난해 대비 79.8% 늘어난 8만8,100주를 기록했다. 금융투자업계 관계자는 "최근 중소형주 위주 강세장이 형성되고 있고 거래량 회복을 위한 모험자본 육성 방안, 코넥스시장 활성화 방안 등 정부 정책에 대한 기대감이 반영된 것으로 보인다"고 분석했다.

코넥스는 코스닥 상장 요건을 충족시키지 못하는 벤처·중소기업이 상장할 수 있도록 조건을 완화한 중소기업 전용 주식시장으로 2013년 7월 1일 개장했다. 코스닥시장 입성을 위해서는 자기자본이 30억 원 이상이면서 '자기자본이익률 10% 이상·매출 100억 원 이상·당기순이익 20억 원 이상' 중 한 가지 조건을 충족해야 하지만 코넥스시장은 자기자본 5억 원, 매출 10억 원, 순이익 3억 원 중 한 가지만 만족하면 진입할 수 있다.

코넥스시장 활성화는 코스닥시장의 밑거름이 된다. 코넥스시장의 설립 취지 자체가 코넥스시장에 상장을 많이 시키는 것이 아니라, 코스닥시장으로 최대한 많은 기업을 보내기 위한 등용문 역할이기 때문이다.

상장을 노리는 기업 입장에서 코넥스는 충분히 매력적인 시장이다. 일단 코넥스에 상장하게 되면 코스닥 상장사로 승격하는 데 적잖은 이점이 있어서다. 코넥스시장에 상장된 지 1년이 지난 기업은 시가총액이 **300억 원** 이상일 경우 코스닥시장에 직접 상장할 때보다 상장 요건이 절반 수준으로 완화된다. 시가총액이 **1,000억** 원을 넘으면 대부분의 요건이 면제된다.

특히 최근 코스닥시장에 부는 바이오주 열풍은 코넥스에서 이전상장한 바이오 기업들이 주도하고 있다고 해도 과언이 아니다. 메디아나, 랩지노믹스, 하이로닉의 주가는 1월 29일 기준 공모가보다 각각 **204.2%, 143.9%, 154.7%** 급등했다. 반도체 기업인 아진엑스텍(123.6%)과 컴퓨터 서비스 기업인 아이티센(108.7%)도 공모가 대비 두 배가 넘는 주가 상승률을 보이며 '코스닥 붐'의 중심에서 활약 중이다.

한국거래소 관계자는 "코넥스 상장으로 기업은 인지도를 높일 수 있다. 또한 코넥스시장은 투자에 대한 중간 회수시장으로서의 역할도 한다. 기업 성장단계에 따른 자금의 선순환체계가 구축되고 중간 회수가 원활하게 이뤄지면 코스닥시장이 활성화되는 효과를 얻을 수 있다"고 말했다.

<매경이코노미 제1794호, 2015.02.04~02.10. 노승욱 기자, 류지민 기자>

제2장 투자환경과 경기변동성에 대한 이해

제1절 투자환경의 실제

1. 생존경쟁의 역사

생존경쟁의 역사는 약 5억 3천만 년 전 바닷속에서 시작되었다고 한다. 고고학자들이 캄브리아기라고 부르는 이때부터 야노말로카리스라는 학명을 가진 강력한 어류가 등장 자기보다 약한 어류를 잡아먹기 시작하면서 먹느냐 먹히느냐, 사느냐 죽느냐의 생존경쟁이 시작되었다. 약자는 강자의 먹이가 되어야 하는 환경에 적응하기 위하여 각자의 전략을 세워야 했고, 이 전략에 적합한 신체적 구조를 만들어내야 했다.

한 유형은 정보의 습득을 원활히 하기 위해 다수의 눈을 보유하였고, 한 유형은 방어를 위해 자신의 몸을 주변과 비슷한 색깔로 진화하거나 단단한 껍질 속에 감추었고, 또 다른 유형은 유연성을 확보하기 위해 몸을 유선형으로 바꾸었다. 생존경쟁의 역사는 환경적응, 전략수립, 구조조정에 이르는 과정이며, 이는 현재에도 유효하다. 투자게임의 법칙 또한 생존경쟁의 역사와 유사하다. 투자게임의 법칙은 항상 변화하고 재빠르지 않으면 손해를 볼 수밖에 없다.

2. 대형재료의 특징

투자자들의 고민은 새로운 환경에 맞는 전략을 수립하는 것이 중요하며 이를 실천에 옮기는 행위가 투자의 과정이다. 앞으로 다가올 대형재료와 투자의 테마는 과연 무엇일까? 지난 30여 년간의 대형재료들을 돌아보면 1970년대에는 금, 석유가스, 외환이었고, 1980년대에는 일본 주식이었으며, 1985년에서 1990년대에는 신흥시장(한국포함), 1990년대에는 미국의 주식시장이었다. 그러나 대부분의 투자자들은 매번 새로운 조류의 뒷북만 치고 말았다.

　재료라는 것은 항상 존재한다. 투자의 기회가 싹이 터서 무럭무럭 자라고 있는데도 사람들이 그것을 알아채지 못할 뿐이다. 특히, 각국 중앙은행들이 통화공급을 계속하는 한 적어도 한 개 이상의 자산가격을 끌어올리기 때문에 투자기회가 생겨날 수밖에 없다. 팽창적인 신용정책으로 최근 자산가격이 크게 상승한 부분은 현재 전세계 부동산시장과 금과 은, 1차상품의 가격이다.

　그러면 현재 새로운 대형재료는 무엇이 될 것인가? 우선 재료주란 시장에 단기 테마를 이루는 종목들을 말하며, 대형재료의 특징에는 다음과 같은 것이 있다. 첫째, 아무리 대형재료라도 단물이 넘쳐 흐르는 초기 단계에선 그것이 눈에 잘 띄지 않는다는 것이다. 모든 사람들의 눈에 보이게 되는 때는 이미 마지막 단계이다. 지난 몇 년간의 하이테크업종이 그 대표적인 예다. 둘째, 널리 알려진 대형재료에 자금이 급속히 유입되고 세계의 모든 투자자들이 열광하는 시장은 바로 몰락의 현장이 되기도 한다. 몰락 직전에 시장이 수직상승하기도 한다. 1990년대 말 나스닥이 대표적인 경우이며 우리나라의 경우 벤처기업 붐이 바로 그 사례이다. 셋째, 투자자들이 대형재료에 들떠 있을 때 그게 아닌 다른 곳에서 주목할 만한 새로운 개회가 생기기 시작한다. 아무도 관심을 가지지 않는 황무지에서 대박의 싹이 자란다. 1990년대 말 "굴뚝주(IT산업과 대비되는 가스, 전력, 통신, 중화학 등 기간산업 주)"라는 비아냥거림을 당했던 엄청난 전통주들이 엄청난 시세를 만들어냈다. 넷째, 그러나 투자시점에서 인기시장에서 소외된 비인기시장으로 이동해야 할 정확한 시점을 아는 것은 어렵다는 점이다.

　오늘날 많은 투자전문가 또는 투자컨설턴트들은 투자를 할 장기적인 테마가 없다는 것이 가장 곤혹스럽다고 한다. 그러나 모든 투자자들이 명심해야 할 것은 대박을 꿈꾸며 전 세계를 배회하는 돈의 양이 엄청나게 커졌다는 사실이다. 미국을 비롯한 각 나라들의 신용정책과 통화공급의 확대로 그 규모가 최근 더욱 커지고 있다.

제2절 경기변동성과 투자

1. 경기란 무엇인가?

사람들은 흔히 경기가 좋다 아니면 경기가 나쁘다는 말을 자주 늘 가까이에서 이용한다. 그런데 정작 경기란 무엇인가? 하고 반문하면 그 정의를 내리지 못한다. 왜 그럴까? 그럼 투자란 무엇인가? 하고 그 정의를 내리라 하면 쉽게 정의하는 사람이 없는 것이나 마찬가지다. 하지만 투자론을 배우는 입장에서는 경기의 개념을 반드시 알아야만 한다.

경기(The Economy)란 [그림 2-1]과 같이 한 나라의 경제주체들의 경제활동의 총합이다. 즉 경제주체들인 생산활동의 주체인 기업, 소비활동의 주체인 가계,

[그림2-1] 경기의 개념

재정활동의 주체인 정부의 경제활동의 총합이 경기이다.

[그림 2-2]와 같이 경기가 좋다는 의미는 호황국면을 말하는데 경기의 주체인 기업의 생산활동, 가계의 소비활동, 정부의 재정활동이 활발하다는 의미이며 경기가 나쁘다는 의미는 기업, 가계, 정부의 활동이 활발하지 못하다는 의미이다. 3요소 중 하나의 요소라도 활동이 활발하지 못하면 경기는 나쁘다라고 할 수 있는 것이다. 경기가 호황국면에 들었다는 것은 경기가 저점을 통과하여 고점에 이르는 국면에 있다는 의미이고, 고점을 지나 저점을 향한다면 불황국면의 상황에 빠져있다는 말이 된다.

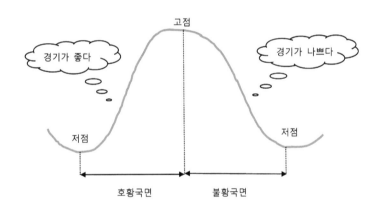

[그림 2-2] 경기의 변동성(Volatility of The Economy)

결국, 경기를 활성화해 호황국면으로 접어들게 하려면 국가의 역할인 활발한 재정활동을 유발 한다. 재정활동의 하나인 금리정책은 한국은행 금융통화위원회에서 결정하는데 경기과열을 식히기 위해서는 금리인상 정책을 사용하고 경기가 불황국면 아래에서는 금리인하를 통해 기업의 조달비용을 낮추고 금융비용을 절감시켜 투자의욕을 증대시킬 수 있다. 또한 정부당국은 조세정책인 감세와 증세를 통해 기업과 가계활동을 조절하기도 한다. 통화안정증권

의 발행과 매수를 통해서는 통화량을 긴축시키거나 경기가 침체국면에서는 양
적완화정책을 통해 통화량을 증대시키는 등 통화량 조절정책 등이 대표적이
다. 즉 생산활동이 활발하도록 기업의 투자의욕을 불어넣어 주어야 하며, 가계
소득을 증대시켜 소비를 증대시키는 활동 등을 통해 경기를 활성화하는 역할
에서도 정부의 역할이 매우 크다 하겠다. 따라서 정부는 경기에 찬물을 끼얹
기도 하고 부양할 수도 있는 막강한 파워를 가지고 있는 것이다.

2. 호황국면과 불황국면에서의 투자포인트

호황국면과 불황국면에서의 투자포인트를 살펴보면 [그림 2-3]과 같다. 저점
에서 향후 6개월 정도 이후에 경기부양이 예상된다면 고수익채권인 Junk Bond
를 매입하는 전략을 세워야 한다. 왜냐하면 정크본드(Junk Bond)란 신용등급이

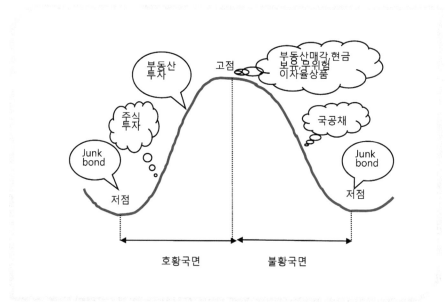

[그림 2-3] 호황국면과 불황국면에서의 유용한 투자방법

열위한 BB+이하의 신용상태를 가진 부도율이 높은 회사채(채권)로서 경기가 저점을 통과해 향후 호황국면으로 접어들면 기업활동이 활발해지고 기업의 신용상태가 양호해져 부도율이 낮아지기 때문에 경기 저점에는 정크본드에 투자하는 것이 매우 유용한 투자방법이다.

경기가 저점을 통과한 후 6개월 정도가 지나면 경기가 활성화될 조짐이 나타나게 되며 이 시기에는 주식투자가 유용한 투자방법이다. 주식투자 후 경기 호황 국면에 접어들면 주식시세가 일정수준 이상 상승한 상태이므로 추가 유동자금을 통한 부동산투자로 이동되는 단계이다. 부동산투자 후 지나친 투자 열기가 지속하는 활황국면이 계속되며 횡보하는 경기고점의 징후들이 나타나면 부동산 매각을 통해 현금을 보유하거나 무위험이자율의 대표적인 금융상품인 정기예금, 양도성예금증서(CD), 국공채에 투자하여 투자원금에 대한 안정성과 유동성을 보장받고 이자수익을 통한 수익성을 확보하여야 한다.

경기가 고점을 지나 불황국면으로 진입하게 되면 자금경색과 기업의 생산활동이 위축되고, 민간부문의 소비활동까지 침체되는 이른바 경기침체기로 진입하게 된다. 이 시기에는 역시 현금보유 전략을 취하며 쉬는 것도 투자의 한 방법인 셈이다. 이후 경기가 저점을 통과할 경기선행지표들이 활성화되면 또다시 고수익채권인 정크본드에 투자하는 방식으로 경기가 불황이건 호황이건 간에 그 시점에 적절한 투자행위를 할 수가 있다.

제3절 경기의 순환구조와 투자

경기의 순환과정(Business Cycle of The Economy)을 보면 경기는 변동성(Volatility)을 갖는 특성이 있다. [그림 2-4]와 같이 침체기-회복기-활황기-후퇴기-침체기-회복기의 순환과정을 거친다.

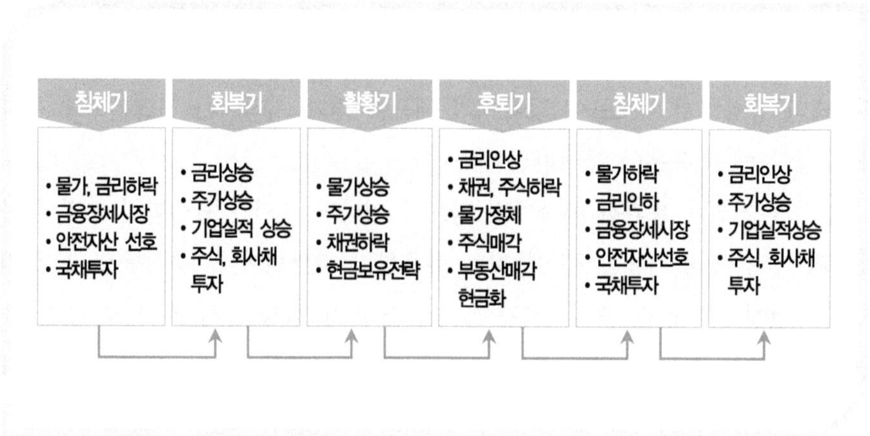

침체기	회복기	활황기	후퇴기	침체기	회복기
• 물가, 금리하락 • 금융장세시장 • 안전자산 선호 • 국채투자	• 금리상승 • 주가상승 • 기업실적 상승 • 주식, 회사채 투자	• 물가상승 • 주가상승 • 채권하락 • 현금보유전략	• 금리인상 • 채권, 주식하락 • 물가정체 • 주식매각 • 부동산매각 현금화	• 물가하락 • 금리인하 • 금융장세시장 • 안전자산선호 • 국채투자	• 금리인상 • 주가상승 • 기업실적상승 • 주식, 회사채 투자

[그림 2-4] 경기의 순환과정, 정책과 투자

경기순환의 원인은 장기적으로는 50~60년 정도의 시간을 가지며 변화하는데 기술혁신, 전쟁, 자원개발 등의 원인으로 장기적으로 순환과정을 거치게 된다. 중기적으로는 대략 10년에 걸쳐 나타나는데 자본재의 교체, 설비교체 등이 주요원인이다. 단기적으로는 3년 이내에서 경기가 순환하는데 통화정책, 금리정책, 물가, 재고순환 등이 주요 원인이다.

이러한 경기의 순환은 현재에도 지속적으로 나타나고 있다는 사실이다. 경기가 침체되면 금리하락으로 안전자산인 채권의 가격이 상승하고 이후 금융완화를 배경으로 주식의 가격이 상승하고, 경기가 과열되며 물가가 상승하는 사이클과 금리상승-채권가격 하락- 주식가격 하락-상품가격 하락 사이클이 지속해서 나타나게 된다. 경기의 순환이 의미하는 것은 새로운 투자재료가 어느때나 존재한다는 사실이다

 **연습문제**

1. 경기란 무엇인가 그 개념을 논하라.

2. 투자환경의 실제를 논하라.

3. 대형재료가 의미하는 바를 논하라.

4. 경기의 순환과정을 논하라.

5. 호황국면과 불황국면시 유용한 투자방법을 설명하라.

제 3 장

투자심리와 태도

이 장에서 학습하는 내용

- 투자심리
  - ▷ 상반된 투자심리의 이해
  - ▷ 시장심리와 주가변화
- 군중심리
  - ▷ 집단의견의 수렴현상
  - ▷ 군중심리에 의한 가격 버블사건
  - ▷ 투기광풍에서의 통찰력과 시사점

이 장의 학습목표

- 복잡한 투자자의 투자심리를 이해한다.
- 투자심리와 주가변화의 관계를 학습한다.
- 군중심리에 의한 버블사건과 투기광풍에서 교훈을 얻는다.

투자론 산책

조용한 리더는 들을 줄 안다…이것이 '소리 없이 강한' 이유
-조지프 바다라코 하버드 비즈니스 스쿨 교수 인터뷰

1997년 리베카 올슨이 미국 네브래스카주 세인트클레먼트병원의 최고경영자 (CEO)로 새로 부임한 직후 일어난 일이다. 한 사무직원이 관리 부원장인 리처드 밀러를 성희롱과 차별대우로 고발했다. 사실 CEO인 올슨은 신체적 장애가 있는 사람이었다. 그런데 밀러를 고발한 사무직원 역시 신체적 장애가 있어 올슨은 피해자의 감정과 의식을 상당 부분 공감할 수 있었다. 여기에 해당 병원에서 25년 동안 근무해온 밀러는 올슨이 부임하기 전까지 병원 직원들이 차기 CEO라고 예상할 정도로 매우 중요한 업무를 맡는 인물이었다. 마지막으로 경영진은 올슨을 영입하기 몇 주 전부터 이 사건에 대해 알고 있었으며 이에 대한 조사를 진행 중이었다. 한마디로 올슨이 매우 충격적으로 받아들일 만한 상황이었다.

새로운 곳에서 일을 시작하자마자 고발 사건을 마주한 올슨은 이 상황을 어떻게 해결했을까. 그녀는 대놓고 밀러를 해고하지도, 성희롱으로 그를 고소하지도 않았다. 대신 면밀한 조사와 준비를 하면서 해당 병원 이사들과 긴밀히 상의한 뒤 '권고사직'이란 결론을 내렸다. 결국 밀러는 권고사직을 받아들였고, 올슨은 이 일이 외부에 노출되지 않도록 병원의 이미지를 보호하며 사건을 해결할 수 있었다.

사실 밀러의 행동에 대한 증거는 충분했다. 올슨은 그를 해고하거나 고소할 수도 있었다. 하지만 올슨은 '정의의 사모'가 되지 않고, 뒤에서 조용하게 이 사건을 해결했다. 즉, 그는 '조용한 리더'로 행동한 것이다.

이처럼 조직 곳곳에는 모두가 아는 영웅이 되는 대신에 티 내지 않고 리더십을 펼치는 사람들이 존재한다. CEO 외에도 관리자 등 조직 내 수많은 사람들이 '조용한 리더'가 될 수 있다. 매일경제 더비즈타임스팀은 『조용한 리더(*Leading Quietly*)』의 저자 조지프 바다라코(Joseph Badaracco) 하버드 비즈니스 스쿨 교수를 인터뷰하며 『조용한 리더십』에 대한 더 자세한 이야기를 들었다. 바다라코 교수는 "과거에 적극적인 리더십을 펼치다 오히려 상황을 더 악화시킨 경험이 있어 조용한 리더로 변한 사람들이 있다"며 "조용한 리더들의 우선순위는 업무를 끝까지 완수하는 것"이라고 밝혔다. 다음은 바다라코 교수와의 일문일답.

❏ '조용한 리더(quiet leader)'를 어떻게 정의하는가.

▶ 어려운 상황(tricky situations)에서도 묵묵히, 소란을 일으키지 않고 일하는 사람이 바로 '조용한 리더'다. 어떠한 문제가 발생했다고 가정해보자. 이런 상황에서 투입된 조용한 리더는 직장 동료들과 협력할 방법을 찾아서 해당 문제를 해결한다. 그것도 효율적이고 책임감을 갖고 말이다. 그렇지만 자세히 들여다보지 않는 이상 조용한 리더가 해당 문제를 해결하기 위해 얼마나 애썼는지 다른 사람들은 알아채기 힘들다.

❏ 왜 어떤 사람들은 나서지 않고 뒤에서 '소리 내지 않고' 리드하는가.

▶ 일부 사람들에게는 티를 내지 않고 조용히 타인들을 이끄는 것이 자연스러운 리더십 스타일이다. 이들은 어떻게 보면 내향적인 사람들이다. 그러나 대부분의 조용한 리더는 경험을 통해 (영웅적인 리더가 되지 않고) 조직 안에서 조용하게 리드하는 것이 효율적으로 일을 처리하는 방법이라는 것을 깨닫고 이러한 리더십을 펼친다. 또한 조직에서 '조용하게' 일을 하는 문화가 있어서 조용한 리더가 되는 사람들도 있다.

❏ 경험을 통해 조용한 리더십이 효율적인 방법이라고 깨닫는 경우를 더 구체적으로 설명해달라.

▶ 경험상으로 봤을 때 조용한 리더가 되는 사람들 중 일부는 이전에 다른 리더십을 펼친 경험이 있다. 가령 더 적극적으로 사람들을 이끈 리더십을 보였지만 이런 적극적 리더십이 결국에 상황을 악화시킨 경험이 있는 경우다. 이런 사람들이 적극적인 리더십에서 조용한 리더십으로 자신의 리더십 스타일을 바꿨을 수 있다.

❏ 이러한 조용한 리더들이 가장 중요하게 여기는 점은 무엇인가.

▶ 그들에게 가장 중요한 점은 업무를 끝까지 수행하는 것이다(getting the job done). 본인이 맡은 일에 집중하고, 이를 이루기 위해 다른 사람들이 해당 업무에 기여하게 만든다. 자신의 포지션에 '장기 집권'을 한다든지 자신의 공로를 인정받는 것은 조용한 리더들이 가장 중요하게 여기는 것이 아니다.

❏ 조용한 리더들을 이끄는 또 다른 리더들이 있는가. 조용한 리더들은 누구를 통해 영향을 받고 뒤에서 리더십을 펼치는 것일까.

▶ 조용한 리더들은 주위에서 일어나고 있는 일들을 주의 깊게 살핀다. 이 자체만으로도 그들이 하는 말과 행동에 영향을 미친다. 비유하자면 조용한 리더들의 행동은 아서 코넌 도일의 '셜록 홈스의 모험: 보헤미아의 스캔들' 편에서 셜록이 왓슨을 비판할 때 한 말과 관련이 있다. 바로 "넌 눈으로 보지만 관찰하진 않아(You see but you do not observe)"다.

☐ 리더가 너무 티 내지 않게 일하면 직원들과 해당 리더 사이에서 오해가 생기진 않을까.

▶ 아직까진 조용한 리더에 대한 직원들의 엄청난 오해는 들어본 적이 없다. 오히려 조용한 리더가 다른 타입의 리더들보다 자신이 이끄는 팀, 혹은 부서의 능력을 찾아 이끌어내고, 팀원들끼리 협력하게 만들며, 심지어는 창의성을 유발하는 데 더 뛰어나다는 증거가 많다. 예를 들어 프랜체스카 지노 하버드대학교 경영대학원 교수가 수행한 연구결과에 따르면 조용한 리더들은 직원들이 생각을 더 잘할 수 있도록 '틈(space)'을 더 준다고 한다. 또한 조용한 리더들은 직원들이 본인의 의사를 더 편하게 밝힐 수 있도록 한다. 이렇게 (사람들이 더 편안하게 본인의 의견을 말할 수 있는) 환경이 조성되는 것만으로도 창의적인 아이디어가 더 많이 창출될 수 있다. 대다수의 경우 '영웅적인' 리더들은 자신의 능력을 너무 높이 평가하고 자신감이 높기 때문에 다른 사람들의 아이디어를 받아들이지 않는다. 그러나 비즈니스를 하면서 찾아오는 문제들은 해결하기가 많이 복잡하다. 이 때문에 한 명의 천재(본인을 천재라고 여기는 '영웅적인' 리더)만으론 이런 비즈니스 문제들을 해결하기 어렵다.

☐ 그렇다고 하더라도 조용한 리더의 노고를 알아채긴 힘들다. 직장에서 조용한 리더의 수고를 어떻게 깨닫고, 이에 대한 인정은 어떻게 해야 하나.

▶ 어려운 문제다. 대부분의 경우 조용한 리더십은 마땅히 받아야 하는 인정을 덜 받고 이런 리더들에게 돌아가는 보상(reward)도 부족하다. 가장 중요한 것은 각 인재들이 어떤 스타일로 일을 하는지를 상사가 눈여겨보는 것이다. 또한 누가 어떠한 업무에 기여하는지도 상사들은 집중하며 봐야 한다. 조용한 리더들의 기여도를 알아채는 또 다른 방법이 있다. 힘든 여건(challenging situation) 속에서 그들을 투입시키고 그들이 투입된 후에 일이 얼마나 진행되는지, 또 결국에 일이 잘 마무리되는지를 상사가 집중적으로 보면 조용한 리더들의 존재감이 드러난다. 결국에는 조직 내 상황을 예의 주시하는 상사가 있어야지 조용한 리더들의 존재감이 밝혀지고 그들이 마땅히 받아야 하는 보상을 가장 잘 받을 수 있다. 조용한 리더라도 인정받는 것은 중요하다. 완전히 자기주도적인(self—directed) 사람들을 제외하곤 모두들 자신의 노고를 인정받고 싶어 한다.

❑ 언뜻 보면 심각한 문제를 해결해야 하는 상황에서만 조용한 리더십이 필요해 보인다. 일상적인 직장생활에서 조용한 리더들은 조직에 어떻게 기여할 수 있는가.

▶ 특별한 상황이나 심각한 문제가 있을 때만 조용한 리더십의 효과가 발휘되는 것이 아니다. 어떠한 상황에서도 조용한 리더들은 기여할 수 있다. 현재 조직이 직면하는 문제들은 너무나 많다. 그리고 이런 문제들은 관리자를 비롯해 직급이 높은 사람들의 책상 위에 놓이기 마련이다. 관리자들은 문제가 작든 크든 간에 이런 문제들을 해결하기 위해 다른 사람들과 가장 잘 협력하면서 일할 방법을 찾고, 팀원들이 문제를 해결하는 데 기여하도록 이끌어내며, 팀원들이 문제 해결이라는 목표에서 이탈하지 않고 끝까지 집중하도록 만들어야 한다. 이 모든 것들이 바로 조용한 리더들이 하는 일이다.

❑ 그래도 조용한 리더십보다는 일반적인 리더십이 필요한 상황들도 분명 있을 것이다.

▶ 물론 있다. 중대한 선택(decision)이 최종적으로 결정되는 상황이다. 이 선택이 잘못됐다고 판단된다면 사람들은 이를 꼬집어서 이야기해야 한다. 회사에서 근무하는 사람으로서 어떠한 결정이 잘못돼 보인다면 이에 대한 이야기를 하는 것이 직원들의 의무다.

❑ 조용한 리더들에게 가장 힘든 상황이 있다면.

▶ 조용한 리더 중 일부는 내성적인 사람일 것이다. 이들은 회의를 할 때 더 직설적이고, 더 즉흥적으로 의견을 말해야 한다. 그렇지만 내성적인 사람들은 타인의 말을 듣는 것이 더 자연스럽기 때문에 직접적으로 자신의 의견을 말하는 것이 힘들다.

❑ 어떻게 내성적인 조용한 리더가 회의실에서 더 직설적으로 본인의 의견을 말할 수 있을까.

▶ 두 가지 조언을 하겠다. 첫 번째는 상사에게 제안하는 조언이다. 평소에는 자신감이 있고 열심히 일하는 사람인데 회의실에서만 입을 닫고 있는 사람이 있다면, 상사들은 이 사람이 회의에 참여하도록 도와야 한다. 자세히 보면 내성적인 사람이 무언가를 얘기하려는 듯한 모습을 포착할 수 있다. 상사가 이를 목격한다면 해당 사람에게 하고 싶은 말이 있는지 물어볼 수 있다. 또 한 가지는 내성적인 사람들에게 전하는 조언이다. 대부분 내향적인 사람들은 철저히 준비한 상태로 회의에 참여하지만, 자신의 의견을 말할 적절한 타이밍을 기다린다. 안타깝게도 머릿속에서 알맞은 타이밍을 생각하는 동안 회의 주제는 다른 것으로 바뀐다. 즉, 결국에는 타이밍을 보느라 말할 기회를 놓쳐버리는 것이다. 내성적인 사람들은 자기 자신을 믿고

회의 시간에 할 말이 있으면 '질러야' 한다. 수영장에 들어가는 것이 망설여진다면 눈을 한번 질끈 감고 수영장에 뛰어 들어가는 것처럼 말이다.

❏ 조용한 리더십은 리더십 훈련을 통해 터득될 수 있는가. 아니면 이런 타입의 리더십은 배워서 터득할 수 없다고 생각하는가.

▶ 훈련을 통해 터득될 수 있지만 지극히 제한적이다. 리더십 훈련 프로그램을 듣는 직원들은 조용한 리더에 대한 설명을 듣거나 조용한 리더십의 효율성이 잘 나타난 케이스스터디를 갖고 이에 대한 토론을 펼칠 수는 있다. 그렇지만 이보다 더 중요한 것은 조직 문화를 배우는 것이다.

하루하루, 그리고 상황 상황에 따라 내부에서 업무를 어떻게 하는지 파악하는 것이 가장 중요한 '트레이닝'이다.

❏ 마지막으로 하고 싶은 말이 있다면.

▶ 직장 동료들을 찬찬히 살펴보면 조용한 리더들이 누군지 알 수 있을 것이다. 효율적으로 일을 하지만 '스포트라이트'를 받지 않고 자신의 공로를 드러내지 않는 사람들 말이다. 이런 조용한 리더들을 찾아서 그들이 회의실에서 어떻게 행동하는지, 힘든 상황, 혹은 함께 일하기 힘든 사람들에 대해 어떻게 대처해 나가는지 면밀히 살펴봐라. 그들에게서 배울 점이 분명히 있을 것이다.

■ He is…

하버드대학교 비즈니스 스쿨에서 MBA와 DBA(경영학 학사)를 취득한 조지프 바다라코 교수는 기업윤리, 전략, 매니지먼트를 가르치며 경력을 쌓았다. 과거 하버드대학교 MBA 프로그램의 학과장을 역임하기도 했다. 그는 특히 기업윤리, 리더십, 전략, 의사결정에 큰 관심을 두고 있다. 『조용한 리더(Leading Quietly)』, 『문학의 숲에서 리더의 길을 찾다(Questions of Character: Illuminating the Heart of Leadership through Literature)』 등 다수의 저서가 국내에 출간되었다.

<매경, 윤선영 연구원>

제3장 투자심리와 태도

제1절 투자심리

1. 상반된 투자심리의 이해

투자는 일종의 심리게임이다. 따라서 나와 상대방에 대한 심리상태를 파악하는 것이 매우 중요하다. 왜냐하면 거래(Transaction)란 정반대의 생각이 만나야 하나의 거래가 성립하기 때문이다. 예를 들면 삼성전자 주식 1주를 보유한 투자자가 있다고 하자. 한쪽은 더 이상 보유할 가치가 없다고 심리적으로 판단해서 시장에 매도를 하게 되며, 반대로 한쪽은 보유할 가치가 있다고 판단해야 매도와 매수가 성립해서 하나의 완전한 거래가 성립하게 된다. 누구나 보유할 가치가 있고 시세차익을 얻을 수 있다고 느끼면 보유를 하게 되어 매수자는 사고 싶어도 살 수 없는 호가만 있는 상태가 되는 것이다.

즉 거래는 더 이상 보유할 가치가 없다고 느끼는 보유자가 매도하기 위해 시장에 내놓은 주식만(내가 사면 가격이 오른다고 생각하며)을 보유할 가치가 있다고 매수를 하게 된다. 결국 시장에서 정보를 더 많이 가지고 있는 보유자가 더는 보유할 가치가 없다고 시장에 내놓은 주식만을 매수자는 살 수 있게 되는 셈이다. 따라서 내가 사기만 하면 왜 주식이 빠지는지 그 이유를 이제 알게 되는 것이다. 다시 말해서 거래는 팔려는 자와 사려는 자의 심리게임인 것이다.

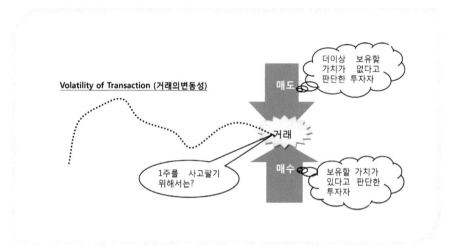

[그림 3-1] 상반된 투자심리에 의해 성립되는 거래의 특성

2. 과도한 긍정론(Over-Optimism)

심리학적 오류 중 가장 대표적인 것이 과도한 긍정론일 것이다. 투자자들은 자신의 능력에 대해 지나치게 긍정적인 경향이 있다. 과도한 긍정론이 지속적으로 나타나는 것은 통제의 착각(Illution of Control), 자기 귀속 편견(Self-Attribution Bias)과 같은 다수의 심리적 편견 때문이다. 사람들은 쉽게 긍정론 오류에 빠져 자신이 실제 처한 상황보다 더 잘 관리하고 있다고 생각한다. 자기 귀속 편견은 좋은 결과에 대해서는 자신의 능력으로, 나쁜 결과에 대해서는 불운으로 돌리는 것을 의미한다. 따라서 통제의 착각과 자기 귀속 편견은 사람들을 지나치게 낙관적으로 만드는 경향이 있다.

3 과도한 자신감(Over-Confidence)

투자자들은 긍정적이면서 또한 과도한 자신감을 가진다. 과도한 자신감에 대한 연구로는 Lichenstein, Fischoff, Philips(1977)가 있다. 그들은 사람들에게 사실에 근거한 질문을 던지고 나서 자신의 답이 맞을 확률에 대해 물어보았다. 자신의 답을 확신했음에도 불구하고 실제 정답률은 약 80%에 불과했다. 과도한 자신감을 보이는 개인들은 자신의 판단을 적절히 조정하지 못한다. 흥미 있는 사실은 전문 출판업자나 일기예보자 등의 일부 집단은 자신들의 판단을 지속해서 잘 조정한다는 것이다. 그 이유는 자신들의 판단에 대해 정기적인 피드백이 항상 뒤따르기 때문일 것이다. 그러나 이러한 겸손함이 주식시장의 예측론자들과 애널리스트들에게는 나타나지 않는다.

과도한 자신감과 긍정론은 강하게 결합하여 투자자 자신의 지식과 위험에 대한 이해를 과신하게 만들고, 상황을 통제하는 능력을 과장하게 만든다. 과도한 자신감과 긍정론은 생물학적 진화론에 근거하고 있다. 생물학적 연구에 의하면 과도한 자신감과 긍정론이 짝짓기를 성공시킨다는 사실을 보여준다.

4. 인식의 불일치(Cognitive Dissonance)

인식의 불일치는 자신의 믿음이나 가정이 틀렸다는 사실을 알았을 때 느끼는 정신적인 갈등을 말한다. 이때 사람들은 놀라울 정도로 자신을 부정하며 정신적 불일치를 줄이고 회피하기 위해 정신적 판단을 수행하는 절차를 생략하게 된다.

5. 확인편견(Confirmation)

확인편견은 자신이 지지하는 관점과 부합하는 정보를 발견하려고 노력하는 사람들의 태도를 말한다. 즉 귀무가설과 다른 정보들은 무시하고 귀무가설을 강화하는 정보들은 과도하게 믿는 것이다.

6. 보수적 편견(Conservatism Bias)

보수적 편견은 완강하게 관점이나 예측을 고집하는 경향을 의미한다. 일단 특정 포지션을 취하게 되면 대부분의 사람들은 그 관점에서 멀어지는 것을 매우 꺼린다.

7. 근거 찾기(Anchoring)

근거 찾기란 사람들이 정량적 평가를 해야 할 때 그들의 관점이 가정에 의해 영향을 받을 수 있음을 의미하는 것이다. 불확실성에 직면할 때 사람들은 자신의 관점에서 근거를 찾기 위해 지푸라기라도 잡을 것이다. 주식시장의 가치는 원래 불명확하다. 적정한 가치를 설정하려는 노력은 예전부터 있었다. 완전한 정보가 없는 상태에서 과거 가격은 현재 가격의 근거 역할을 수행하게 된다. 또한 애널리스트들의 주식 가치평가 작업에서도 근거 찾기의 예를 살펴볼 수 있다. 예를 들면 산업평균 배수로 기업을 평가하는 상대 가치평가를 들 수 있다

8. 전형적인 휴리스틱(Representativeness Heuristic)

휴리스틱은 우리가 정보를 접할 때 경험법칙을 사용한다는 것이다. 전형성은 어떤 것의 선호도를 표현할 때 확률을 사용하기보다는 무엇과 유사하다는 식으로 표현하는 것을 의미한다. 전형성의 예로 좋은 주식이 좋은 기업이라는 것이다. 투자자의 관점에서 좋은 기업은 이익을 만들어내는 데 성공하는 강한 기업이고 이익은 계속해서 높은 수익을 이끌어낸다. 반면 부실한 기업은 초라한 이익으로 대변되고 수익이 사라지게 된다. 투자자들은 가난한 기업을 피하

고 좋은 기업을 선호한다. 그러나 이익은 평균 회귀성향이 있으므로 좋은 기업은 평균으로 되돌아오게 될 것이고 이는 곧 나쁜 기업이 됨을 의미한다.

제2절 시장심리와 주가변화

　시장심리(Market Psychology)와 유행(Fads)에 의해서 주가가 어떻게 움직일 수 있는지를 살펴보고자 한다. 1987년 10월 미국의 검은 월요일(Black Monday) 주가 대폭락 사건 이후 시장심리 이론에 대한 관심이 커졌다. 요즘 벤처주식의 경우 기존 잣대로는 평가하기가 어려워지고 기존 주식들의 주가에 비해 높은 가격수준을 보이면서 디지털 경제시대에 따른 적정주가라는 견해와 일시적 유행에 의한 버블주가라는 견해가 팽팽히 맞서고 있다. 최근 우리나라의 경우 묻지마 투자라는 말이 유행할 정도로 시장심리 또는 군중심리에 의한 투자가 행해졌었는데 이러한 현상을 우리는 어떻게 설명할 수 있을까?

　과거 수차례의 주가 대폭락 사건을 보면서 주가가 군중심리에 의해 사상누각처럼 올랐다가 꺼지는 현상을 보이는데, 이를 설명하는 이론으로서 사상누각이론(Castle-In-The-Air Theory)이 있다. 사상누각이론은 사람들이 미래에 어떤 행동을 보일지를 예측함으로써 투자에 임한다고 보는 것이다. 케인즈는 주식시장을 미인선발대회(Beauty Contest)에 비유하여 설명하였다. 100명의 얼굴 중 가장 아름다운 6명을 맞추는 대회가 있는데 6명 중 가장 많이 맞춘 사람에게 상을 준다고 하자. 똑똑한 사람이라면 미의 개인적인 기준보다는 대중의 입장에서 평균적으로 아름답다고 생각되는 미인들을 고르리라는 것이고, 주식의 선택도 마찬가지라는 것이다.

　이 이론에 의하면 현재 주가는 현재에 그 가격에 사서 더 높은 가격으로 팔수 있다고 생각하는 사자세력과 더 이상 오르기 힘들다고 생각하는 팔자세력에 의해, 즉 대중심리에 의해 결정된다고 보는 것이다. 따라서 내재가치가 얼마인지는 모르지만 남들보다 미리 들어감으로써 수익을 볼 수 있다는 것이다. 예를 들어 어떤 주식의 가치에 비해 세 배를 주고 사더라도 나중에 다섯 배를 주고 살 사람만 있다면 상관없다는 것이다. 학계에서는 이를 주식시장의 행동이론(Behaviral Theory) 또는 유행이론(Fad Theory)이라고도 한다.

제3절 군중심리

1. 집단의견 수렴현상(Convergence of Crowd Opinion)

개인으로 있을 때와 그룹이나 군중으로 있을 때와 독립적인 판단능력에 어떻게 영향을 미치는가를 살펴보고자 한다. 1895년 프랑스인인 LeBon은 『*The Crowd*』라는 책에서 "군중상태에서의 모든 사람들의 감정과 사상은 한 가지 동일한 방향으로 모이고 그들의 의식 있는 개별성은 사라진다. 이때 집단의식이 형성되는데 이는 의심할 여지 없이 일시적인 하지만 매우 명확히 정의된 특성을 나타낸다. 그러한 군중은 심리적 군중이 된다." 이러한 상황에서 개인의 행동은 개인이 혼자일 때 고려하는 행동과는 매우 다르다는 것이다.

그러면 이와 같은 군중의 의견이 형성되는 과정은 개인들로 하여금 왜 황당한 가격에 투자의사결정을 내리도록 하는가? 이에 대한 해답은 불확실성 하에서 사람들의 의견들이 얼마나 쉽게 서로 근접하는지를 보면 찾을 수 있다.

이것은 심리학자인 Sherif(1969)의 실험을 보면 잘 나타난다. 그는 당시 움직이지 않는 자동불빛현상을 이용하여 깜깜한 방에 움직이는 듯 보이지만, 실제로는 움직이지 않는 조그만 불빛을 몇 초 동안 비추고 실험대상자들에게 불빛이 정확히 얼마나 움직였는지를 물었다. 깜깜한 방에서 기준으로 삼을 만한 아무런 기준점이 없는 상황에서 각 개인의 대답은 몇 인치로부터 8인치까지 개인의 의견이 다양하였다. 100번 동일한 실험을 한 후 각 실험대상의 평균

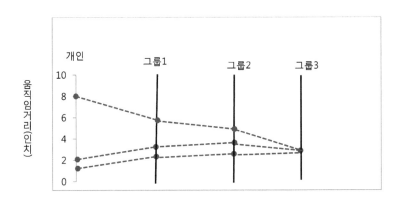

[그림 3-2] 불빛 움직임 실험에 있어서 의견수렴 현상

측정치를 기록하였는데 [그림 3-2]와 같이 대략 1인치로부터 8인치로 개인 간에는 상당한 차이를 보이는 것을 알 수 있다.

그런데 3명의 실험대상들을 한 곳으로 집합시켜 집단화시켰을 때에는 판단이 수렴하는 현상이 발생하였다. [그림 3-2]의 맨 오른쪽 그룹 3은 3명을 한 그룹에 있게 한 후 100번의 실험을 한 경우를 나타내는데 약 2인치로 수렴한 것을 보여준다. 마지막으로 Sherif는 공모자 한 사람을 포함했는데 실험대상자들이 답변과 관계없이 공모자는 한결같이 2인치를 주장했다고 한다. 실험의 끝 무렵에 가면 그의 영향력은 대단해서 대부분 실험대상들의 추정치는 2인치에 근접했다.

주식시장과 같이 불확실성이 큰 시장에서는 가장 권위가 있는 의견이나 가장 수익률이 좋은 사람들의 의견 쪽으로 의견들이 모이고 일치감을 형성하는 것도 같은 맥락이라는 것이다. 더군다나 두려움이라는 요소는 사람들에게 더욱 의견의 일치를 보게 만든다. 많은 사람들의 의견의 일치는 서로 서로에게 함정이 아닌 피난처로 보이게 된다. 특히 애널리스트의 매수추천에 귀를 기울이게 되는 것과 같다.

2. 군중심리에 의한 가격 버블사건

(1) 튤립버블 광란(The Tulip-Bubble Craze)

튤립버블 광란은 가장 빨리 부자가 되려는 욕심들이 빚어낸 역사상 초유의 사건이었다. 이 사건은 비엔나에서 새로 임명된 식물학 교수가 터키가 발원지인 특수 식물군을 네덜란드의 레이든으로 가져온 1593년에 시작되었다. 네덜란드인들은 이 식물(튤립)에 매료되었고 튤립은 네덜란드인들에게 인기 있는 비싼 식물이 되었다. 튤립이 모자익이라는 바이러스에 감염되었는데 감염된 튤립의 잎사귀는 여러 가지 색깔의 줄무늬가 만들어진 변종이 되었다. 이러한 변종으로 튤립에 대한 거센 투기바람이 불었다. 처음에는 튤립 상인들이 가장 유행할 튤립 변종을 예측하고 가격상승을 예상하여 해당 변종을 많이 확보하려고 시도를 하였는데 이것이 가격상승을 부추겼다. 사람들은 튤립의 가격이 비싸면 비쌀수록 더 좋은 투자대상으로 생각하였다. 귀족이나, 시민이나, 농부나 할 것 없이 모든 사람들은 튤립에 대한 투기로 인해 일상 산업활동을 그만둘 정도가 되었고 이러한 튤립에 대한 열기는 끝없이 계속될 것으로 상상하였다.

1634년부터 1637년까지 지속한 튤립 열풍의 마지막 해에 사람들은 그들을 더욱 부자로 만들어 줄 튤립을 사기 위해 땅이나, 보석, 가구까지도 물물교환하기에 이르렀다. 튤립의 가격은 천문학적인 수준에 이르게 되었다. 1637년 1월 한 달 동안에 튤립 가격은 24배가 상승하게 되는데, 그 다음 달인 2월에는 그보다 훨씬 더 많이 떨어지게 되었다. 모든 투기적인 광란에서 나타나 듯이 가격이 너무 올라 빠른 사람들이 먼저 팔기 시작하면 다른 사람들이 따라서 팔기 시작하고 이러한 상황은 눈덩이처럼 빠르게 가격을 하락하게 만드는 것이다. 정부가 이를 저지하기 위해 노력했지만 소용이 없었고 결국 튤립의 가격은 양팟 값 수준으로 떨어졌다. 이 사건으로 네덜란드는 깊은 공황의 늪으로 빠져들었다.

현대적 의미의 옵션거래의 시초가 네덜란드의 튤립 투기 붐이 있었던 17세

기경에 태어났다. 1630년대에는 네덜란드에서는 튤립재배가 유명하였고 많은 사람들이 튤립재배로 돈을 벌고 있었는데 작황에 따라 가격변동의 폭이 커져 재배자들과 중개업자들은 안정적인 가격으로 거래하는 방법을 찾게 되었다. 이때 옵션을 이용하게 되었는데, 튤립을 매입할 중개인들은 콜(Call)을 매입함으로써 일정기간에 정해진 가격으로 튤립을 매입할 수 있게 되었으며, 튤립재배자는 풋(Put)을 매입함으로써 일정한 가격에 팔 수 있게 되었다.

(2) 남해 버블사건(The South Sea Bubble)

사기로 인해 탐욕스러운 사람들이 어떻게 돈을 날릴 수 있는지를 생생하게 보여주는 사건이다. 이 사건이 발발할 무렵 영국은 오랫동안의 번영으로 인해 저축은 많았지만, 투자할 곳이 적당치 않은 그런 상황이었다. 이 시절 주식을 보유하는 것은 특권으로 여겨질 만큼 희소가치가 있었다.

남해기업은 이러한 투자수단에 대한 시장요구를 만족시키기 위해 1711년에 설립되었다. 이 기업은 약 1천만 파운드에 이르는 정부의 채무를 위탁관리 해주는 대가로 남해로 가는 모든 무역에 대한 독점권을 부여받았다. 대중들은 이와 같은 무역으로 인해 큰 수익이 날 것으로 보고 이 회사가 발행하는 주식에 대해 큰 관심을 보였다. 스페인과의 전쟁으로 인해 잠시 주춤했던 이 회사의 주가는 1719년 전쟁의 종식으로 인해 다시 남미지역과의 무역이 개통되면서 뜨기 시작했다. 특히 1720년 3,100만 파운드에 이르는 정부부채에 대한 자금조달을 이 회사에 맡긴다는 법안이 영국 국회에 상정되자 주가는 130파운드에서 300파운드로 즉각 상승하였다. 이 법안이 통과되는데 관심을 보인 많은 친구들과 지지자들은 그 보상으로 주가가 오른 만큼 이익을 보는 옵션을 부여받았다.

1720년 4월 법안이 통과된 닷새 후 남해기업은 300파운드에 신주를 발행하였는데, 60파운드는 살 때 지불하고 나머지는 여덟 번에 나눠 분납하는 조건으로 살 수 있었다. 이제 왕조차도 더는 사지 않을 수 없었으며 그도 10만 파운드의 주식을 신청하기도 하였다. 투자자들 사이에서는 이 주식을 사기 위해

싸움이 일어나기도 하였다. 가격은 오르기 시작하여 며칠 만에 340파운드로 올랐고 남해기업은 400파운드에 신주를 또 발행했다. 그러나 사람들은 이 주식을 사지 못해 안달이었고 주가는 550파운드로 치솟았다. 6월에 또 다른 신주가 발행되었는데 이번에는 처음에 10%만 내고 나머지는 1년 이후에 내면 된다는 더욱 좋은 지급조건이었다. 주가는 800파운드로 올랐으며 상원의원과 하원의원 절반 이상이 신청하게 되었다. 결국 주가는 1,000파운드 이상으로 오르게 되었다.

이제 남해기업만이 아니었다. 투자자들은 처음부터 동승할 수 있는 또 다른 벤처들을 찾기 시작했다. 요즘 투자자들의 투자욕망을 채우기 위해 시장에는 새로운 주식이 계속 만들어지고 발행되었다. 투자자들은 투자하는 회사가 어떤 회사인지도 모르고 주식을 사 모았다. 요즘 우리나라에서 벌어지고 있는 묻지마 투자식이다. 오전 9시에 청약이 시작되기가 무섭게 모든 계층의 사람들이 몰려오고, 다섯 시간 만에 모든 주금의 납입이 끝나면, 모집한 회사는 문을 닫고 유럽대륙으로 사라지는 일들도 발생했다.

물론 모든 사람들이 이러한 일을 당할 만큼 어수룩하지는 않았다. 오히려 그들은 너무 분별력이 있었다고 볼 수 있다. 그러나 사람들은 자신들이 산 주식을 누군가가 더 비싼 가격으로 사줄 것이라고 믿었다는 데 문제점이 있는 것이다.

많은 개별적인 버블이 꺼지는 사건들이 발생했지만 이러한 것들은 투기적인 열풍을 잠재우기에는 역부족이었다. 그러나 같은 해 8월에 남해기업에서 발생한 구멍은 대홍수를 일으켰다. 시장에서 형성된 주가가 이 기업의 미래전망과 전혀 관련이 없다는 것을 눈치챈 이 기업의 임원들은 여름에 자신들의 주식을 팔아 치웠다. 이러한 소식은 새어 나갔고 주식은 떨어지기 시작했다. 주식값이 떨어지기 시작하자 난리가 벌어졌다. 정부는 신뢰감을 회복시키려 노력했지만 허사였다.

남해 버블에서 큰 손해를 본 사람 중의 한 사람이 천문학자 Isaac Newton이었는데 그는 다음과 같이 말했다고 한다. 나는 천체의 움직임을 계산할 수는 있지만 사람들의 투기광란을 계산할 수는 없었다. 영국 국회는 주식발행을 금지하는 The Bubble Act를 통과시켰다.

(3) 1960년대의 버블인 성장주와 신주 광풍

1960년대 초반 미국은 성장이라는 말이 마법의 말처럼 들릴 정도로 인기를 끌었다. IBM, Texas Instrument 같은 성장주는 80 이상의 PE승수로 팔리고 있을 정도였다(1년 후 그들은 20배수나 30배수로 하락하였다). 그 당시 내재가치로 는 도저히 설명이 안 되는 가격이었지만 그 가격에 대해 시비를 거는 사람들 은 이단으로 몰릴 정도였다. 투자자들은 1960년대 후반에 가서 더 높은 가격 에 기꺼이 사줄 사람들이 있을 것으로 확신하였다. 또 한편, 이 무렵 신주 (New Issue)에 대한 열풍은 대단했다. 이 당시 모든 주식들은 전자산업과 전 혀 관련이 없는 기업들도 "Tronics"라는 말을 붙일 정도로 Tronics 붐이 불고 있었다. 사람들은 이름에만 관심이 있었지 그 회사가 무엇을 만드는지 어떤 회사인지는 관심이 없었다.

신주현상에 대한 증권거래위원회(SEC)의 나중 조사에서 드러났듯이 상당한 사기와 시장조작이 있었음이 밝혀졌다. 신주 인수업무를 담당한 증권회사들은 많은 물량을 장외나 내부거래자들에게 빼돌려 실제로 일반인들이 청약할 수 있는 물량이 턱없이 부족하게 되고 가격이 치솟는 현상이 발생하게 된 것이다.

증권거래위원회는 도대체 무엇을 하고 있었기에 이런 일들이 일어났느냐고 반문할 수도 있지만 규제기관의 역할에는 한계가 있기 때문이다. 만약 어떤 기업이 적절한 사업계획서를 만들어 투자자들에게 배부했다면 증권거래위원회 로서는 마땅히 제재할 수단이 없다. 그 당시 사업계획서의 겉표지에는 다음과 같은 문구가 쓰여 있었다.

> 경고▶ 이 회사는 자산이나 이익이 없으며, 가까운 장래에 배당금을 지급할 능력이 없습니다. 본 주식은 매우 위험합니다.

그러나 담배가 몸에 해롭다는 경고문구가 담배 피우는 사람들에게 담배를 못 피우게 할 수 없듯이, 투자자들이 자신들의 돈을 날리겠다는 것도 막을 수 없는 것이다. 결국 투자자들이 탐욕에 눈이 어두워 낚싯밥을 무는 한 사기와 시세조작은 판을 치게 되는 것이다.

1962년 초에 드디어 Tronics 붐에 종지부를 찍게 된다. 연초에 하락의 기미가 보이던 성장주와 신주들은 5개월 후에 대폭락으로 이어지고 시장 전체보다 훨씬 더 많이 빠지게 되었다. 어제의 인기주는 오늘의 비인기주가 되는 것이다.

(4) 1970년대의 핵심우량주 버블

1960년대에 성장주, 개념주(Concept Stock: 개념주란 특정유행에 편승한 하나의 새로운 개념에 해당하는 주식들을 말한다. 예를 들어 요즘 들어 Doc.com 주도 인터넷 사업이라는 하나의 새로운 개념에 해당하는 개념주라 할 수 있다) 등을 이용한 투자로 큰 어려움을 겪은 기관투자가들은 1970년대에 다시 건전한 투자원칙으로 돌아서기로 하고 핵심우량주를 중심으로 포트폴리오를 재편하였다. 핵심우량주라면 1960년대와 같이 일시적인 투기주들처럼 폭락하는 일은 없을 것이라는 견해였다. 이에 해당하는 주식들은 IBM, Xerox, Kodak, Polaroid 등 매우 유명한 회사들로서 약 40여 개가 되기 때문에 "Nifty Fifty"라고 불린다. 이들은 시가총액이 크기 때문에 기관투자가들로서는 거래하기가 좋고, 설사 조금 비싼 가격에 매입하더라도 기업내용이 좋기 때문에 곧 회복될 뿐만 아니라, 손실을 보더라도 크게 문제가 되지 않는 주식들이다.

그런데 믿기 어려운 일처럼 보이겠지만 기관투자가들은 핵심우량주를 이용하여 투기를 하기 시작했다. 이 주식들의 주가는 천장을 모르게 치솟았다. 아래의 〈표 3-1〉처럼 1972년의 PE(주가/이익)승수를 보면 도저히 이해가 안 갈 것이다.

표 3-1 핵심우량주 PE 승수의 변화

증 권	1972년 승수	1980년 승수
Sony	92	17
Polaroid	90	16
McDonald	83	9
Intl. Flavors	81	12
Walt Disney	76	11
Hewlett-Packard	65	18

자료: B. Malkiel. A Random Walk Down Wall Street, Norton & Company, 1999.

이처럼 시가총액이 큰 기업들의 PE승수가 80이나 90에 이를 정도로 과연 빨리 성장할 수 있는 것인가? 다시 한번 잘 포장된 우둔함이 지혜처럼 들릴 수 있다는 격언이 입증되는 순간이었다. 1980년 이 기업들의 PE승수가 보여 주듯이 이 기업들의 주가는 여지없이 폭락하였고 블루칩 버블은 터지고 말았다.

(5) 1990연대 후반 인터넷 광풍

우리나라를 비롯해 전세계에 인터넷 열풍이 불어 왔다. 미국의 Netcom사의 예를 살펴보면 이 회사는 1990년대 중반 무렵 공모를 통해 자금조달을 한 첫 번째 인터넷 회사였다. 광분한 투자자들은 일 년 만에 이 회사의 최초 공모가 $16수준을 $92로 끌어 올렸다. 비록 이익이 아직 없는 회사지만 업계 리더로서 큰 주식수익률을 올릴 수 있을 것으로 투자자들은 생각했다. 그런데 Netcom을 비롯한 인터넷 서비스 제공업체의 문제는 과연 이익을 낼 수 있느냐, 즉 수익모델을 가지고 있느냐 하는 것이다. 불행하게도 Netcom은 계속 적자를 벗어나지 못했고 주가는 $8 수준으로 곤두박질쳤다. 이와 같은 열풍이 한국에서도 벤처라는 이름으로 신주 공모시장에서 더욱 뜨겁게 불었던 적이 있었다.

제4절 투기광풍에서의 통찰력과 시사점

전세계적으로 수백 년을 거슬러 올라가 보면 열광적 투기현상이 벌어졌었고 놀랍게도 모든 투기광풍에는 비슷한 특징이 발견된다. 이러한 광풍은 사람들이 투자기회를 찾고 또 새로운 기회가 있다고 믿고 싶어 하는 그런 경기호황 국면에서 시작된다. 각 광풍은 나름대로 건전하게 시작되었고 단순하지만 호기심을 자극하는 신개념에 근거하고 있었다.

모든 경우에 가격상승은 자기완성 예언(Self-Fullfilling Prophecy)이 되었다.

즉 사람들이 주가가 계속 오르리라고 보니까 사게 되고, 또 이와 같은 많은 사람들이 사니까 오르는 현상을 자기완성 예언이라고 한다. 자기가 예언을 해놓고 자기가 그렇게 행동함으로써 그 예언을 스스로 완성하는 현상이다. 따라서 더욱 많은 사람들을 투기적인 정점으로 유혹하게 된다. 이러한 과정에서 행운을 잡은 사람들의 소문과 앞으로도 계속 기회가 있을 것이라는 핑크빛 전망이 난무하게 된다. 전문가들도 이러한 투기열풍에 잡히고 주가상승을 용인하게 되며 훨씬 더 오를 수 있다고 전망하게 된다. 그리고 시장에는 과거의 평가방식으로는 평가할 수 없다는 소리가 나오고 이번은 과거와는 정말 다르다는 말이 나오게 되는데 이러한 말이 나온 직후 폭락이 왔다.

1. 투기광풍의 공통점

모든 투기적 광란에 있어서 또 하나의 공통점은 더 위대한 바보이론(Gteat Fool Thory)이다. 남들과 독립적이고 냉소적인 생각의 소유자들은 그 시대의 일치된 생각에 의해 좌우되지 않는다. 그들은 오른 주가수준이 도저히 믿기 어렵다고 생각하고 대부분의 사람들이 미쳤다고 생각한다. 그러나 그들도 만약 주가가 6배 올랐다면 왜 10배나 15배가 되지 말란 법이 있는가? 라며 군중들이 더욱더 미칠 것이라고 생각한다. 더욱 무모한 자들로부터 이익을 얻을 기회를 볼 수 있다고 생각하는 것이다. 1720년 남해 버블사건으로 파산한 영국 의원인 Milner씨는 "나는 곧 패망의 시간이 다가올 것이라고 말했었지만 그것이 내가 생각했던 시간보다 두 달 먼저 왔다는 것이 문제이다"라고 말했다. 즉 모든 사람들이 투기적 호황이 언제까지 지속할 것인가라는 조바심 하에서도 지금 당장은 아닐 거라는 막연한 생각과 그런 것을 알고도 멈출 수 없는 것이 문제라고 할 수 있다. 투기광풍의 과정은 다음과 같이 진행된다. 투기가 점점 번지면서 그것은 그날그날의 주요 관심사가 되었다. 거의 대부분의 경우 신용은 풍부했고 매우 저렴했다. 투기의 끝 무렵 가격은 급격히 상승했고 거래량도 기록적으로 증가했다. 마지막으로는 사회적 현실(Social Reality)에 있어서 급작스런 변화가 일어나고 그 결과 사람들은 패닉 상태로 모두 팔자로 변하면서 투기 전의 가격 이하로 폭락하는 현상이 발생했다.

2. 투기의 일반원칙

재무적 투기에 대한 연구결과 4가지 정도의 일반원칙을 발견할 수 있다. 첫째, 즉각적인 부의 축적을 원하는 사람들이 존재하고 이들로부터 저항할 수 없는 이미지가 형성됐다. 둘째, 대부분 사람들의 눈을 가려 광란의 위험으로 이끄는 사회적 현실이 만들어졌다. 의견들은 수렴되고 사실로 됐다. 전문가들은 이러한 과정에서 선봉의 역할을 수행했다. 과신이 넘쳐나고 과거의 경험과 가치의 기준 등은 쉽사리 잊혔다. 셋째, 사회적 현실이 갑자기 바뀌면서 과신은 두려움으로 바뀌었다. 그동안 지연됐던 버블의 폭발은 갑자기 이루어지고 사람들은 거의 패닉 상태로 변한다. 넷째, 투자자들은 과거의 실수를 되풀이한다는 것이다. 비록 각각의 상황이 지난번과 매우 비슷함에도 불구하고 사람들은 매번 이번만은 다르다고 생각하는 착각에 빠진다는 것이다.

3. 투기광풍에서의 교훈

시장이 때때로 비합리적이기 때문에 회사의 고유가치에 근거한 가치평가이론을 포기하라는 것이 아니라 오히려 중요한 것은 모든 경우 시장이 스스로 옳은 방향으로 수정한다는 사실을 깨닫는 것이다. 시장은 비록 느리고 냉혹한 것처럼 보일 수도 있지만, 결국 자신의 방식대로 시장의 비합리성을 수정한다는 것이다. 시장의 이례현상이 발생할 수도 있고 시장이 비합리적으로 낙관적일 수도 있으며 종종 부주의한 투자자들을 현혹할 수도 있다. 그러나 결국에 가서는 시장에 의해 진정한 가치가 인지되고 수정된다는 것을 투자자들은 명심해야 할 것이다. 이것이 바로 투기광풍에서 우리가 배워야 할 교훈인 것이다.

 **연습문제**

1. 상반된 투자심리와 과도한 자신감이란 무엇인가 논하라.

2. 사상누락이론과 유행이론을 설명하라.

3. 군중심리란 무엇인가 예를 들어 설명하라.

4. 옵션거래의 시초인 튤립 버블 광란을 설명하라.

5. 투기광풍에서의 특징과 일반원칙, 교훈을 논하라.

투자의 기회와 위험

제2부의 목표

제2부에서는 경기변동성 속에서 투자의 기회와 위험의 개념과 실전 투자방법을 익히기 위해 불확실성하의 선택기준과 위험과 수익률 개념을 정립하도록 하였다. 제4장에서는 투자의 기회와 위험을 경기순환 과정의 구조 속에서 경기의 저점과 고점에서의 투자전략을 실제 상황에 접목하여 투자스킬을 학습하도록 하였다. 제5장에서는 위험과 수익률의 상충개념을 배워 "수익률을 쫓지 마라"는 격언의 의미를 깨우치도록 하였다. 제6장에서는 투자에서 가장 중요한 투자자산에 따른 구매력위험, 이자율위험과 경영위험 등 각종 종류별 투자위험을 분석하여 리스크관리 스킬을 배양하고자 하였다. 제7장에서는 전장에서 학습된 변화된 시각으로 효율적 분산투자와 자본자산가격 결정모형을 학습하여 투자의 기회와 위험이 어디에 있는지 발견해보도록 하였다.

투자의 기회와 위험

이 장에서 학습하는 내용

◉ 투자의 기회와 위험
  ▶ 위험과 수익률
  ▶ 투자위험의 특성과 리스크관리
  ▶ 포트폴리오관리

이 장의 학습목표

◉ 투자의 기회와 위험을 발견한다.
◉ 위험과 수익률의 상충관계를 이해한다.
◉ 투자위험의 종류를 파악하여 관리한다.
◉ 효율적인 분산투자에 대해 학습한다.

투자론 산책

다른 사람이 좋다고 할 때는 늦어, 우린 남들이 망설일 때 투자한다
전세계 746억 달러 자산 굴리는 하워드 마크스 오크트리 회장

워런 버핏 버크셔해서웨이 회장의 생각을 베스트셀러 작가 마이클 루이스가 대필해준 것만 같다 미국 경제 전문 매체 비즈니스인사이더는 하워드 마크스 오크트리캐피털매니지먼트(이하 오크트리) 창업자 겸 회장이 자신의 투자 철학을 담아 고객들에게 보내는 메모에 대해 이처럼 평했다. 하워드 마크스 회장 또한 워런 버핏 회장처럼 단기적인 시세차익보다 기업의 가치와 시세 간 차이, 미래 성장률 등을 고려해 투자하는 '가치 투자의 대가'로 꼽힌다. 버핏 회장은 "이메일을 열었을 때 마크스 회장의 메모가 보이면 이를 가장 먼저 읽는다"고 밝히기도 했다. 마크스 회장이 설립한 글로벌 투자운용사 오크트리의 운용자산은 올해 6월 말 기준 764억 달러(약 81조 원)에 이른다. 이 돈으로 전 세계 기업채권, 부실채권, 전환증권, 부동산, 상장주식 등에 투자하고 있다.

최근 방한한 하워드 회장은 매경 MBA 팀과의 인터뷰에서 "좋은 회사를 비싸게 사는 것보다 일반 회사를 할인된 가격에 사는 것이 더 낫다"며 "투자는 매우 힘들고 신중해야 하는 것으로 자신의 성격에 맞는 투자 방식을 찾아야 한다"며 자신의 투자 철학을 밝혔다. 다음은 마크스 회장과의 일문일답.

❑ 어렸을 때부터 투자자 기질이 있었나.

▶ 나는 10살부터 투자제안서를 읽기 시작했던 사람은 아니었다. 아버지가 회계사였기 때문에 나도 막연히 회계사가 되고 싶다는 생각은 있었다. 대학교 때 회계보다 금융이 더 재밌어서 분야를 바꿨다. 어렸을 때 근성보단 다른 투자자들처럼 지적 호기심이 강했던 것 같다. 투자는 일종의 수수께끼를 푸는 것으로 생각한다.

❑ 안정적인 직장을 나와 오크트리를 창업한 이유는.

▶ 경제적 이유도 무시할 수 없었다. 씨티은행에선 월급쟁이에 불과했다. 재능을 펼치기에도 좋지 않은 환경이었다. 다음 직장 TCW에선 직접 사업을 총괄할 수 있어 정말 재밌었다. 당시 펀드를 운영하면서 매니저들이 전체 이익의 20%를 수수료로 가져갔다. TCW에 속해 있다 보니 이 수익을 나눠야 했다. 우리는 윗선에서 별 기여하지 않았는데도 많은 몫을 챙겨가는 데 의구심을 갖기 시작했다. 그리고 투자에는 일종의 종교적 신념, 교리 비슷한 것이 필요하다. TCW는 정해진 신조가 없이 사람들이 알아서 투자하게끔 내버려 뒀다. 공격적인 투자, 보수적인 투자, 예측형 투자와 비예측형 투자가 모두 혼재해 있었다. 임원이 될수록 중구난방식

투자보다 기본 투자원칙이 필요하다는 생각이 들었다. 같은 투자원칙을 가진 사람끼리 회사를 나와 오크트리를 설립했다.

❑ 당신은 다른 사람이 살 때 팔고, 팔 때 사야 된다고 얘기했다. 그러나 이런 투자 이성을 유지하긴 힘들지 않나.

▶ 자신의 타고난 성격을 바꾸기란 힘들다. 본인의 성향과 하는 일이 잘 맞아떨어지는 것이 좋다. 난 인내심이 강하고 논리적이며 침착한 편이라고 생각한다. 1978년 씨티은행은 내게 고수익채권 투자 포트폴리오를 구성하라는 업무를 줬다.

이 업무를 맡은 사람은 고도의 분석 능력과 보수적인 투자 성향을 갖고 있어야 한다. 채권은 발행할 때 어느 정도 수익률이 정해진다. 정기적인 이자가 나오거나 부도가 나거나 둘 중 하나지 그 이상을 기대하긴 힘들기 때문에 보수적일 필요가 있는 것이다. 이 업무는 내 성격에 딱 맞았다.

만약 씨티은행에서 내게 벤처캐피털펀드를 책임지고 구글 같은 회사를 찾아오라고 했으면 난 분명히 실패했을 것이다. 난 벤처캐피털에서 수익을 낼 만한 상상력이나 모험심이 없었다. 즉 성격이 먼저고 이에 맞는 일을 찾아야 한다.

❑ 언제 사고 언제 팔지에 대한 투자 타이밍을 어떻게 알 수 있나.

▶ 외부의 영향을 잘 극복해야 한다. 침착하고 인내할 줄 알아야 하며 자신이 마치 잘못하는 것처럼 보일까 봐 예민하게 굴어선 안 된다. 미래에 어떤 일이 일어날 거라 생각은 할 수 있지만, 이 일이 언제 발생할지는 모르는 거다. 그리고 이 일이 벌어지더라도 당신이 예상했던 시기에 벌어질 확률은 굉장히 적다. 어렸을 때 '시대를 너무 앞서나가는 것은 결국 틀린 것이나 마찬가지다'란 명언이 있었다.

소신이 있다면 그대로 해야 한다. 그러나 그 소신을 현재 다른 사람들이 인정해 줄 거라 기대해선 안 된다. 성공적인 투자자들은 '자아 강도(Ego Strength)'가 강한 경우가 많았다. 본인에 대한 확신이 있어야 한다.

❑ 기업의 숨겨진 가치를 어떻게 찾나.

▶ 평균이 되긴 쉽다. 그러나 그 이상이 되긴 힘들다. 가치투자자들은 기업의 현재 가치가 얼마냐를 찾는다. 그리고 그 속에 수익을 낼 수 있는 잠재력 등 숨겨진 자산이 있는지 알고 싶어 한다. 투자로 수익을 올리는 방법엔 두 가지가 있다.

우선 펀더멘털의 변화다. 성장주에 주로 투자하는 사람들이 보는 것이다. 나머지는 적정 가치와 현재 가격 간 차이를 보는 것이다. 가치와 시장 가격이 차이가 있을 수도 있다. 이는 시장의 심리와 인식과 관련이 있는 것이다. 가치투자자들은 이 격차가 얼마나 벌어졌는지를 볼 줄 아는 사람이다. 2단계 사고(second-level thinking)가 필요하다. 1단계는 모두가 볼 줄 아는 것이다. 그보다 한층 더 내다볼 수 있어야 한다. 다들 평균만큼만 내다보는데 당신은 그 이상을 보지 못하면 결국 그들과 비슷한 수익률을 낼 수밖에 없는 것이다.

❑ 다들 헬스케어, 제약업체가 유망하다고 한다. 그러나 오크트리는 R&R 아이스
크림, 알루미늄업체 알마티스그룹, 그 밖에 미디어그룹에도 투자를 했다.

▶ 다들 헬스케어·제약주가 좋다고 하는 걸 보면 이 회사를 이미 싸게 사긴 힘
들 때란 증거다. 아직까지 사람들이 미처 좋다고 생각지 못한 곳을 찾아 그곳에 투
자해야 한다. 그곳에서 저평가된 기업들을 찾을 수 있다. 얼마 전 부실채권 투자펀
드를 운용한 지 25년이 됐다. 대부분 성공을 거뒀고 손실도 적었다. 그러나 당시
부실기업이나 파산을 앞둔 기업에 투자한다고 했을 때 이해하던 사람들이 없었다.
우린 다른 사람들이 주저할 때 오히려 싸게 샀다.

거품은 가격과 상관없이 무엇이 좋다 나쁘다는 믿음이 형성될 때 생겨난다.
1999년 당시 인터넷이 좋은 아이디어란 공감대가 있었다. 인터넷이 세계를 바꿀
거란 의견이 있었다. 그래서 사람들은 인터넷에 대한 신뢰만을 기반으로 인터넷에
투자했다. 인터넷이 세상을 바꾸긴 했다. 1999년 인터넷에 투자한 사람들이 투자
금의 98%를 날렸기 때문이다. 인터넷은 물론 좋은 산업이지만 가격이 잘못됐다.

나는 좋은 산업보다 좋은 투자인지를 먼저 따진다. 난 언제나 투자가 쉽지 않다
고 생각한다. 이번에 책 『투자에 대한 생각, *The most important thing*』을 낸
이유도 투자가 얼마나 어려운 일인지 독자들에게 알려 그들이 쉽게 돈을 벌겠다는
생각을 안 했으면 해서다. 기대는 부풀어진 목표를 만들고 결국 이를 이루기 위해
리스크를 추구하게 만든다. 찰리 멍거 버크셔해서웨이 부회장은 "너무 쉽게 여기는
것은 어리석은 것"이라고 말했다.

헬스케어·제약주가 단순히 좋다고 말하는 것은 잘못된 것이다. 투자는 복잡 미
묘한 차이를 잘 읽어야 한다. 좋은 물건을 사는 것과 현명하게 사는 것의 차이를
이해해야 한다. 성공은 좋은 것에 투자하는 것이 아닌 어떻게 사느냐에 따라 결정
된다. 좋은 회사를 비싸게 사는 것보다 일반 회사를 할인된 가격에 사는 것이 더
낫다는 얘기다.

❑ 투자에 실패했던 경험은 없나.

▶ 컴퓨터 부품인 사운드카드 분야에서 기술적 우위를 가진 부실 회사를 인수했
다. 기술 우위를 계속 유지하기 위해선 신규 투자가 지속적으로 이뤄져야 했다. 우
리는 전문 투자자였지 전문 기술 인력이 아니었다. 결국 IT기업이 우리의 경영 방
식과 맞지 않다는 점을 배웠다.

■ 2000년 '버블닷컴' 2007년 '바닥을 향한 레이스'…메모통해 위험 경고했다

❑ 고객에게 자신의 투자 혜안과 철학을 담은 메모를 보내게 된 이유는.

▶ 1990년 처음으로 메모를 쓰게 됐다. 당시 실적이 안 좋았던 한 유명 투자자

가 이처럼 변명을 했다. "(수익률이) 상위 5%에 들어가려면 하위 5%에도 머무를 줄 알아야 한다." 난 말도 안 된다고 생각했다. 또 당시 한 고객을 만나 저녁을 먹었는데 자신이 속해 있는 펀드가 14년간 우수한 실적을 내고 있다고 말했다. 그러나 내가 보기에 14년을 통틀어 가장 낮은 실적을 내고 있었다. 이처럼 사람들의 잘못된 생각을 상기시켜주고 싶었다.

❑ 가장 기억에 남는 메모는 무엇인가.

▶ 1990년 이후 메모를 계속 보냈지만 그 어떤 반응도 없었다. 2000년 1월 1일, '버블닷컴(bubble.com)'이란 메모를 작성했다. 이 메모는 IT주의 시세가 거품일 수 있다는 얘길 처음으로 언급한 것이었다. 메모를 보낸 뒤 10년 만에 처음으로 긍정적인 피드백을 받았다. 하루아침 새 유명세를 치르기 시작했다. 2007년 2월, '바닥을 향한 레이스(Race To The Bottom)'란 메모를 썼다. 사람들이 기본도 없이 굉장히 공격적으로 투자를 하고 있다는 성향을 지적한 메모였다. 나는 이 메모가 내 메모 중 최고였다고 생각한다. 2008년 금융위기에 앞서 공격적인 투자가 얼마나 위험한지 경고한 것이기 때문이다.

◆ He is…

하워드 마크스(Howard Marks) 오크트리캐피털매니지먼트 회장은 퍼스트내셔널시티뱅크(현 씨티은행), TCW에서 전환사채, 고수익채권을 담당하는 임원을 거쳐 1995년 오크트리를 설립했다. 고객들에게 자신의 투자 철학과 혜안을 담은 메모를 보내는 것으로 유명하다. 워런 버핏 버크셔해서웨이 회장, 존 보글 뱅가드그룹 설립자 등 월스트리트 거인들은 마크스 회장을 가장 신뢰할 만한 투자자로 꼽고 있다. 펜실베이니아대학교 와튼스쿨에서 경제학을, 시카고대 경영대학원에서 회계·마케팅으로 경영학석사를 취득했다. 지난 9월 미 경제 전문지 포브스는 하워드 회장의 재산 규모를 19억 달러(약 2조 원)로 추정하고 그를 미국 내 296번째 부자로 꼽았다.

[매경MBA, 차윤탁 기자]

제4장 투자의 기회와 위험

제1절 투자의 기회와 위험의 발견

경기순환의 의미는 투자론적 접근방식에서는 기회(Opportunity)이다. 경기 (The Economy)는 기업의 생산활동과 가계의 소비활동 및 정부의 재정활동 여하에 따라 그 흐름의 패턴이 항상 변화한다. 그것은 변동성(Volatility)이라 하며 그 변동성 속에 투자의 기회와 위험이 항상 존재한다. 윈드서핑을 하려면 바람이 불어야 하며, 잔잔한 파도에서는 서핑보드를 탈 수 없듯이 좀 더 짜릿한 스릴을 만끽하려면 좀 더 거센 파도를 만나야 제대로 된 서핑보드를 즐길 수 있듯이 피도타기의 즐거움 속에서도 항상 즐거움의 기회와 스릴과 함께 물에 빠질 위험이 항상 동시에 존재하는 것이다.

또한 [그림 4-1] 경기의 순환원리 속에서의 투자의 기회와 위험이 발견되면, 경기의 순환구조 속에서 경기의 변동성은 물가에 영향을 주고, 물가의 변동성은 금리에 영향을 주게 되며 금리의 변동성은 정의 방향으로 즉시 채권시장에 영향을 미친다. 채권시장의 변동성은 주식시장에 역의 방향으로 영향을 끼치며 현재와 같이 외국인이 주도하는 금융장세에서는 채권시장과 주식시장을 왔다갔다 하면서 외환시장의 변동성에 영향을 끼치고 있다. 주식시장의 변동성은 부동산시장에 영향을 주며 세계 각국의 정상들이 경기를 부양시키기 위해서 가장 먼저 하는 비책이 부동산 부양정책이듯이 부동산을 인위적으로 부양하면 그에 따른 수백까지의 비즈니스의 기회와 일자리가 창출되기에 그 유혹은 끊임없이 제기되고 있다. 마지막으로 부동산의 변동성은 또다시 경기에 영향을 주게 되는 경기순환의 메커니즘을 이해할 수만 있다면 투자를 위한 준비는 이미 끝난 것이나 마찬가지이다.

[그림 4-1] 경기의 순환원리 속에서의 투자의 기회와 위험의 발견

1. 경기의 변동성

　1Step인 경기는 [그림 4-2]처럼 자체에도 순환과정이 있고 본인이 속한 투자시장이나 산업, 비즈니스의 종류에 따라 저점이 위험일 수도 아니면 기회, 고점도 기회 혹은 위험이 될 수가 있다. 즉 경기의 변동성 그 자체에 투자의 기회와 위험이 있다는 것을 설명하였다. 경기를 예측하기 위해서는 그 선행시장인 7Step의 부동산시장의 변동성이나 6Step인 주식시장의 변동성을 보고 1Step인 경기의 변동성을 예측해 볼 수가 있으며 경기는 물가에 바로 영향을 끼친다.

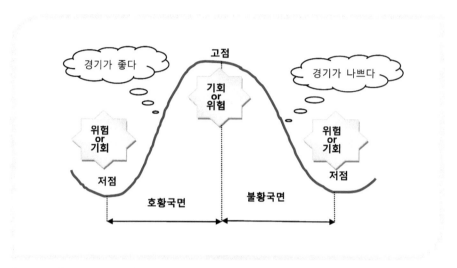

[그림 4-2] 경기의 변동성(Volatility of The Economy)과 기회와 위험

2. 물가의 변동성

2Step인 [그림 4-3]처럼 경기에 영향을 받는 물가 자체에도 순환과정이 있고

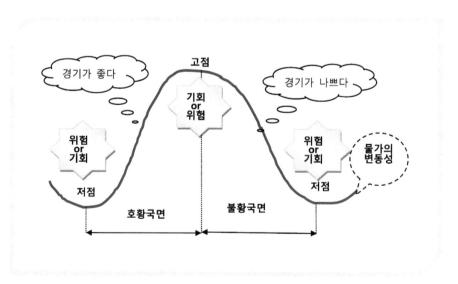

[그림 4-3] 물가의 변동성(Volatility of The Price)과 기회와 위험

고점과 저점의 순환과정을 가지며 그 물가의 변동성이 곧 기회가 될 수도 있지만 위험이 될 수도 있다.

투자자의 입장에서는 물가의 변동성은 곧 기회이다. 1차산업인 농산물 가격의 변동성을 예로 들어보자. 하느님께서 자연의 신비인 비와 눈, 햇빛을 모두가 똑같이 나누어 가질 수 있도록 허락하지 않으셨기에 인간의 능력으로의 일기예보(Weather Forecasting)는 곧잘 빗나가기 마련이다. 따라서 어느 지역에는 한파를, 다른 지역에는 홍수를, 또 다른 지역에는 지진이 일어나 농산물 가격이 예측을 넘어 폭등과 폭락을 반복하고 있다. 한 해 30%에서 40% 가까이 곡물가격이 폭등한 사례가 많고 몇 년에 걸쳐 대두, 옥수수, 사탕수수 가격이 매년 상승하고 있다.

여기에 투자의 매력과 기회와 위험이 있다. 그 어느 투자대상보다 매력적인 시장으로 다가오고 있으며 향후에는 투자시장을 넘어 물 전쟁, 곡물전쟁이 일어날 것을 예측하는 미래학자도 있다. 이에 세계적인 화학산업의 선두기업이며 나일론을 세계최초로 만든 듀폰(Dupon)의 업종이 농산물로 변경된 지도 오래며 우리나라의 굴지의 기업인 CJ, 롯데 등 대기업도 앞을 다투어 이 분야에 투자의 열기를 불어넣고 있다. 물가의 예측은 선행시장인 경기와 부동산시장의 변동성을 보면 어느 정도 예측할 수가 있다

3. 금리의 변동성

3Step인 [그림 4-4]처럼 물가에 영향을 받는 금리 자체에도 순환과정이 있고 고점과 저점의 순환과정을 가지며 그 금리의 변동성이 곧 기회가 될 수도, 위험이 될 수도 있다.

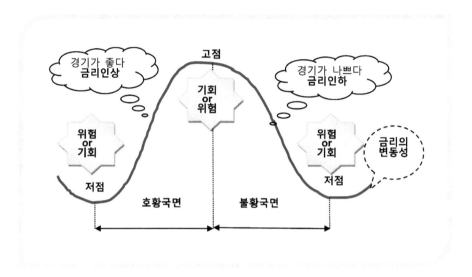

[그림 4-4] 금리의 변동성(Volatility of The Interest)과 기회와 위험

금리는 투자수익률에 바로 연결되어 투자자에게 가장 영향을 많이 끼치는 요소이며 국가 경제정책의 주요수단이기도 하다. 한국은행의 금융통화위원회는 경기가 호황국면이면서 과열될 때는 금리인상을 통해 열을 식히고, 경기침체기에는 금리인하를 통해 기업들의 자금조달비용과 차입비용을 감소시켜 경기를 활성화하는데 모든 정책수단을 집중하기도 한다. 정부에서 쓸 수 있는 재정정책 수단에는 대표적인 금리정책, 조세정책, 통화량조절 정책 등이 있다. 따라서 금리의 변동성을 예측하기 위해서는 선행시장인 경기와 물가의 변동성을 예의 주시한다면 금리시장에서의 승자역할을 할 수도 있는 것이다.

4. 채권시장의 변동성

4Step인 금리에 정의 방향으로 곧바로 영향을 받는 채권시장 자체에도 순환과정이 있고 고점과 저점의 순환과정을 가지며 그 채권시장의 변동성이 곧 기회가 될 수도, 위험이 될 수도 있다. 금리의 변동성은 정의 방향으로 채권시장

에 영향 끼치기 때문에 채권시장을 예측하기 위해서는 그 선행시장인 경기의 변동성과 물가의 변동성, 및 금리의 예측이 매우 중요하다. 채권시장에서 금리와 채권가격은 채권금리가 오르면 채권가격은 하락하고, 채권가격이 오르면 채권금리는 하락하는 역의 관계를 맺고 있다. 좀 더 쉽게 설명하면 채권가격과 금리도 수요 · 공급의 원칙에 의해 정해지는 것이다. 이를테면 기업 입장에서 채권을 발행할 때에는 시장에서 자금의 공급은 적고 자금수요가 많으면 기업이 부담해야 할 금리는 오르게 되고, 반대로 채권수요자(매입자)가 상대적으로 많으면 낮은 금리에도 채권발행이 가능해지는 것이다. 자금시장이 경색되면 대부분의 투자자들이 장기채권을 기피하므로 기업이 자금조달이 어렵게 되어 기업은 높은 채권금리를 주고서라도 자금조달을 하려고 해서, 높은 채권금리만큼 할인발행을 하게 되어 채권가격은 하락하게 되는 것이다. 즉 자금 수요와 공급의 원리이다.

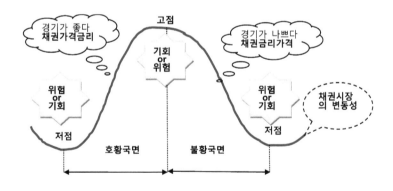

[그림 4-5] 채권시장의 변동성(Volatility of The Bond Market)과 기회와 위험

유럽의 경우에는 마이너스 금리채권이 있다. 이는 투자자가 이자보다는 안전자산 보유가 목적이면, 채권투자를 통해 원금은 보장받고 관리비용은 지불하고자 하는 경우의 수요와 공급이 만날 때 발생된다. 예로 스위스 국채에 이어 네덜란드와 스웨덴의 5년물 국채 수익률이 이들 국가의 중앙은행이 기준금

리를 인하하면서 각각 -0.48%, -0.04%를 기록했었다.

유로존 회사채 시장 동향
노바티스, 바스프 등 다국적기업 2016~2024년 만기채 유통금리 0%대
로열더치셸 2016년 만기 채권금리 -0.008%(2월 10일)
네슬레 2016년 만기 채권금리 -0.003%(2월 10일)

자료 : 국제금융센터

5. 주식시장의 변동성

5Step인 채권시장에 역의 방향으로 영향을 미치는 주식시장 자체에도 순환과정이 있고 고점과 저점의 순환과정을 가지며 [그림 4-6]과 같이 주식시장의 변동성이 곧 기회가 될 수도, 위험이 될 수도 있다. 주식시장의 변동성을 예측하기 위해서는 그 선행시장인 역의 관계인 채권시장의 변동성과 금리의 변동성 및 물가의 변동성과 경기의 변동성에 대한 예측이 매우 중요하다.

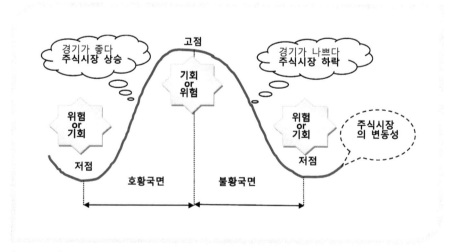

[그림 4-6] 주식시장의 변동성(Volatility of The Stock Market)과 기회와 위험

주식은 기업의 가치이다. 기업을 분할해서 팔 수 없기에 주식으로 나누어 매매를 가능하게 한 증권이다. 따라서 주식시장에서 투자자들은 철저한 기업 분석을 통해 기업의 가치를 확인하고 낮은 가격을 설정해 놓고 장기적인 정석 투자를 해야만 한다. 물론 많은 정보획득과 예측을 통해 매도타이밍을 확보하 는 것도 매우 중요하지만, 주식투자는 위험과 수익을 보유 투하자본 수준과 유 동성 하에서 최적의 포트폴리오를 구성하여 분산투자를 해야 한다. 정석투자 의 기본은 업종대표주, 산업대표주, Market Share 1위 기업 등에 대한 투자는 적극 추천한다. 단 동 기업의 재무적, 비재무적 정보는 그대로인데 주가시장 전체가 외생변수에 의해 하락하였을 때는 저점을 확인한 후에는 가장 먼저 오 를 주식이기에 적극적인 투자가 바람직하다. 왜냐하면 투자자의 분석이 어느 정도 필요 없는 업종과 산업의 대표주이기 때문이다.

6. 외환시장의 변동성

6Step인 외환시장 자체에도 순환과정이 있고 고점과 저점의 순환과정을 가 지며 [그림 4-7]과 같이 외환시장 자체의 변동성이 곧 기회가 될 수도, 위험이

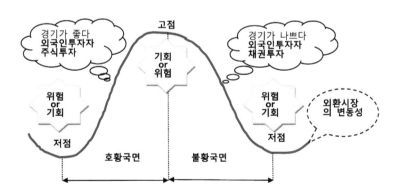

[그림 4-7] 외환시장의 변동성(Volatility of The Foreign Exchange Market)과 기회와 위험

될 수도 있다. 외환시장의 변동성은 예측하기 위해서는 그 선행시장인 주식시장과 채권시장을 주의 깊게 관찰할 필요성이 있다. 물론 그 이전의 채권시장의 변동성과 금리의 변동성 및 물가의 변동성과 경기의 변동성에 대한 예측도 매우 중요하다.

우리나라는 투자시장 규모의 펀더멘탈이 작기에 외국인 투자자 동향이 매우 중요한 변수로 작용하고 있다. 특히 외국인의 주식시장에서의 매도는 다시 채권시장의 매수로 이어지면서 외환시장에서의 달러의 매도와 매입을 통해 외환시장의 변동성을 자극하는 주요 변수이자 교란요인이기도 하다. 요즈음 외국인 투자자금의 주식시장으로 이동은 결국 외환시장에서 달러매도를 통한 원화수요 증가를 통해 주식매입으로 이어져 달러는 공급초과로 하락을, 주식시장에서 상승 장을 이끌게 되며, 주식시장의 하락은 외국인 주식매도로 이어지면서 외환시장을 통해 달러수요를 통해 환율의 변동성을 증가시키게 된다. 결국, 외국인 투자자들은 호황국면에서는 주식투자를, 불황국면에서는 안전자산인 채권투자를 통해 양국면에서 투자수익을 올리고 있다.

7. 부동산시장의 변동성

7Step인 부동산시장 자체에도 순환과정이 있고 고점과 저점의 순환과정을 가지며 [그림 4-8]과 같이 부동산시장의 변동성이 곧 기회가 될 수도, 위험이 될 수도 있다. 부동산시장의 변동성을 예측하기 위해서는 그 선행시장인 주식시장과 채권시장을 주의 깊게 관찰할 필요성이 있다.

우리나라의 부동산시장은 투자의 기회 그 자체였다. 현재 부동산시장은 단기적으로는 정부의 경기부양책의 하나로 지역적으로 일시적인 반등도 예상이 되지만 수요자인 인구분포 특성상 1인 혹은 1~2인 가구수가 53% 정도로 증가하고 있고 초고령화 사회로의 진입으로 33평 이상의 대형평수는 시간이 가면 갈수록 소형평수와 가격역전현상도 나타날 것이다. 국제적으로 비교해보면 미국의 아파트 한평당 가격(1억)과 일본의 동경(1억), 베트남 하노이의 아파트

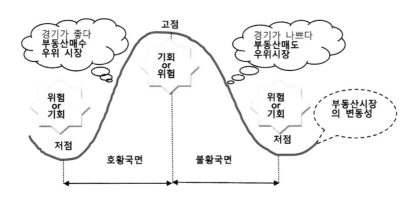

[그림 4-8] 부동산시장의 변동성(Volatility of The Real Estate)과 기회와 위험

평당가격(3천만 원)으로 보면 강남의 현재 아파트 평당가격(4천만 원)은 여전히
매력이 있는 부동산 시장임이 틀림없다. 하지만 우리나라의 인구분포 특성과 매
도우위 시장으로의 진입과 투자수단으로서의 아파트 선호도 상실 등을 반영시
부동산, 즉 아파트시장은 하방 경직성을 지니며 장기적으로 하락이 예상되며 대
형평수의 아파트가격이 소형평수 가격에 수렴하는 가격역전현상도 예상된다.

제2절 불확실성하의 선택기준

1. 불확실성하의 선택이론

불확실성하의 선택이론은 확률분포의 형태로 주어지는 투자세계에서 투자자
들이 어떻게 투자결정을 하는지를 다루는 의사결정이론을 말한다. 불확실성
(Uncertainty)은 미래현금흐름이 확률분포의 형태로 발생하는 상황을 말한다.

불확실성의 세계에서는 현재 시점에서 미래의 현금흐름을 알 수 없고, 확률분포를 통해 기대성과만을 측정할 수 있다. 따라서 미래에 실제로 실현되는 현금흐름은 기대성과와는 다를 가능성이 존재하는데 이를 위험이라고 한다.

확실성의 세계에서는 수익률이 가장 높은 투자안을 선택하면 효용을 극대화할 수 있다. 불확실성하의 선택이론은 불확실성의 세계에서 투자자들이 어떻게 투자행동을 하는지를 다루는 의사결정 문제이다. 미래의 성과가 하나로 주어지지 않는 불확실성의 세계에서는 수익률과 위험을 고려하여 투자안을 선택해야 한다.

불확실성하의 투자결정기준에는 기대가치 극대화 기준, 기대효용 극대화 기준, 평균-분산 기준, 확률지배이론 등이 있고, 기대성과와 위험을 모두 고려한 합리적인 선택기준은 기대효용 극대화 기준이다.

(1) 기대가치 극대화 기준

기대가치 극대화 기준은 각 투자안별로 기대성과를 구하여 기대성과가 가장 큰 투자안을 선택하는 방법을 말한다. 여기서 기대가치(EV: Expected Value)는 투자안의 성과에 대한 확률분포의 기댓값으로 미래의 각 상황별 성과에 그 상황이 발생할 확률을 곱한 후 이를 모두 합하여 구한다.

$$EVi = \sum_{i=0}^{n} \quad RiPi$$

그러나 기대가치 극대화 기준은 기대성과만을 고려할 뿐 위험을 고려하지 않았기 때문에 합리적인 투자안의 선택기준으로 보기가 어렵다. 기대가치 극대화 기준의 문제점은 피터스버그의 역설에 잘 나타나 있으며, 이러한 기대가치 극대화 기준의 문제점을 해결하기 위해서 기대효용 극대화 기준이 도입되었다.

(2) 기대효용 극대화 기준

기대효용 극대화 기준은 각 투자안별로 기대효용을 구하여 기대효용이 가장 큰 투자안을 선택하는 방법을 말한다. 여기서 기대효용(EU: Expected Utility) 은 투자안의 성과에 대한 효용의 기댓값을 말하며, 미래의 각 상황별 성과에 대한 효용에 그 상황이 발생할 확률을 곱한 후 이를 모두 합하여 구한다.

$$E[U\circledR] = \sum_{i=0}^{n} \qquad u(Ri)Pi$$

기대효용은 투자안의 기대성과뿐만 아니라 위험도 동시에 고려하고 있는 투자결정 기준임에 유의할 필요가 있다. 따라서 기대효용 극대화 기준은 기대가치 극대화 기준의 문제점을 해결하기 위해 도입된 투자결정 기준이므로 불확실성하의 합리적인 선택이론이라고 할 수 있다.

2. 투자자들의 투자행동

(1) 위험회피형 투자자

위험회피형 투자자(Risk Averter)는 위험을 싫어하는 투자자를 말한다. 따라서 위험회피형은 위험을 기피하는 이성적인 인간의 행동으로 기대수익이 동일하면, 보다 작은 위험을 선호하고 위험이 동일하면 기대수익이 보다 큰 대안을 선호하기 때문에 위험을 부담하면 반드시 이에 상응하는 보상을 요구한다.

(2) 위험중립형 투자자

위험중립형 투자자(Risk Neutralist)는 투자대상을 선택할 때 위험을 고려하지 않고 기대수익률만 고려하는 투자자를 말한다. 따라서 위험중립형은 위험의 크기와 관계없이 기대수익률이 더욱 높은 대안을 선호하기 때문에 위험자산인 주식과 안전자산인 채권에 적절히 분산 투자하여 높은 수익을 추구한다.

(3) 위험선호형 투자자

위험선호형 투자자(Risk Seeker)는 위험을 좋아하는 투자자를 말한다. 따라서 위험선호형은 기대수익률이 동일하면 위험이 보다 큰 대안을 선호하고, 위험이 동일하면 기대수익률이 더욱 큰 대안을 선호하기 때문에 위험이 커지더라도 충분한 보상의 대가가 존재한다면 기꺼이 위험을 감수하려고 한다.

 **연습문제**

1. 투자의 기회와 위험이 어디에 있는지 논하라.

2. 경기와 부동산시장의 변동성에 대해 논하라.

3. 물가와 금리의 변동성에 대해 논하라.

4. 채권시장과 주식시장의 변동성에 대해 논하라.

5. 불확실성의 선택기준을 설명하라.

위험과 수익률

이 장에서 학습하는 내용

- 수익률과 위험의 측정
  - ▶ 위험과 수익률 간의 상충관계
  - ▶ 주식투자의 정석
  - ▶ 위험과 보유기간
  - ▶ 위험자산과 무위험자산 간의 위험 배분

이 장의 학습목표

- 수익률과 위험 간의 상충관계를 이해한다.
- 주식투자의 정석을 학습한다.
- 위험과 보유기간의 상관관계를 파악한다.
- 위험에 따른 자산배분의 개념을 학습한다.

투자론 산책

'위험과 수익은 상충한다' .. 재테크 18 계명

〈 재테크 1 계 〉

❑ 자신의 소득 중 최소한 20% 정도는 저축하거나 투자하라

우리나라는 아직 사회보장제도가 잘 구현되지 않고 있으므로 스스로 은퇴 후의 생활에 대비한 저축을 해야 한다. 우리나라 평균저축률은 30%이다. 개인연금신탁처럼 비과세상품에 투자하는 것은 연말소득세도 공제받고 노후의 생활에 대비한 좋은 저축방법이다.

〈 재테크 2계 〉

❑ 위험과 수익은 상충한다

만약 위험 없이 고수익을 낳는다고 유혹하는 투자상품이 있다면 조심해야 한다. 반드시 고수익에는 그에 상응하는 숨겨진 위험이 도사리고 있다는 것을 명심하라.

〈 재테크 3계 〉

❑ 계란을 한 바구니에 담지 말라

재산투자를 한 곳에 하기보다는 채권, 주식, 금융상품, 부동산 등으로 분산해 투자하는 것이 위험을 줄일 수 있다.

〈 재테크 4계 〉

❑ 먼저 자기자산에 투자하라

당신 자신의 건강 교육, 그리고 가족과 친구 간의 관계를 개선 유지하기 위해 투자하라. 아무리 돈이 많아도 건강을 잃거나 인생을 같이 즐길 친구와 가족이 없다면 무슨 소용이 있겠는가.

〈 재테크 5계 〉

❑ 먼저 자기 자신에게 지출하라

저축은 바로 자기 자신을 위한 지출임을 명심하자. 매달 수입 중에서 우선 자신의 목표, 안전, 건강을 위해 일정금액을 떼어 자기 자신에게 지출하라.

〈 재테크 6계 〉

❏ 충분히 이해되기 전까지 투자하지 말라

복잡하거나 이해되기 전까지는 투자하지 말라. 충분히 설명을 듣고 이해한 다음 투자해도 늦지 않다.

〈 재테크 7 계 〉

❏ 감가상각되는 자산은 빚으로 사지 말자

자동차, 옷, 휴가, 가전제품 등처럼 감가상각되는 자산은 절대 빚으로 사지 말자. 빚은 교육, 부동산사업 등과 같이 가치가 올라갈 수 있는 자산에 투자할 때만 사용돼야 한다.

〈 재테크 8계 〉

❏ 장기투자자금은 인플레이션에 대항할 수 있는 상품에 투자하라

주식, 부동산 등과 같이 인플레이션을 극복할 가능성이 높은 상품에 투자하는 것이 낫다.

〈 재테크 9계 〉

❏ 금리가 올라갈 때는 단기로 운용하고 금리가 하락할 때는 장기로 운용하라

금리 상승시에는 단기금융상품에 투자, 재투자시 더 높은 금리를 받을 수 있도록 해야 하며 바로 금리 하락시에는 장기확정부 금융상품에 투자, 금리하락에도 애초 약정한 고금리를 받을 수 있도록 한다.

〈 재테크 10계 〉

❏ 자신의 투자리스크 허용성향에 알맞은 투자를 하라

나이가 젊고 가격의 변동에 덜 신경이 쓰이고 장기적인 성장에 목표를 둔다면 주식이 유리하겠지만 나이가 들거나 은퇴 후 매월 일정의 고정적인 이자수입이 필요하다면 확정부금리인 장기예금이 제격이다. 자기 몸에 맞는 투자방법을 찾는 게 중요하다.

〈 재테크 11계 〉

❏ 주식투자는 반드시 여유자금으로 하라

월가의 영웅 피터린치도 자기 집을 마련한 다음 주식투자를 하라고 했다. 주식은

가격변동 위험이 크기 때문에 단기간 투자에는 맞지 않는다. 따라서 반드시 장기 여유자금으로 투자해야 한다.

〈 재테크 12계 〉

❏ **투자전문가가 말하는 예언적 전망을 무시하라**

신문 헤드라인을 따라서 투자하지 말라. 아무도 미래에 대해서 알 수 없다. 어제오늘의 사건은 이미 오늘 투자가격에 반영돼 있다. 따라서 투자결정은 자신의 판단과 장기적 기본가치를 고려해서 하라.

〈 재테크 13계 〉

❏ **보험은 만기 때 불입금액을 돌려주지 않는 보험을 선택하라**

보험은 저축이 아니다. 보험만기시 불입금액을 돌려받지 않는다는 말은 동일한 보장보험금액을 받기 위해서 최소의 보험료를 지불한다는 뜻이다.

〈 재테크 14계 〉

❏ **경마와 복권은 하면 할수록 손해다**

경마의 기대수익률은 약 **70%**이고 복권의 기대수익률은 약 **50%**다. 사는 즉시 마권은 30%, 복권은 50%의 손실을 본다.

〈 재테크 15계 〉

❏ **결혼 후 퇴직 예정인 오피스레이디는 개인연금신탁에 가입하면 유리하다**

개인 연금신탁은 최소 **10년** 이상 만 **55세**까지 불입해야 한다. 그러나 퇴직으로 인한 중도해지시에는 약정이율을 다 받을 수 있고 매년 소득공제혜택도 받을 수 있다.

〈 재테크 16계 〉

❏ **은행기기를 이용하는 법을 배우자**

폰뱅킹은 전화로 예금조회 송금 등을 할 수 있는 서비스이며 은행에 나가서 줄을 설 필요가 없다. 수수료도 창구 이용 때보다 싸다. 현금자동지급기를 이용해 입금, 출금, 송금을 하면 역시 시간과 수수료를 절약할 수 있다.

〈 재테크 17계 〉

❏ 적금을 들려면 상호부금에 가입하는 것이 유리하다

상호부금은 적금처럼 적립형 상품인 점에서는 같지만 계약기간의 3 분의 1 이상이 지나면 필요시에 대출을 받을 수 있다는 점에서 유리하다.

〈 재테크 18계 〉

❏ 중소업체와 자영업자는 한 은행만을 거래하라

사업을 하다 보면 부침이 있어 자금이 급히 필요할 때가 있다. 따라서 자금이 남고 여유 있을 때라도 금리를 좇아서 거래금융기관을 옮기지 말고, 한 금융기관과 계속 거래해 신용도를 높이는 것이 어려울 때를 대비한 현명한 방법이다.

< 한국경제신문>

제5장 위험과 수익률

제1절 수익률과 위험의 측정

수익률이란 무엇인가? 그 개념을 모르는 사람은 거의 없을 것이다. 그러나 수익률이 얼마나 위험한 개념인지 아는 이는 거의 없다. 예를 들면 동양채권(신용등급BB: 정크본드 수준)의 수익률 7%로 당시 정기예금 3%대에 비해 3% 정도 높은 수익률을 목적으로 대부분 월이자로 생계를 꾸려가야 하는 노인들이 투자했던 상품이다. 그런데 어떻게 되었는가? 정기예금보다 4% 수익률이 높은 동양채권에 투자했다가 원금 100%가 허공에 날아갔다. 수익률 높은 상품을 찾는 행위는 투자원금의 100%를 날릴 손실가능성이 높아지는 상품을 찾는 매우 위험한 투자행위이다.

일반적으로 수익률이란 어느 일정기간 동안 투자한 자금이 얼마나 불어났는지를 의미하는 것으로 사용해야 한다. 즉 수익률(Return)은 어떤 주어진 투자기간 동안의 투자수익률(Return On Investment)을 의미하는데, 이는 보유기간수익률이라고도 한다. 보유기간수익률은 시세차익수익률과 배당수익률의 합으로도 나타난다.

투자론에서 위험이란 기대수익률 또는 무위험이자율 및 표준에서 멀어질 확률을 의미하기도 한다. 물론 마이너스 수익률뿐만 아니라 투자원금 손실발생 가능성과 잠재적 손실규모까지 포함된 개념이기도 하다.

제2절 위험과 수익률 간의 상충관계

High Risk High Return의 의미가 위험과 수익률의 상충관계(Risk-Return Trade-Off)를 매우 잘 나타낸 말이다. 이는 위험이 크면 그만큼 수익도 높다는 말이고 수익이 높으면 반드시 위험이 따른다는 의미이다.

위험을 추가로 부담함으로써 요구하는 수익률은 위험에 대한 대가 또는 위험프리미엄(Risk Premium)으로 불린다. 따라서 위험프리미엄은 주식이나 회사채와 같은 위험자산(Risk Asset)에 투자할 때 기대하는 수익률과 은행 정기예금이나 양도성예금증서, 국공채와 같은 무위험자산(Risk Free Asset)으로부터 얻는 수익률, 즉 무위험이자율(Risk Free Rate)의 차이를 의미한다. 예를 들면 무위험이자율이 연 3%이고 삼성전자주식으로부터 연간 기대하는 수익률이 10%라고 한다면, 삼성전자주식의 연간 위험프리미엄은 7%가 된다.

그런데 사람마다 위험선호도가 달라 위험에 대해 요구하는 수익률이 다르기 때문에, 즉 어떤 투자자는 삼성전자주식에 대한 위험프리미엄으로 14%를 요구하는 사람도 있지만 어떤 투자자의 경우에는 9%만을 요구하는 사람도 있는 것이다. 극단적으로 도박꾼들의 경우에는 위험을 즐기는 사람들이기 때문에 위험프리미엄이 전혀 없어도 베팅을 하기도 한다.

표 5-1 우리나라와 미국, 주식, 회사채, 무위험자산 비료(%)

구분	국내 1980~2004			국내 1980~2007			미국 1926~2000		
	수익률	표준편차	위험프리미엄	수익률	표준편차	위험프리미엄	수익률	표준편차	위험프리미엄
주식	15.3	37.6	5.3	16.6	35.1	6.8	13.0	20.2	9.1
회사채	16.5	15.9	6.5	14.2	13.1	2.4	6.0	8.7	2.1
무위험자산	10.0			9.8	5.6		3.9	3.2	

출처: 국내자료는 한국증권선물거래소, 한국은행웹사이트
주: 국내주식은 kospi지수, 회사채는 3년 만기 무보증채, 1980~2004년 자료의 무위험자산은 3년 국고채, 1980~2007년 자료의 무위험자산은 CD, 미국주식은 S&P 대형주, 회사채는 장기 무보증채, 무위험자산은 T-bill

〈표 5-1〉로부터 우리는 몇 가지 흥미로운 사실들을 발견할 수 있다.

첫째, 우리나라와 미국 주식의 위험프리미엄(Equity Risk Premium)은 각각 6.8%와 9.1%로 나타나 미국 주식의 위험프리미엄이 우리나라보다 2.3%포인트가 높다. 그런데도 국내주식의 표준편차가 오히려 미국 주식의 표준편차보다 1.7배나 크다. 우리나라 주식의 경우 위험은 큰데 위험프리미엄이 낮은 것은 우리나라 금융시장의 구조적인 문제와 관련되어 있다고 생각된다.

우리나라의 1980년부터 2004년까지 주식과 회사채의 위험프리미엄을 비교해보면 위험이 훨씬 큰 주식의 위험프리미엄이 회사채보다도 오히려 낮은 기현상을 볼 수 있다. 결국 해당기간 동안 우리나라 시장에서는 위험과 수익률의 상충관계(Risk-Return Trade-Off)가 성립되지 않고 있는 것이다. 그러나 자료의 기간을 2007년까지 늘리면 주식, 회사채, CD 간 위험과 수익률의 상충관계가 성립하고 있으며, 시장의 구조적인 문제가 해소되어 가고 있음을 확인할 수 있다. 그런데도 미국과 비교해 볼 때 우리나라 주식시장의 위험프리미엄은 아직도 위험을 제대로 반영하지 못하고 있는 것으로 보인다.

둘째, 우리나라와 미국 회사채의 위험프리미엄(Corporate Bond Risk Premium)은 각각 2.4%와 2.1%로 우리나라 회사채의 위험프리미엄이 0.3%포인트 높음을 보이고 있다. 이는 우리나라 회사채의 변동성이 미국 회사채에 비해 더 크기 때문으로 보인다. 그러나 1980년부터 2004년까지 우리나라 회사채의 위험프리미엄은 지나치게 높게 형성되었던 것으로 보이며 이는 우리나라 금융시장에 많은 왜곡을 가져왔음을 의미한다. 다행히 최근 들어 회사채 수익률이 하향 안정화되면서 금융시장의 왜곡현상이 줄어들고 있다고 할 수 있다.

셋째, 우리나라 주식은 회사채에 비해 위험이 2.7배이지만 수익률은 2.4%포인트밖에 높지 않다. 그러나 미국의 경우를 보면 주식은 회사채보다 위험이 2.3배이고 수익률은 7%포인트가 높으며, T-bill에 대해서는 위험이 6.3배에 수익률은 9.1% 높은 것으로 나타나고 있다. 우리나라의 경우 각 금융시장 간에 수익률과 위험구조에 있어서 왜곡구조가 여전히 존재하는 것을 알 수 있다.

F l a w r e n c e

제3절 주식투자의 정석

우리나라의 경우 아직까지 리스크 대비 적절한 수익률이 반영되지 않는 왜곡시장인 것을 알았다. 즉 주식투자의 큰 변동성에 비해 수익률이 아직 상대적으로 낮은 편이다. 그런데 흥미로운 것은 미국도 처음부터 주식의 위험프리미엄이 적정하게 형성되었던 것이 아니라 상당한 시간이 지나간 후에 투자로서의 주식의 위치를 확보하게 되었다는 사실이다.

미국의 경우에도 20세기 초까지는 주식시장이 투기자와 내부자들의 무대로 간주되었고 보수적인 투자자들에게는 외면당하였다. 더군다나 Irving Fisher와 같은 저명한 경제학자조차도 주식이 물가 상승기에는 채권보다 높은 수익률을 제공하지만 물가 하락기에는 채권보다 낮은 수익률을 보일 것이라고 생각하여 사람들은 주식에 대한 투자에 소극적이었다.

그러나 1920년대 투자매니저였던 Edgar Smith는 물가가 상승하든 하락하든 보통주에 분산투자된 포트폴리오의 가치는 언제나 채권보다 더 높다는 것을 처음으로 증명하였다. 하지만 적절한 투자수단으로서의 주식 이미지와 주식이 최고의 장기투자방안이라는 Smith의 이론은 1920년대의 광적인 강세장 이후 주식시장 대폭락이라는 사건으로 인해 많은 비난을 받게 되었다. 결국 미국도 주식시장의 초기 단계에서는 사람들이 투자라기보다는 투기에 가까운 행태를 보이고, 또 장기적인 관점의 투자보다는 단기적인 관점에서 머니게임의 속성을 띠었다고 볼 수 있다.

그러나 1964년 Lawrence Fisher와 James Lorie 두 교수가 1929년의 대폭락과 제2차 세계대전 기간을 포함한 주식수익률을 조사하여 주식수익률이 연 9.0%로 1926년~69년의 35년 동안 다른 어떤 투자수단보다도 주식수익률이 높았다는 연구결과를 발표하였고, 10년 후에 Roger Ibotson과 Rex Sinquefield는 수익률에 대한 상세한 연구를 통해 장기투자로서 주식의 우월성을 뒷받침하였다.

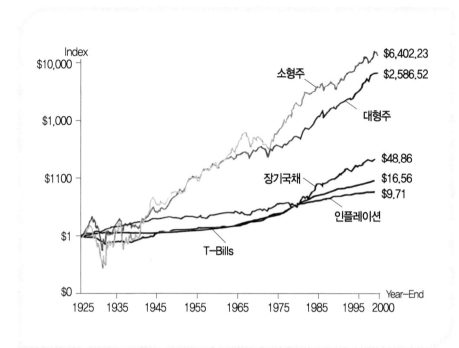

출처: Roger Ibotson and Rex Sinquefield, Stocks, Bonds, Bills and Inflation 2006
      Yearbook, Ibotson Association, Inc, Chicago.

[그림 5-1] 미국 금융상품의 장기 수익률(1925년 말=$1)

[그림 5-1]은 Roger Ibotson과 Rex Sinquefield의 논문에서 인용한 것이다. 1926년부터 2000년까지 미국의 대형주 주식, 소형주 주식, 장기국채, 단기국채 등에 투자했을 때의 결과를 보여주고 있다. 물론 중간에 엄청난 부침이 있는 것은 사실이지만 장기적으로 볼 때 소형주 주식의 성과가 가장 좋은 것으로 나타났다. 1925년에 1달러를 소형주 지수에 투자하고 중간에 발생하는 모든 배당 등 수익을 재투자한다고 하였을 때 75년 후인 2000년에 약 6,402달러의 가치를 가지게 되었다는 것이다. 그러나 장기국채에 투자한 경우에는 겨우 48.86달러의 가치밖에 되지 않음을 보여주고 있어 장기투자수단으로서 주식의 우월성을 확실하게 보여주는 증거라 할 수 있다.

제4절 위험과 보유기간

　　Siegel 교수의 책 『주식투자의 바이블』에서 가장 중요한 교훈은 아마 "장기로 주식에 투자하면 반드시 성공한다"라는 말일 것이다. 장기적으로 주식에 투자하면 오히려 채권보다 위험이 줄어든다는 사실을 그는 입증하였다. 그는 저서에서 1802년부터 주식, 장단기 채권의 최고 및 최저 수익률을 보유기간별로 나타내어 보유기간이 길어질수록 주식의 최고, 최저 수익률 차이가 급격히 줄어든다는 것을 보이고 있다.

　　단기적으로는 주식이 채권에 비해 더 위험한 자산이라는 것은 두말할 필요가 없다. 그러나 [그림 5-2]의 1802년 이후 5년 단위로 자료를 살펴보면, 주식의 최저 수익률인 연 -11%는 장단기채권의 최저수익률과 별 차이가 없다. 10년을 보유기간으로 하여 살펴보면 주식 최저수익률이 오히려 채권의 최저수익률보다 높다. 보유기간이 20년 이상 되는 경우 주식수익률을 보면, 최저수익률조차 (+)의 값을 보여 위험이 없어지는 결과를 보여준다.

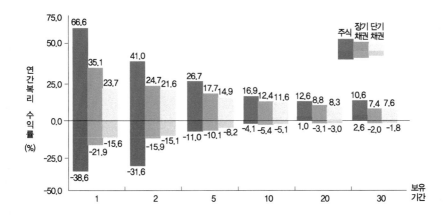

출처: Jere Siegel, 주식투자 바이블, 거름, p. 61.

[그림 5-2] 보유기간별 실질 수익률(1802~1997)

제5절 위험자산과 무위험자산 간의 위험 배분

주식의 경우 회사채나 정기예금 등에 비해서 위험이 크지만 수익률도 높음을 살펴보았다. 투자자들은 이들 중 여러 가지 상품을 선택해서 투자하기에 여러 자산들로 구성된 포트폴리오를 구성하게 된다.

포트폴리오를 통제하는 가장 쉬운 방법은 일정한 비율을 무위험자산에 투자하고 나머지 부분을 본인의 위험선호도에 따라 위험자산에 투자하는 것이다. 이것은 위험자산군과 무위험자산 간에 자본을 배분하는 의사결정(Capital Allocation Decision)으로 일컫는다. 이와 같이 자본배분을 한 후에는 위험자산군에 포함되는 위험자산들, 즉 주식, 채권, 옵션, 선물자산에 얼마나 투자할지를 결정하는 자산배분 의사결정(Asset Allocation Decision)을 하게 된다. 이런 다음 최종적으로 주식에는 어떤 종목들을 포함하고 채권에는 어떤 종류의 채권을 편입할 것이지 등을 결정하게 되는데 이를 종목선택 의사결정(Security Selection Decision)이라 한다.

연습문제

1. 수익률이란 무엇인가 논하라.

2. 위험과 수익률의 상충관계를 설명하라.

3. 주식투자의 정석이란 무엇인가.

4. 위험과 보유기간의 관계에 대해 논하라.

5. 종목선택 의사결정이란 무엇인가 설명하라.

투자위험의 특성과 리스크관리

이 장에서 학습하는 내용

- 투자위험의 특성과 리스크관리
  - ▶ 구매력위험의 특성
  - ▶ 이자율위험의 특성
  - ▶ 경영위험의 특성
  - ▶ 재무위험의 특성
  - ▶ 유동성위험의 특성
  - ▶ 재투자위험의 특성
  - ▶ 시장위험의 특성

이 장의 학습목표

- 투자자산의 종류에 따른 구매력위험, 이자율위험, 경영위험의 특성을 학습한다.
- 투자자산의 종류에 따른 재무위험, 유동성위험, 재투자위험, 시장위험의 특성을 이해한다.

투자론 산책

리스크 클 땐 자산배분 인컴펀드가 딱

글로벌 금융위기가 이어지면서 재테크의 트렌드가 바뀌고 있다. 주식, 채권을 막론하고 자산의 변동성이 급격히 커져 수익률이 급등했다가 급락하는 상황이 반복되고 있기 때문이다. 게다가 저금리 국면이 장기간 이어져 예금이나 일반 채권 같은 기존의 고정금리 상품으로는 원하는 만큼의 수익률을 유지하기도 어렵게 됐다.

상황이 바뀌면서 자산의 실질가치를 지키면서 '시중금리 + 알파'의 수익을 얻는 게 최근 재테크의 화두가 됐다. 이러한 분위기에 따라 요즘 세계적으로 부각되고 있는 투자전략이 자산배분이다. 원금을 다양한 종류의 자산에 나누어 투자해 특정자산에 집중할 때 생기는 리스크를 최소화할 뿐 아니라 상승국면에선 신속하게 움직여 시중금리보다 높은 수준의 수익을 추구하는 것이다.

❏ 리스크 낮추는 자산배분 전략 세계적 추세

새로운 트렌드는 펀드시장에도 변화를 불러왔다.

얼마 전부터 소위 '중위험·중수익'을 추구하는 상품들이 붐을 이루고 있는 것. 지난해까지만 해도 펀드라면 주식형이나 채권형이 주종이었으나 지금은 주식과 채권을 한 바구니에 담아 리스크를 낮춘 혼합형이 조금씩 인기를 더해가고 있다.

지난해 주식형 상품의 성과가 상당히 양호하게 나왔는데도 불구하고 혼합형 펀드에 투자자들의 관심이 집중되고 있는 것은 이 상품이 구조적으로 일반 주식형보다 수익률의 안전성이 뛰어나기 때문. 게다가 채권형 펀드보다 높은 수익률을 기대할 수 있다는 점도 매력 포인트다. 특히 이 펀드는 상품의 특성상 주가가 하락하면 값이 싸진 주식을 더 많이 편입하도록 설계돼 있어 장기투자를 하면 수익률이 저절로 높아진다는 점도 투자자들의 군침을 돌게 한다.

❏ 월급처럼 매달 수익 내주는 인컴펀드 각광

여러 혼합형 펀드 중에서도 특히 요즘 투자자들의 관심을 끄는 것은 '인컴펀드'인 것 같다.

인컴펀드는 말 그대로 매달 또는 매년 월급이나 연봉을 주듯이 일정한 수익을 내주는 데 초점을 맞춘 펀드다. 수익을 차곡차곡 쌓아가는 기존의 펀드들과는 접근방식 자체가 달라 은퇴 이후 안정적 수입을 기대하는 투자자들에게 제격이다.

대부분의 인컴펀드는 기본적으로 안전성을 최우선으로 하면서 동시에 정해진 날에 정해진 수익을 제공하는 데 주력한다. 당연히 신용도 높은 국채나 지방자치단체 채권, 우량 회사채 등을 주로 편입하며 추가적으로 고배당 우선주나 MMF 등에도 투자해 일반 채권보다 높은 수익을 추구한다. 이때 주식의 경우도 주가

변동성이 커서 매매를 통해 차익을 내기 좋은 종목보다는 주가의 등락이 많지 않더라도 충분한 내부유보금을 쌓아 재무안전성이 높은 종목을 주로 편입한다. 당연히 주식이지만 은행금리 이상의 높은 배당을 하는 종목이 주요 투자대상이다. 비슷한 이유로 부동산 리츠(REITs) 역시 인컴펀드의 편입 대상이다.

인컴펀드가 이처럼 다양한 유형의 자산을 포트폴리오에 넣는 것은 탄력적인 자산배분으로 위험을 최대한 줄이면서 더 많은 수익을 추구할 기회를 기대할 수 있기 때문이다.

❏ 10%대 수익 낸 미래에셋 글로벌 인컴펀드

'미래에셋 글로벌 인컴펀드'의 경우 국내외의 다양한 채권은 물론이고 매달 수익이 기대되는 리츠나 고배당 주식 등에 투자해 '정기예금+α'의 수익을 추구하고 있다. 이 펀드는 특히 한번 정한 포트폴리오를 무작정 고수하지 않고 상황이 변함에 따라 유연하게 조정해 안전성을 유지하면서 고수익을 추구하고 있다. 이 때문에 투자자는 경제상황이 바뀌더라도 어떤 상품을 편입할지 고민할 필요가 없다. 펀드가 알아서 포트폴리오를 조정해주기 때문이다.

이 펀드는 지난해 10월 말 기준 안정적 수익을 제공하는 채권 같은 자산에 59.6%를 투자하고 있다. 구체적으로 국내채권이 10%, 해외채권이 45.8%, 해외 인컴 상장지수펀드(ETF)가 3.8% 들어 있다. 보통 채권보다 높은 수익률을 추구하는 목적의 자산에도 17.2%를 투자했다. 국내배당주 2.4%, 해외배당주 6.5%, 해외리츠 8.3% 등이 그것이다. 통화별로는 미국 달러화 54%, 원화 13.4%, 러시아 루블화 6.2%, 유로화 등 기타 자산에 3.8% 등으로 분산하고 있다.

펀드평가회사 제로인에 따르면 미래에셋글로벌인컴(모)펀드는 2012년 1월 설정 이후 지난 2월 4일까지 1년여 만에 10.64%의 수익률을 올렸다. 같은 기간 비교 지수인 KIS종합채권지수(6.37%)보다 4.27%포인트 높은 수익률을 낸 것이다.

‖ 월지급식 ELS도 관심 둘 테마 상품

노령화에 저금리 국면이 이어지면서 '월지급식' 금융상품은 지난해부터 꾸준히 이어지는 투자의 테마다. 여기엔 인컴펀드는 물론이고 회사채나 국공채 등 채권으로 운용되는 상품이나 주식형 펀드나 ELS, DLS 등 다양한 상품이 포함된다. 물론 '중위험·중수익'을 추구하는 점은 대부분 유사하다.

그중에서 최근 투자자들의 관심이 뜨거운 상품은 안정적인 현금흐름을 창출하는 데 초점을 맞춘 월지급식 ELS이다. 이 상품은 다른 ELS와 마찬가지로 일정 조건을 충족할 경우 시중금리+알파의 수익을 주는 게 매력이다.

이 상품의 특성은 크게 세 가지로 요약된다.

우선 기존 스텝다운 조기상환형 ELS의 구조를 유지하면서 수익을 지급하는 주기를 매월 단위로 했다는 점을 들 수 있다. 그만큼 우선 구조부터 투자자들이 이해하기 쉽다는 게 장점이다.

다음으로 매달 이자수익이 발생하기 때문에 만기 때 약간의 원금손실이 나더라도 어느 정도는 상쇄된다는 장점도 있다. 예를 들어 만기까지 받은 이자수익이 30% 정도 된다면 만기시 25% 손실이 생겨도 합하면 5%의 이익이 나는 구조를 만든 것이다.

수익 실현 시점을 분산함으로써 금융소득 종합과세 대상자의 세금부담을 줄여주는 것도 이 상품의 매력이다. 예를 들어 3년 만기라고 할 때 수익을 만기에 한꺼번에 주면 세금부담이 가중되나 이를 매달 조금씩 나눠주는 구조이므로 결과적으로 세금부담을 낮출 수 있다.

한편 월지급식 ELS는 기초자산을 KOSPI200이나 홍콩 H지수, S&P500 등 주가지수 위주로 구성하고 있다. 지수보다 변동성이 작은 실물자산에 관심이 있다면 금이나 은, 북해산 원유 등으로 구성된 월지급식 DLS를 택할 수도 있다.

< 매일경제, 정진건 기자>

제6장 투자위험의 특성과 리스크 관리

제1절 투자위험의 종류

투자위험의 종류는 투자자산에 대한 영향의 정도에 따라 구분될 수 있다. 이를테면 가격인플레이션이 투자의 실질 수익률을 잠식할 위험은 실제로 원유 금수조치, 가뭄, 노동력부족, 통화공급량의 급격한 상승, 외국통화에 대한 달러 가치의 상대적 하락 등과 같은 수많은 사건들의 집약체로 볼 수 있다. 이러한 사건들의 결과를 일반화시킬 수 있다면 투자자들이 투자위험을 통제할 수 있는 효과적인 방안들을 찾아낼 수가 있을 것이다.

특정자산들에서 발견되는 투자위험의 유형을 이해하게 되면 투자자가 노출 위험을 최소로 하는 자산이나 포트폴리오를 선택할 수 있다. 즉 어느 투자자의 가장 큰 걱정이 갑작스런 인플레이션의 급상승이라면 노출위험에 최소로 하는 투자전략을 수립해야 한다. 다른 한편으로 현금화가 관심이라면 유동성을 극대화할 수 있는 투자안을 선택하는 것이 중요하다

모든 투자자산에 공통적인 불확실성 위험은 체계적인 위험(Systematic Risk)으로 불리고 이러한 위험은 포트폴리오에 의한 분산투자에서도 완전히 제거되지 않는다. 비체계적인 위험(Unsystematic Risk)은 개별조직이나 개별 투자자산에만 독특한 불확실성을 말한다. 투자자산을 잘 선택하기만 해도 어느 정도 제거될 수 있는 위험이다. 고유한 위험으로 분류되는 위험 중에는 특정한 기업이나 산업에 관련된 불확실한 경영요인, 거액의 리스와 이자지급과 같은 채무부담, 그리고 투자자산을 현금으로 전환하는데 따르는 어려움 등이 포함된다.

제2절 투자자산의 종류에 따른 구매력위험의 특성

1. 구매력위험의 개념

구매력위험(Purchasing-Power Risk)은 인플레이션 때문에 발생하는 투자자산 실질수익률의 불확실성을 말한다. 투자자에 발생할 위험은 배당금, 이자 및 임대료와 같은 정기적 수입은 물론 투자자산이 매각되었을 때 들어오는 자금이 결국 재화나 용역의 가격이 상승함에 따라 그 실질가치가 폭락할 가능성을 가리킨다.

구매력위험은 많은 투자자들에게 가장 중요한 불확실성이다. 특히 투자수익으로 생활비를 충당하는 투자자들은 인플레이션으로 인하여 그들이 구입할 수 있는 재화나 용역의 양과 질이 현저하게 잠식당하는 경우를 경험할 수 있다. 어떤 특정한 목적을 달성하기 위하여 투자를 하는 사람들은 구매력의 감소로 인하여 투자자금 규모가 변한다는 사실을 경험하게 된다.

2. 투자자산의 종류에 따른 구매력위험의 특성

투자자산의 종류에 따라 구매력위험의 크기는 달라진다. 어떤 자산은 인플레이션에 따른 불확실성이 미미한 정도인 반면 다른 자산들은 엄청난 불확실성을 가지고 있다. 투자자산의 종류에 따라 위험의 크기가 달라진다는 것은 바로 투자자들이 자산선택에 따라 위험을 어느 정도 커버할 수 있음을 의미한다.

구매력위험은 또한 투자자산이 발생시키는 현금흐름이 소비자물가의 변화에 의해 영향을 받는다. 즉 투자자산이 시장가치의 변화에 민감하며 소비자물가 수준에 영향을 많이 받을수록 구매력위험은 작아진다. 이는 재화나 용역의 가치가 변화함에 따라 그 변화 정도가 보상된다면, 투자자산의 실질수익률은 인플레이션의 영향을 거의 받지 않는다고 할 수 있다. 발생하는 현금흐름이 인플레이션과 연계되어 그 가치가 달라지는 투자자산을 찾아내기란 결코 쉽지 않다. 인플레이션이 발생하면 이자율을 상승시키기 때문에 투자자본을 재투자할 시점이 도래하면 투자자들은 더 높은 명목수익률을 얻을 수 있다.

어떤 기업에서는 제품가격의 인상을 통하여 인플레이션의 영향을 소비자에게 전가함으로써 인플레이션을 오히려 이용하기도 한다. 그 결과 매출액과 이익이 증가하여 주주들에게 추가적인 이익 및 배당금을 지급할 수도 있게 된다. 그러나 모든 기업의 보통주가 인플레이션에 보호되어 있지는 않다. 귀금속이나 부동산과 같은 실물자산이 발생시키는 현금흐름은 인플레이션 발생시 이득을 볼 수 있다.

일반적으로 고정적인 현금흐름을 발생시키는 장기투자자산은 매우 큰 구매력위험을 가지고 있다. 이러한 투자자산은 원래의 가격에 기대인플레이션이 반영되어 있으나 일단 투자가 이루어지고 유동성 함정에 빠지기 쉽다. 대부분의 장기채권, 현금흐름이 고정된 연금계약, 고정액을 지급하는 퇴직금, 그리고 장기CD 등은 향후 소비자물가가 어떤 방향으로 변화할지 모르기에 실질수익률에 불확실성이 노출되어 있다.

제3절 투자자산의 종류에 따른 이자율위험의 특성

1. 이자율위험의 개념

이자율위험(Interest Rate Risk)이란 투자자의 입장에서 불확실한 시장이자율에 의해서 투자수익률이 불확실하게 변화되는 상태를 가리킨다. 자산을 보유함에 따라 발생하는 현금흐름의 구매력을 감소시키는 인플레이션과는 달리 이자율 변화는 흔히 현금흐름의 크기를 증감시키거나 투자자산의 시장가치를 증감시킨다. 현금흐름의 변화는 투자자산이 발생시키는 현금흐름의 액수가 현재의 이자율과 관련되어 있거나 현재이자율의 함수인 다른 어떤 변수와 관련된 경우에 나타나는 위험이다. 시장가치의 변화는 투자자산이 발생시키는 현금흐름이 고정된 경우 그러한 자산에는 당연히 내포되어 있는 고유위험이라고 볼 수 있다. 어떤 자산의 경우에는 이자율이 변화함으로써 자산의 시장가치는 물론 현금흐름의 크기도 동시에 영향을 받기도 한다. 이러한 자산의 공통 특성은 투자자들이 이러한 자산을 보유하게 되면 이자율이 변화할 가능성 때문에 수익률이 매우 불확실하게 된다는 점이다.

2. 투자자산의 종류에 따른 이자율위험의 특성

이자율이 변동하더라도 그에 따라 소득흐름이 적절히 조절된다면 이자율 변화에 따른 자산의 시장가치는 변화하지 않는다. 이러한 자산은 대부분 만기가 짧아 투자자금을 회수한 후 재투자하여 변화된 새로운 시장이자율로 재투자할 수가 있다.

변동금리부채권과 변동배당우선주들은 현금지급이 실제로 이루어지는 그 시점의 이자율에 따라 현금지급액수가 적절히 조절된다. 이와 같이 변동금리부 유가증권들은 현금지급액이 실세 시장이자율에 연동되어 있기에 시장가치의 변동으로부터 투자자들을 보호할 수가 있다.

어떤 자산들은 시장이자율이 변함에 따라 매기간 발생하는 소득흐름과 자산의 시장가치가 모두 함께 변한다. 즉 이자율이 상승할 경우 자산이 발생시키는 현재소득은 그 자산의 시장가치와 함께 감소할 수 있다. 이자율의 변화에 따라 소득흐름과 자산가치가 같은 방향으로 변할 때는 투자자의 수익률이 매우 불확실해진다. 예를 들면 건물신축사업을 하는 기업은 이자율이 상승하게 되면 매우 불리해진다. 이자율이 높아지면 매출액이 감소하게 되고 그 결과로 건물의 신축계획이 감소하게 되어 이윤과 배당의 형태로 발생하는 현재의 소득과 소유지분의 시장가치가 모두 감소하게 될 것이다.

제4절 투자자산의 종류에 따른 경영위험의 특성

1. 경영위험의 개념

경영위험(Business Risk)이란 경영환경의 불확실성으로 인하여 야기되는 투자자산 수익률의 불확실성을 가리킨다. 투자자산 수익률이 저조한 것은 현명하지 못한 경영의사결정의 결과이거나 제품이나 용역의 공급에 있어서 비효율이 발생한 결과일 수도 있다. 저조한 투자수익률은 경영 내부환경 외에 외적환경, 즉 외국통화에 대한 자국통화의 가치의 변화 등과 같은 환경변화에 원인이 있을 수도 있다. 또한 안정적인 경영환경 속에서 안정적인 이윤을 창출해 왔으나 새로이 강력한 경쟁자가 진입하여 기존기업의 존립을 위태롭게 할 경영위험도 항상 노출되어 있다.

경영위험은 특정한 투자자산이나 특정한 경영조직에만 발생하는 기업의 고유위험이기에 비체계적 위험(Unsystematic Risk)으로 분류된다. 경영위험은 고유위험이기에 투자자가 이러한 경영위험에 노출된 정도는 투자자산의 종류마다 각기 다르고 따라서 투자자산의 종류 및 그 선택에 따라 크게 달라진다.

2. 투자자산의 종류에 따른 경영위험의 특성

개인기업이나 공공기업이 유가증권에 투자하면 경영위험에 노출되는데 그 위험의 크기는 기업에 따라 달라진다. 또한 1970년대 석유파동 이후 석유의 공급과잉과 가격폭락현상이 발생하여 몇 년 전에는 호황을 누리던 수많은 기업들이 파산한 사례가 많다. 기업에게 불리한 예측 불가능한 사건들의 다양성은 경영위험이 투자자들에게 얼마나 심각한 피해를 줄 수 있는가를 잘 나타내주고 있다.

장기간에 걸쳐 소득흐름과 자산가치를 잠식하는 구매력위험이나 큰 손실을 입히기는 하지만, 파국으로 몰고 가지는 않는 이자율위험과는 달리 경영위험은 비교적 짧은 기간 동안 엄청난 손실을 가져올 수도 있다.

정부에서 발행하는 유가증권은 대부분 구매력위험이나 이자율위험을 내포하고는 있지만 경영위험은 거의 없다. 정부는 채무를 변제하기 위해 발권력(Issuing Money)을 사용할 수 있다는 장점이 있다. 또한 조세권과 함께 정부의 채무는 기본적으로 경영위험을 커버하고 있어 안전자산으로 분류되고 있다. 정부 이외에도 불확실한 비용이나 수익으로 인한 투자수익률의 불확실성이 낮은 기업이 매우 많다. 신생산업에 속한 기업들은 경영위험이 커 도산의 위험도 크다. 반면 음식료 같은 성숙기 산업이나 성장산업에 속한 기업들은 안정적인 경영활동으로 더욱 안정적인 이윤추구를 통해 보다 낮은 경영위험을 갖는다.

제5절 투자자산의 종류에 따른 재무위험의 특성

 ### 1. 재무위험의 개념

재무위험(Financial Risk)이란 조직이 재무적의무를 다하지 못하여 투자자들의 수익률이 불확실해지는 상황을 의미한다. 이런 의무는 이자지급의무와 원금상환의무로 구성된다. 부채나 차입금의존도가 높은 기업에 투자하게 되면 재무위험 때문에 투자수익률이 매우 불확실해질 수 있다.

재무위험은 재무적 의무 과다로 발생되는데 주로 부채나 차입금 과다로 발생된다. 기업규모에 비해 차입금이 커질수록 그리고 차입이자율이 높을수록 금융비용부담률이 상승하고 원금상환 압력이 높아져 기업에 대한 투자가치도 변동될 가능성이 커지게 된다.

2. 투자자산의 종류에 따른 재무위험의 특성

조직이 보유하고 있는 자산의 종류나 생산하는 제품이나 서비스의 형태가 조직의 부채부담능력에 매우 중요한 역할을 하게 된다. 대부분의 조직이 차입규모가 커질수록, 차입이자율이 높아질수록 그 조직의 재무위험은 더 커지게 된다.

투자자가 자신의 재무위험을 감소시킬 수 있는 가장 확실한 방안은 무엇보다도 위험이 전혀 없거나 커버된 자산에 투자하는 것이다. 즉 무위험이자율(Risk Free Rate)에 속하는 3대 대표적 상품인 국공채나 양도성예금증서(CD), 정기예금 등에 투자하는 것이다. 또한 재무위험에 대한 노출을 감소시킬 수 있는 또 하나의 방법은 현금흐름이 비교적 안정적이고 예측 가능한 기업이나 산업에 투자하는 것을 들 수 있다.

재무위험에서 가장 큰 위험은 본업과 관련이 없는 투자자산을 매입하기 위해 차입하는 행위를 하는 경우 불확실성이 커지는 것은 물론 부도의 위험에 노출된다는 사실이다. 또한 투자자산을 매입하기 위해 자금을 부채나 차입금으로 조달하면 변동금리에 노출되어 높은 금융비용부담으로 인해 상환능력이 감소 부도위험이 높아진다는 사실이다

제6절 투자자산의 종류에 따른 유동성위험의 특성

1. 유동성위험의 개념

유동성위험(Liquidity Risk)은 자금이 필요하여 투자자산을 처분 또는 회수하고자 할 때 불가능하게 되어 투자자가 겪을 수 있는 투자수익률의 불확실성을 말한다. 아무리 좋은 투자상품이고 투자수익률이 높다 하더라도 정작 회수가 필요할 때 수요자를 찾기 어려워 현금회수가 불가능하다면 이는 유동성위험에 노출된 것이다.

유동성에는 자산이 적기에 현금으로 전환될 수 있는 능력뿐만 아니라 자산의 현재가치 아래로 가격할인을 많이 하지 않고서도 처분될 수 있는 능력이 포함된다. 유동성위험은 금융위기나 갑작스런 재무적 곤경에 처했을 때 투자자산을 처분해야 하는 잠재적 상황을 예측하여 준비해야 한다. 따라서 투자자산의 유동성은 투자결정시 매우 중요한 고려요소이다.

2. 투자자산의 종류에 따른 유동성위험의 특성

유통시장이 활발히 형성되어 있는 자산은 유동성위험이 매우 작다. 예를 들면 증권거래소나 전국 규모의 장외시장에 등록된 유가증권은 유동성이 높다. 정부발행 유가증권은 시장규모가 크기에 유동성위험이 상대적으로 낮다.

단기자산은 장기자산에 비해 유동성이 상대적으로 크다. 화폐시장기금(MMF)과 화폐시장계정과 같은 초단기 투자자산들은 실제로 유동성위험이 거의 없어서 현금과 마찬가지로 취급된다. 또한 주식, 채권 및 옵션과 금융자산들은 표준화되어 있고 금융시장이 항상 개설되어 있기에 부동산이나 귀금속, 골동품과 같은 실물자산보다도 유동성이 훨씬 좋다.

제7절 투자자산의 종류에 따른 재투자위험의 특성

1. 재투자위험의 개념

재투자위험은 투자자산에서 나오는 현금흐름이나 회수된 투자원금을 재투자할 때 얻을 수 있는 투자수익률의 불확실성을 가리킨다. 재투자위험은 특히 투자기간 동안 정기적인 소득흐름을 발생시키는 투자자산에 투자하는 투자자들의 가장 큰 관심거리다. 생활비를 투자소득에 의존하고 있는 퇴직자의 경우 크게 하락한 투자수익률에 재투자하게 되면 큰 곤경에 처할 수도 있다. 개인의 소비지출의 상당부분을 현재의 투자소득에 주로 의존하고 있는 장애인이나 부양가족들로 유사한 어려움에 부닥칠 수도 있다.

2. 투자자산의 종류에 따른 재투자위험의 특성

재투자위험은 투자수익의 상당부분을 지급하지 않고 만기에 상환받는 경우에는 재투자위험이 거의 없다. 정기적인 소득흐름보다도 자산가치의 상승이 투자수익률에서 차지하는 비중이 크면 클수록 그 자산을 보유하는 데 따르는 재투자위험은 더 작아진다. 보유기간 동안에 현금흐름이 발생하면 만기의 장기, 단기와 관계없이 모두 재투자위험이 존재하게 된다.

실물자산은 정기적인 소득 등 현금흐름보다 자산가치 상승을 목적으로 투자하는 경우이므로 이런 실물자산에 대한 재투자위험은 낮다고 할 수 있다. 다만 사무실빌딩이나 임대주택단지에서의 재산권은 재투자되어야 하는 소득인 현금흐름을 발생시키고 있다. 그러나 현금흐름을 아주 적게 또는 전혀 발행시키지 않는 개발예정지구에 부동산을 보유하면 재투자위험을 감소시킬 수 있다. 재투자위험은 만기가 장기의 투자자산에 투자함으로써 작아진다.

제8절 투자자산의 종류에 따른 시장위험의 특성

1. 시장위험의 개념

시장위험(Market Risk)은 경기변동, 갑작스런 시장의 변화, 그리고 투자대상에 대한 투자자들 간 유행의 변화에 의해서 야기되는 투자수익률의 불확실성을 말한다. 시장위험은 투자대상의 고유위험인 비체계적인 위험과는 달리 어찌할 수 없는 체계적인 위험이다. 특히 금리, 환율, 시장에서의 금융상품에 대한 수요와 공급의 변화 및 변동성은 많은 시장위험을 나타낸다.

2. 투자자산의 종류에 따른 시장위험의 특성

시장위험은 단기간에 보유하고 있는 투자자산을 처분할 필요가 있는 투자자들에게 특히 중요하다. 이 위험은 투자자산의 순환과정에서 특히 가격하락 기간에 자산처분을 해야 하는 경우에 해당한다.

시장위험은 비교적 만기가 긴 투자자산과 관련이 깊다. 따라서 단기재정증권, CD, MMF, 그리고 정기예금 등은 원천적으로 시장위험이 없다고 볼 수 있다. 장기투자자산 중에서 정기적으로 많은 금액의 현금흐름을 발생시키는 자산들의 시장위험은 감소하는 경향을 보이고 있다. 국채 및 우량회사채, 우선주 및 소득창출 부동산과 같은 투자자산들은 투자위험이 크지 않기 때문에 투자자들 간의 유행과 시장상황이 어떻게 전개되든 상관없이 꾸준히 현금흐름을 발생시킨다. 이러한 투자자산의 투자수익 중 상당부분이 매기간의 현금흐름이기에 가격상승의 형태로 투자수익의 대부분을 올리는 투자자산에 비하여 시장변화에 대한 가치의 변화가 대체적으로 훨씬 적다고 할 수 있을 것이다.

 **연습문제**

1. 구매력위험의 개념과 특성을 설명하라.

2. 투자자산의 종류에 따른 이자율위험의 특성을 논하라.

3. 경험위험과 재무위험의 특성을 설명하라.

4. 유동성위험과 시장위험의 개념과 특성을 논하라.

5. 투자자산의 종류에 따른 재투자위험의 특성을 논하라.

포트폴리오 관리

이 장에서 학습하는 내용

- 효율적 분산투자에 대해 이해한다.
  - ▶ 효율적 분산투자
  - ▶ 국내 및 국제분산효과
  - ▶ 자본자산가격결정모형

이 장의 학습목표

- 마코위츠의 효율적 분산투자를 파악한다
- 국내 및 국제 분산투자 효과를 이해한다.
- 자본자산가격결정모형을 응용할 줄 안다.

투자론 산책

글로벌자산배분 펀드로 연 5% 수익 노려라…초저금리 시대 국내외 자산 분산투자 유리

□ 안정적 성과 검증된 자산배분 펀드 주목

돈 냄새에 민감한 주요 기관투자가들과 거액 자산가들은 이미 글로벌 자산배분 실행을 위해 발 빠르게 움직이고 있다. 운용자산이 100조 원이 넘는 우정사업본부는 최근 'UBS글로벌자산운용', BNY멜론은행 계열 운용사인 '인사이트(Insight)', 미국 인덱스펀드 전문운용사인 'SSGA(State Street Global Advisor)' 3곳을 총 3억 달러(약 3,300억 원) 규모의 GTAA(Global Tactical Asset Allocation; 글로벌 전술적 자산배분) 펀드 위탁 운용사로 선정했다. 한국투자공사(KIC)는 이미 5년 전부터 글로벌 자산배분 위탁운용을 시작해 연평균 5% 안팎의 수익을 얻고 있다.

그렇다면 어떤 자산배분 상품을 선택해야 할까. 금융정보업체 에프앤가이드에 따르면 국내 설정된 11개 해외 자산배분 펀드는 지난 6월 11일 기준 연초 이후 평균 2.6%의 수익률을 기록하고 있다. 자산배분 펀드가 주식·채권 등 전통적 금융자산뿐만 아니라 부동산, 원자재 등 다양한 자산에 분산투자해 연 4~5% 수익률을 추구하는 상품이란 측면에서 보면 비교적 괜찮은 수익률이다.

운용 경력이 1년 이상 된 펀드 가운데서는 '미래에셋인사이트', 'JP모간아시아퍼시픽인캄', '신한BNPP Tops아시아자산배분' 등이 안정적인 성과를 기록하고 있다.

미래에셋인사이트의 경우 2007년 글로벌 금융위기 직전 출시돼 수년 동안 성과가 좋지 않았지만 최근 5년 수익률만 놓고 보면 연평균 10% 이상의 성과를 꾸준히 내고 있다. 인사이트 펀드는 투자자산과 지역을 가리지 않고 자산을 분산하지만 상황에 따라 유망 자산과 지역에 집중적으로 투자하는 전략을 취한다. 설정 초기에는 중국 비중이 70% 이상으로 높았지만 현재(2015년 4월 12일 기준)는 미국 70% 이상, 독일 6%, 인도 5%, 스위스 3%, 일본 2% 정도를 각각 투자하고 있다.

JP모간자산운용의 'JP모간아시아퍼시픽인캄'도 최근 1년 7.9%, 최근 2년 15.19%로 매년 7%대 수익률을 안정적으로 내고 있다. 이 펀드는 아시아 주요 고배당 주식, 고금리 채권, 리츠 등에 분산투자한다. 투자대상을 글로벌 전체로 넓힌 'JP모간글로벌멀티인캄' 펀드는 올해 들어서만 100억원 가량의 자금이 몰렸다.

34조 원의 멀티에셋 펀드를 운용하는 로버트 워딩턴 JP모간자산운용 글로벌멀티에셋그룹 포트폴리오매니저가 지난 5월 말 한국을 방문해 "경기 사이클(주기)과 시장 상황에 맞춰 다양한 자산으로 유연하게 자금을 배분해야 꾸준한 투자수익을

얻을 수 있다"고 강조했다. 그는 "최근 가장 주목하고 있는 시장환경 변화 요인은 미국의 금리 인상과 유럽·일본의 지속적인 양적 완화 기조"라며 "미국의 금리 인상은 곧 경제 회복을 의미하고, 유럽·일본도 중앙은행의 통화정책에 따라 당분간 경기 개선세가 이어질 것으로 전망되기 때문"이라고 덧붙였다.

신한BNP파리바자산운용이 2005년부터 10년째 운용하고 있는 '신한BNPP Tops아시아자산배분' 펀드도 꾸준히 연간 5% 수준의 수익률을 내면서 안정적인 자산배분 펀드로서 믿을 만하다는 지적이다. 이 펀드의 최근 5년 누적 수익률은 27%이고, 5년 동안 2011년 한해를 제외하고는 모두 플러스(+) 수익률을 기록했다.

이 밖에 슈로더나 블랙록 등 자산배분 투자에서 오랜 경험을 가진 베테랑 외국계 운용사들은 글로벌 자산배분 펀드를 하반기 전략상품으로 내세우고 마케팅에 박차를 가하고 있다. 지난 6월 한국을 찾은 마레 슈로더운용 멀티에셋 부문 대표는 "자산배분 펀드는 상승장에서 단기 수익률이 뒤처질 수는 있지만 3년 이상 투자하면 낮은 리스크로 적절한 수익을 누릴 수 있다"고 강조했다.

❑ 자산배분 랩어카운트, 거액 자산가 세테크 유리

최근 국내 자산운용사와 증권사들은 글로벌 자산배분 펀드 및 랩어카운트 신상품을 잇달아 내놓고 있다. 차별화된 전문가 집단이 투자자산 및 비중을 1개월 내지 3개월 단위로 주기적으로 조절해 개인 투자자의 고민을 대신해준다는 개념이다.

우선 증권사들이 내놓은 랩어카운트 상품의 장점은 해외주식 투자에 따른 수익금에 대해서는 연간 250만 원까지 비과세 혜택이 주어진다는 점이다. 초과 수익금에 대해서도 22% 양도소득을 분리과세하면 돼 금융상품 투자에 있어서 금융소득종합과세가 가장 걱정스러운 거액 자산가에게 유리하다. 최근 출시된 증권사 자산배분 랩어카운트 상품 가운데서는 △미래에셋증권 '글로벌자산배분랩' △KDB대우증권 '글로벌두루두루랩' △키움증권 '글로벌자산배분 펀드랩' 등을 주목할 만하다.

미래에셋증권은 이미 오래전부터 '글로벌 자산관리 전문가'를 표방하고 있다. 글로벌자산배분랩은 미래에셋의 상품 전문가 그룹이 정량적·정성적 분석을 통해 랩어카운트에 담을 투자상품을 결정한다. 포트폴리오는 채권보다 주식, 주식 중에서도 선진국주식 중심으로 구축되어 있다. 6월 기준 고수익 추구형의 경우 선진국주식 비중이 54%, 중수익 추구형의 경우 이 비중이 32%로 가장 높다. 올해 글로벌경기가 동반 회복 기조를 보여 채권보다 주식투자가 유리한 국면이 전개될 것으로 보이기 때문이다.

박건엽 미래에셋증권 자산배분센터 글로벌자산배분팀 팀장은 "글로벌경기의 위기 발생 사이클이 짧아지고 있는 가운데 국내 자산에서는 매력적인 투자기회를 찾기 쉽지 않은 상황"이라며 "글로벌자산배분 랩을 통해 투자 영역을 넓혀갈 필요가 있다"고 말했다.

　대우증권 글로벌두루두루 랩은 대우증권 리서치센터와 운용부서, 전략부서, 위험관리부서 등이 3개월마다 회의를 열어 도출한 합리적인 시장 전망을 통해 기회가 보이는 자산의 투자비중은 늘리고 위험이 감지되는 자산의 비중은 줄이는 방식으로 운용된다.

　대우증권은 최근 전망을 통해 주식과 채권, 대안자산의 비중을 각각 42%, 40%, 18%로 맞췄다. 글로벌 자산에서 주식의 매력이 약해지긴 했지만 여전히 투자매력이 가장 높은 자산은 주식이라는 판단이다. 국내주식을 포함한 이머징마켓 주식보다 선진국 주식을 투자 우선순위에 두고 선진국에서는 미국, 이머징마켓에서는 인도의 투자 비중을 높게 구성했다.

　키움증권 글로벌자산배분 펀드랩은 키움증권 리서치센터와 랩 전문 운용역, 펀드 전문자문사인 마루투자자문으로 이루어진 전문가 그룹이 구성한 최적의 펀드 포트폴리오에 투자할 수 있도록 설계했다. 최소 가입금액이 100만 원으로 적고 랩 운용 수수료가 연 1%로 저렴한 편이다.

　국내 최대 생명보험사인 삼성생명은 지난 4월 국내외 주식과 채권을 비롯해 헤지펀드·원자재·부동산 등 총 13개 자산에 분산투자하는 '삼성생명 자산배분 특정금전신탁'을 출시했다. 이 상품은 삼성생명의 금융자산 30억 원 이상 거액 자산가 전담 조직인 '삼성패밀리오피스(Family Office)'를 통해 최소 가입 한도 5억 원 이상으로 판매되고 있다.

❏ 자산배분 펀드, 가입액-수수료 부담 적어

　다만 보통의 랩 상품의 경우 최소 가입금액이 보통 1,000만 원 이상이고, 연간 수수료도 2% 안팎으로 비교적 높은 게 단점이다. 초기 가입금액을 낮추고 적립식으로 투자하거나 수수료 부담은 줄이고 싶다면 자산배분 펀드를 선택하면 된다.

　최근 자산운용사들이 출시한 자산배분 펀드로는 △한국투자신탁운용 '스마트펀드셀렉션' △삼성자산운용 '퇴직연금POP펀드로테이션' △신한BNP파리바운용 '퇴직연금 명품펀드셀렉션' △하나UBS자산운용 '행복노하우연금' 등이 있다.

　한국투자 스마트펀드셀렉션 펀드는 투자자를 대신해 자산배분과 펀드를 골라 투자비중과 위험을 관리해주기 때문에 비교적 저렴한 보수로 장기 안정적인 수익률 관리가 가능한 것이 특징이다. 펀드의 총 보수는 A클래스와 C클래스가 각각 연 0.548%(선취 1.0% 이내 별도), 1.148% 수준이다. 최소위험모델(MDP)을 활용해 자산 유형과 펀드 스타일별 투자비중을 결정하고, 비중 조절과 펀드 편출입은 각각 3개월, 6개월 단위로 이뤄진다.

　함정운 한국운용 채널영업본부 상무는 "고령화 저금리 기조 속에서 개인 투자자들이 펀드에 대한 관심은 높지만 직접 선택하고 관리하기는 어렵다"며 "투자 전문가 집단이 이런 고민을 대신해주기 때문에 꾸준한 성과가 중요한 퇴직연금과 개인연금 펀드로 적합한 상품"이라고 설명했다.

　삼성운용 POP펀드로테이션은 국내외 투자 비중을 조절하며 안정적인 장기 수익률 추구하는 상품이다. 국내 퇴직연금 펀드 중 전 분기 수익률 상위 3개 펀드와 가치·중소형·모멘텀 유형 중 2개 펀드 등 총 5개 펀드에 기본적으로 투자하고, 분기 단위로 유망 펀드를 예측해 정기적으로 리밸런싱한다. 또한 국외투자는 유망 선진 시장 및 저평가 국가를 찾고 국가별 투자비중을 나눠, 5개 내외의 해외지수 ETF 투자를 통해 특정 펀드와 특정 지역에만 제한적으로 투자하는 기존 펀드의 단점을 보완했다.

삼성증권 관계자는 "퇴직연금 펀드는 투자기간이 일반 펀드에 비해 길지만, 시장변화에 따라 펀드를 갈아타기는 쉽지 않은 것이 사실"이라며 "퇴직연금에 투자에 대한 중요성이 커진 만큼 포트폴리오 투자를 통한 안정성, 편의성, 수익성을 추구하는 것이 중요하다"고 강조했다.

신한BNP파리바운용 퇴직연금 명품펀드셀렉션은 재간접형 펀드로 자산과 개별 펀드의 특성에 따라 시장 상황에 맞게 투자대상 펀드를 유지 혹은 교체한다. 각종 기관투자가들의 자산배분을 담당했던 경험이 풍부한 전문가들이 투자전략을 담당하고 국내 운용사 최고 수준의 리서치 조직이 측면 지원한다.

BNP 파리바와 연계해 해외 투자자산을 발굴, 해외 펀드에 전체 자산의 최대 50%까지 투자한다.

하나UBS 행복노하우 연금펀드는 하나UBS자산운용, 글로벌 자산관리 금융사인 UBS와 하나대투증권 리서치의 전문적인 글로벌 분석 역량을 결집해 운용된다. 글로벌시장 및 다양한 자산에 분산투자를 하고 은퇴 시기가 다가오면 펀드 내에서 자산배분을 조정해 설정 이후 5년마다 10%씩 위험자산 비중을 축소하고 안전자산 비중을 확대하도록 운용된다.

하나UBS 관계자는 "은퇴 시기가 가까워질수록 '공격적 투자전략'에서 '안정적 투자전략'으로 바꿔감으로써 투자자의 라이프사이클에 따라 자산배분을 손쉽게 할 수 있다"고 말했다.

< 최재원 매일경제 증권부 기자>

제7장 포트폴리오 관리

제1절 효율적 분산투자

1. 마코위츠의 효율적 분산투자

　포트폴리오 이론은 여러 주식에 투자하면 수익률과 위험에 어떤 현상이 발생하는가를 밝힌 이론으로써 1990년 노벨경제학상을 받은 Markowitz에 의해 1950년대에 개발되었기 때문에 Markowitz이론이라고도 한다 이 이론은 모든 투자자들이 위험회피형이라는 가정에서 출발한다. 즉 사람들은 높은 수익률을 원하고 확실한 결과를 선호한다는 것이다. 투자자들이 원하는 목표수익률을 달성하면서 가장 적은 위험을 부담할 수 있는 주식결합을 어떻게 구성하는지를 알려준다. 즉 마코위츠는 "계란을 한 바구니에 담지 마라"는 점을 증명하였을 뿐만 아니라 어떻게 분산투자를 하여야 하는지를 설명해내었고 연금 및 기관투자가에 의해 활용되고 있다.

2. 단순한 분산효과와 국제분산 효과

　여러분이 삼성전자 주식 한 주를 가지고 있다 하자. 이 포트폴리오에 영향을 미치는 위험의 원천은 무엇일까? 이 포트폴리오에 영향을 미치는 위험은 두 가지로 구분할 수 있다. 첫째, 경기순환, 인플레이션, 금리, 환율 등과 같은 일반적인 경제 여건의 불확실성으로 인해 발생하는 시장위험(Market Risk)이 있고, 둘째, 삼성전자만의 요인들, 즉 삼성전자의 R&D성공여부, 경영스타일, 철학 등과 관련된 해당 종목 특유의 위험(Firm-Specific Risk)이 있다.

만약 위의 포트폴리오에 또 한 종목, 예를 들어 SK텔레콤을 추가하여 반반씩 투자한다면 포트폴리오의 위험은 어떻게 될까? 두 종목의 개별위험은 적어도 완전히 같이 움직이지 않는 한 서로 상쇄될 수 있기 때문에 전체 포트폴리오의 위험은 줄어든다. 여기에 그치지 않고 계속 종목수를 늘려가면 어떻게 될까? 종목수를 증가시키면 개별위험들이 서로 상쇄되기에 포트폴리오의 전체위험은 계속 줄어들게 된다. 그러나 아무리 포트폴리오의 종목수를 아무리 늘려도 모든 위험을 제거할 수 있는 것은 아니다. 왜냐하면, 전 종목에 영향을 미치는 시장위험은 사라지지 않기 때문이다. 이와 같이 종목수를 늘려도 제거되지 않는 위험을 분산불능위험(Nondiversifiable Risk) 또는 체계적 위험(Systemic Risk)이라 하고, 종목수를 늘림에 따라 줄어드는 위험을 분산 가능 위험(Diversifiable Risk) 또는 비체계적 위험(Unsystemic Risk)이라 한다. 이를 그림으로 나타내면 [그림 7-1]과 같다.

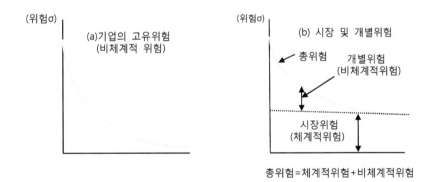

[그림 7-1] 단순한 분산효과(Naïve Diversification Effect)

국내주식들만 포트폴리오를 구성한다면 [그림 7-2]에서 보듯 20개의 종목만을 포함해도 80% 이상의 위험을 제거할 수 있다. 더 이상의 종목증가는 위험 감소에 도움을 주지 못한다. 그러나 외국주식들로 함께 구성하면 국제분산효과가 발생하여 위험이 더욱 감소하는 것을 알 수 있다. 그리고 이때도 물론 20개의 종목이면 되고 종목수를 그 이상 증가해도 위험제거가 되지 않는 것을 볼 수 있다. 이 제거되는 위험은 개별위험, 기업의 고유위험, 비체계적위험, 분산가능위험이라 하고 종목수를 증가해도 더 이상 감소되지 않는 위험을 시장위험, 체계적위험, 분산 불가능위험이라고 한다.

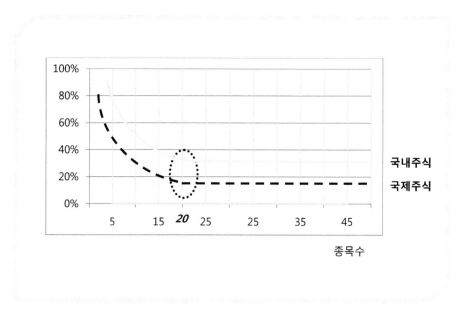

[그림 7-2] 국내 및 국제분산효과

모든 종목들의 수익률을 같이 움직이도록 하는 체계적 위험을 일으키는 요인으로는 이자율 변화, 구매력 변화, 경제성장에 대한 투자자들의 기대의 변화 등을 들 수 있고 개별증권의 위험프리미엄을 결정하는 주요 요인이기도 하다.

비체계적 위험을 일으키는 요인으로는 경영진의 능력과 의사결정, 파업, 원자재의 원활한 조달 여부, 공해방지와 같은 정부의 규제에 의한 영향, 외국기업들의 경쟁력, 그리고 기업의 재무 및 영업레버리지 등과 같은 요인에 의해서 일어나는 개별증권 수익률의 변동성을 말한다.

제2절 자본자산가격결정모형과 한계

1. 자본자산가격결정모형

1960년대 샤프, 린트너, 모신 등에 의해 금융자산의 가격결정 메커니즘 CAPM (Capital Asset Pricing Model)이 개발되었다. 가격결정모델 중 가장 대표적인 본 모델은 위험을 분산이 아닌 시장수익률과 개별자산의 관계(공분산)를 표준화한 베타로 측정하며, 무위험자산의 존재 등 많은 가정에도 불구하고 가장 대표적으로 사용되는 이론이다. 본 모델은 현재 증권의 가치평가, 투자성과평가 및 기업의 자본구조 및 자본예산 등에 사용되며 재무론 전반에 걸쳐 큰 영향을 미쳤다. 즉 개별증권의 요구수익률을 계산하는 데 사용되며, 펀드의 위험조정 수익률을 계산하고 펀드가 위험대비 수익률이 높은지 낮은지를 평가하는 데 지표로도 사용되고 있다.

1990년 마코위츠와 노벨경제학상을 수상한 Sharp는 위험 중 어떤 부분이 분산으로 제거될 수 있으며 어떤 부분이 제거될 수 없는지를 연구하게 되었는데 이의 결과가 자본자산가격결정모형이다. CAPM의 기본적인 논리는 분산으로 인하여 제거될 수 있는 위험을 부담하는 것에 대해서는 위험프리미엄이 존재하지 않는다는 것이다. 앞에서 우리는 위험과 수익률 간에는 상충관계가 있어서 수익률을 높이려면 위험을 추가적으로 부담하여야 한다고 하였는데 CAPM에 의하면 이때 포트폴리오의 수익률을 높이기 위해서는 분산으로 제거될 수 없는 위험을 증가시켜야 한다는 것이다. 즉 체계적 위험은 시장위험 또는 분산불능위험인데 이때 이 위험을 베타(Beta)위험이라고도 한다.

CAPM에 의하면 분산효과에 의해 제거가 가능한 개별위험은 문제가 되지 않으므로 두 포트폴리오의 수익률은 같아야 한다는 것이다.

$$E(r_i) = r_f + \beta i[E(r_m) - r_f]$$

즉, 개별증권의 기대수익률[E(ri)]은 무위험이자율(rf)과 해당증권의 위험프리미엄[E(rm)- rf]의 합계로 구해지는데, 해당증권의 위험프리미엄은 시장위험프리미엄에다 해당 증권의 시장에 대한 민감도를 의미하는데 베타를 곱함으로써 구할 수 있다. 또한 CAPM은 자본예산 의사결정에도 유용하게 사용될 수 있다. 만약 어떤 기업이 새로운 프로젝트를 구상하고 있다면 투자자들이 이 프로젝트에 대해 요구하는 수익률을 계산하는데 CAPM을 활용할 수 있다. 한편 경영자들은 프로젝트의 장애율(Hurdle Rate)을 구하는 데 CAPM을 사용하기도 한다.

2. CAPM의 한계

CAPM의 가정들이 비현실적이고 제약적인 가정들이 많다. 특히 시장포트폴리오에 대한 미래의 기대수익률을 추정하는 문제, 가장 적절한 무위험이자율이 어떤 것인가를 결정하는 문제, 이론이 의미하는 바와는 다르게 실제에 있어서 투자자들은 비체계적 위험을 완전히 무시하고 있지 않다는 실증분석 결과를 어떻게 조화시키는가의 문제 등이 있다.

Roll은 1977년에 CAPM의 실증적 검증이 사실상 불가능하다는 것을 주장하고 그동안 이루어졌던 실증적 검증 역시 문제의 소지가 있다고 주장하였다. 롤의 비판은 매우 정교한 수학적 증명으로 뒷받침되어 있으나, 이를 이해하기 쉽게 핵심내용만을 정리하면 다음과 같다. 첫째, CAPM에서 검증 가능한 유일한 가설은 시장포트폴리오가 효율적 포트폴리오라는 가설뿐이다. 둘째, 사후적으로 과거의 수익률 자료를 이용하여 무한한 수의 효율적 포트폴리오를 만들 수 있다. 셋째, 시장포트폴리오의 정확한 구성을 알고 있지 않은 한 CAPM은 검증 불가능하다는 점이다.

 **연습문제**

1. 마코위츠의 효율적분산투자란 무엇인가 설명하라.

2. 기업에 내재되어 있는 고유위험에 대해 논하라.

3. 체계적위험이란 무엇인가 논하라.

4. 국내분산효과와 국제분산효과에 대해 설명하라.

5. 자본자산가격결정모형의 유용성과 한계점을 논하라.

제3부

효율적시장가설과 시장이례현상

제8장 효율적시장가설
제9장 시장이례현상과 주가변화

제3부의 목표

제3부에서는 시장과 정보에 대한 이해도를 높이고자 하였다. 제8장에서는 효율적시장가설의 개념적 정리와 가장 중요한 각종 뉴스와 정보의 차이에 대한 이해와 해석방법을 알아보고 주식투자의 정석을 배워보도록 하였다. 특히 전설적인 펀드매니저가 왜 전설적 인지의 의미와 시장을 상대로 싸워 수익률을 내는 것이 얼마나 드문 일인가를 이해하도록 하였다. 제9장에서는 비정상적인 시장패턴이 자산가격에 지속적이고 반복적으로 영향을 주는 시장이례현상을 학습하고 시장심리를 파악하여 실전에 응용하도록 하였다.

효율적시장가설

이 장에서 학습하는 내용

- 효율적시장가설이란 무엇인가
  - ▶ 효율적시장가설의 개념
  - ▶ 정보를 어떻게 해석할 것인가?
  - ▶ 주식투자의 정석
  - ▶ 전설적인 펀드매니저

이 장의 학습목표

- 효율적시장가설의 의미를 파악한다.
- 정보의 차이에 대한 해석방법을 연구한다.
- 주식에 대한 정석투자 방법
- 전설적인 펀드매니저의 투자방식을 학습한다.

투자론 산책

효율적시장가설(Efficient Market Hypothesis)

해마다 10월은 노벨상 시즌이다. 올해도 며칠 전 영예의 수상자들이 발표되었다. 경제학상의 경우 "자산가격에 관한 실증 연구에 대한 공로"를 인정받아 유진 파마, 라스 피터 핸슨, 로버트 쉴러의 세 사람이 공동 수상하였다. 이들 중 유진 파마는 금융이론에서 중요한 효율적시장가설의 주창자로 유명하다.

역사적으로 효율적시장가설은 '주식시장의 움직임을 예측할 수 있을까?'라는 질문에서 출발하였다. 이러한 의문은 주식시장의 역사만큼이나 오래된 것이지만 이에 대해 본격적인 연구가 진행된 것은 1930년대 이후였다. 파마는 알프레드 코울스, 모리스 켄들과 같은 선배 연구자들이 축적한 연구 성과 위에서 1960년대에 효율적시장가설을 제시하기에 이르렀다.

이 가설의 골자를 간략하게 소개하면, 투자자들이 합리적이고 정보에 민감하며 이를 이해할 수 있는 지적 능력을 갖추고 있는 효율적시장에서는 금융자산의 가격은 입수 가능한 모든 정보를 반영하여 움직인다는 것이다. 현재의 자산가격이 알려진 모든 정보를 반영하고 있기 때문에 향후 가격의 움직임은 예측할 수 없는 무작위적인 패턴을 보이게 된다. 만약 현재까지 알려진 정보를 고려할 때 가까운 미래에 가격상승이 예상된다면, 사람들이 이를 알고 일제히 매수에 나서게 되고 이에 따라 가격은 즉시 상승하게 된다.

이는 당시 월가에 보편화 한 '기술적 분석'을 통해서는 다른 투자자를 능가하는 수익을 얻을 수 없다는, 당시로써는 의외의 결론으로 이어졌다. 또한 이에 따르면 가격이 내재가치와 동떨어져 형성되는 버블(Bubble)이란 있을 수 없다.

효율적시장가설은 금융이론의 핵심적인 아이디어로 자리 잡았고 그 기본적인 발상에 대해서는 많은 경제학자들이 동의하고 있지만, 실제로 구체적인 데이터를 놓고 분석해 보면 효율적시장가설이 잘 들어맞지 않는 사례도 발견된다. 이에 대해서는 많은 사례가 연구되어 있는데, 한 가지 예를 들면 주가의 움직임이 무작위적이라는 효율적시장가설의 결론과는 달리 과거에 주가수익비율이 낮았던 주식은 향후 더 높은 수익률을 보이는 경향이 나타난다. 또한 미국의 주가가 특별한 악재도 없이 단 하루 만에 22.6% 폭락했던 1987년 10월의 '블랙먼데이'도 효율적시장가설로는 설명하기 어렵다.

효율적시장가설은 2008년의 금융위기를 맞아서 더 큰 비판에 직면하였다. 금융시장의 효율성을 과신한 나머지 버블을 포함한 시장의 리스크를 과소평가하도록 유도하여 금융위기를 방조한 책임이 있다는 것이다.

이번의 수상자 발표가 재미있는 것은 효율적시장가설에 대해 회의적인 입장인 일군의 경제학자들 중 대표라 할 수 있는 로버트 쉴러도 파마와 공동으로 노벨상을 수상했다는 사실이다. 그만큼 금융시장의 효율성과 불완전성에 대한 논쟁은 아직도 진행 중이며 앞으로도 쉽게 종결될 수 없을 것이다.

전문가들이나 관심을 가질 법한 효율적시장가설이 일반인에게도 주는 시사점이 있다. 그것은 다른 상품에 비해 유난히 높은 수익률을 제시하는 금융상품은 항상 주의할 필요가 있다는 점이다. 그런 고수익의 기회가 있다면 왜 다른 사람들은 그 상품에 가입하지 않았을까?

< 한국은행 전북본부 기획조사팀 조사역 노재광 >

제8장 효율적시장가설

제1절 효율적시장가설의 의미

주식시장과 관련된 이론 중에서 효율적 시장가설만큼 오랫동안 논란을 불러일으킨 이론도 없다. 효율적 시장가설은 현재 주가가 시장의 모든 이용 가능한 모든 정보를 반영된 이론이다. 이 이론에 따르면 모든 정보가 이미 주가에 반영되어 있는 마당에 열심히 연구하고 분석하여 투자해봐야 소용이 없는 게 아닌가? 신문의 주식 시세판을 펴놓고 아무거나 찍는 편이 낫다는 말이 아닌가? 이러한 것을 빗대어서 종종 경제학자와 원숭이의 투자결과를 비교하면 원숭이가 더 나을 것이라는 우스갯소리도 회자되곤 한다.

경제학자인 Kendall(1953)은 주가 움직임에 있어서 어떤 예측 가능한 패턴이 있지 않을까 하는 기대 하에 주가의 움직임을 연구하였는데 결과적으로 그는 주가에 어떤 예측 가능한 패턴이 존재하지 않음을 발견하였다. 이러한 주가의 무작위적 움직임(Random Walk)은 주식시장이 변덕이 심하거나 시장이 비합리적으로 움직이기 때문이라고 주장하는 사람들도 있었지만 이러한 주가의 무작위성은 오히려 주식시장의 효율성을 나타낸다고 할 수 있다. 시장이 새로운 정보에 대해서 움직이지 않고 가만히 있다면 그것이야말로 비효율적인 시장이 아닐 수 없다는 것이다.

만약 시장이 효율적이라면 새로운 정보가 있을 때 이 정보가 주가에 즉각적으로 반영될 것이다. 이는 다시 말해서 시장이 효율적이라면 주가는 그 당시 이용가능한 모든 정보를 이미 반영하고 있어야 한다는 말이다. 이것을 효율적 시장가설(Efficient Markets Hypothesis: HMH)이라 하며 이 가설은 Fama (1970)

에 의해서 주장되었다. 그는 주가는 이미 알려진 모든 정보를 반영하고 있어야 하기 때문에 새로운 정보(New Information)에 대해서만 반응을 보일 것인데, 새로운 정보라는 것은 정의상 예측이 불가능한 것이기 때문에(예측 가능하다면 그것은 이미 새로운 정보가 아니다) 이에 따른 주가 변화도 예측이 불가능하다는 것이다

제2절 정보의 해석

시장이 얼마나 효율적으로 움직이는가 하는 것은 실제 주가의 움직임을 보면 〈표 8-1〉과 같이 잘 나타난다. 만일 일자리가 5만 개 정도 줄어들 것이라고 시장에서 기대하고 있었는데 실제 발표뉴스에서는 단지 3만 개 정도만 줄었다고 하면, 이는 실제로는 일자리가 줄어들었지만 2만 개가 덜 감소하였으므로 "호재 경제뉴스"가 되어 주가가 상승한다. 또한 일자리가 5만 개 정도 증가할 것이라고 시장에서 기대하고 있었는데 실제 발표뉴스에서는 3만 개가 증가했다면, 이는 실제로는 3만 개가 증가했지만 시장에서의 기대보다 2만 개가 줄어들었으므로 "악재 경제뉴스"가 되어 주가가 하락한다. 또한 기업의 예상 매출액 증가율이 20%, 예상 영업이익률이 15%였다면 실제 매출액과 영업이익률이 전년대비 증가하였어도 예상 매출액 증가율과 예상 영업이익률에 미치지 못하였다면 그 기업의 주가는 하락하게 된다.

표 8-1 정보(발표뉴스)의 해석방법

발표뉴스(a)	시장에서의 기대치와 예상치(b)	(a-b)=+/-	시장반응
실업 5만	실업 3만	− 2	악재(하락)
고용 5만	고용 3만	+ 2	호재(상승)
매출액증가율 20%	예상 매출액증가율 30%	− 10	악재(하락)
영업이익률 15%	예상 영업이익률 10%	+ 5	호재(상승)

어떤 기업의 영업이익이 별로 좋지 않다고 발표될 것이 예상된다면 이미 그 기업의 주가는 이를 반영하고 있다. 실제 수익이 예상한 만큼 나쁘지 않다고 발표가 나면 주가는 수익발표 후 오히려 상승할 것이다. 이러한 논리는 주식 뿐만 아니라 채권, 외환, 유가 등 모든 시장변수에 적용된다.

따라서 시장의 움직임을 이해하기 위해서는 발표자료에 대한 시장의 기대치와 예상치가 무엇인지를 알고 있어야 한다. 요즘 시장에서는 다양한 리서치 기관, 증권분석가, 경제전문가, 전문 예측가들이 이러한 정보를 끊임없이 창출하고 입수해서 언론 또는 인터넷 등에 알리고 있으므로, 시장의 예상치를 입수하는 데 큰 어려움이 없다. 물론 이러한 시장의 예상치보다 실제 발표내용이 좋을지 나쁠지를 아는 것은 별개의 문제이다.

제3절 효율적시장가설의 분류

효율적시장가설에 의하면 모든 이용 가능한 정보가 이미 주가에 반영되어 있다고 한다. 이때 정보가 어떤 정보까지를 포함하느냐에 따라 약형(Weak-Form)EMH, 준강형(Semi Strong-Form)EMH, 강형(Strong-Form)EMH의 세 가지 형태로 분류된다. 즉, 정보집합의 크기에 따라 세 가지 가설로 구분되는데 이를 그림으로 표시하면 [그림 8-1]과 같다.

약형 효율적시장가설(Weak-Form EMH)은 정보집합으로 과거주가나 거래량 등 시장 거래자료를 의미하는데, 약형 EMH에 의하면 주가에는 이미 모든 과거의 주가자료나 거래량 자료 등이 반영되어 있어서, 이들은 이용한 투자전략은 시장수익률 이상의 수익률을 달성할 수 없다는 말이 된다. 이 말은 만약 약형 EMH가 맞는다면 주로 기술적 분석(Technical Analysis)을 통해 초과수익률을 낼 수 있다고 생각하는 많은 도표론자(Chartist)들의 설 자리는 없다는 말이 아닌가?

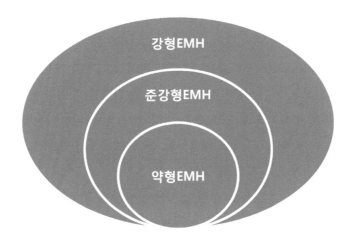

[그림 8-1] 효율적시장가설의 종류

　그렇지 않다. 약형 EMH가 의미하는 것은 그런 말이 아니라 오히려 수많은 투자자들이 기술적 분석을 활용하여 주가나 거래량의 추세를 분석하고 연구하기 때문에, 시장이 더욱 효율적으로 되고 주가가 이런 정보들을 더욱 잘 반영할 것이라는 것이다. 따라서 이런 도표분석가들의 작업이 의미가 있고 중요한 일이 되는 것이다. 또 한편 도표분석을 통하여 새로운 정보(New Information)를 획득한다면 그것은 말 그대로 새로운 정보이기에 주가에 반영되어 있지 않을 것이고 그와 같은 정보가 맞는다면 초과수익을 낼 수 있는 것이다. 효율적시장가설이 의미하는 것은 이미 알려진 정보를 이용하여 초과수익을 낼 수 없다는 것이지 모든 정보가 의미가 없다는 말은 아님을 오해하지 않도록 해야 한다.
　준강형 효율적시장가설(Semi-Strong-Form EMH)은 정보집합으로 과거 주가관련 정보뿐만 아니라 기업의 전망과 관련된 모든 공적자료(Public Information), 즉 공개된 정보자료를 의미한다. 준강형 EMH에 의하면 주가에는 이미 모든 과거 주가관련 정보나 공적인 정보가 반영되어 있기 때문에, 이들 공적정보를 이용한 투자전략은 시장수익률 이상을 달성할 수 없다는 말이 된다. 이것은 만약 준강형 효율적시장가설이 맞는다면, 해당 기업에 대한 모든 공적정보를 분석하여 초과수익을 낼 수 있다고 생각하는 기본적 분석가(Fundamental Analyst)들의 노력이 허사라는 말인가? 이 경우에도 그렇지 않다.

준강형 EMH가 의미하는 것은 오히려 수많은 증권분석가들이 기본적 분석을 통하여 내재가치(Intrinsic Value)를 구하고 분석하고 있기 때문에, 시장이 더욱 효율적으로 되고 주가가 이런 정보를 더욱 잘 반영할 것이라는 것이다. 따라서 이런 기본적 분석이 더욱 중요하고 의미 있는 일이 되는 것이다. 또한 기본적 분석을 통하여 어떤 기업에 대한 새로운 정보를 발견한다면 당연히 그 분석가는 초과수익을 낼 수 있을 것이다.

그런데 조심해야 할 것은 열심히 분석해서 남들이 모르는 새로운 사실을 발견하였다고 생각되는 경우 대부분은 실제로 이미 시장이 알고 있는 경우가 허다하기에 실패하는 경우가 많다는 것이다. 즉, 이러한 사실은 시장이 매우 효율적으로 움직인다는 것을 뒷받침하는 것이고, 시장이 모르는 새로운 정보를 얻기가 얼마나 어려운가를 나타내는 것이다.

강형 효율적시장가설(Strong-Form EMH)은 정보집합이 내부정보(Inside Information)를 포함한 모든 정보를 의미하는데 강형EMH에 의하면 주가에는 이미 공적정보는 물론 모든 사적정보(Private Information)까지도 다 포함되어 있기에 어떤 경우에도 시장수익률 이상의 초과수익률을 낼 수 없다는 가설이다. 기업내부정보란 기업 내부의 핵심인물(Insiders), 즉 회장, 사장, 중역 등 경영진 등이 알고 있는 정보를 의미하는데, 이를 이용한 투자전략도 초과수익률을 달성할 수 없다는 매우 강력한 가설이다. 실제로 기업의 공표되지 않은 내부정보는 시장이 모르는 새로운 정보일 가능성이 크기 때문에, 이 가설은 성립하기 어려운 것으로 볼 수 있지만, 시장이 매우 효율적이라면 이러한 내부정보까지도 신속히 반영될 수 있기에 꼭 그런 것은 아니다.

제4절 효율적시장가설과 주식투자의 정석

효율적시장가설(EMH) 자체는 지속적인 초과수익률 달성이 불가능하다고 말하기보다는 새로운 정보나 새로운 분석능력이 있다면 오히려 초과수익률 달성이 가능하다고 해석해야 한다. 단지 지속적으로 시장이 알지 못하는 새로운 정보나 새로운 분석능력을 갖출 수 있느냐가 결국 문제가 될 것이다. 결국 관건은 정보인데 새로운 정보이거나 이미 알려진 정보이더라도 이를 이용하는 새로운 분석기법이 있다면 비정상수익률의 달성이 가능한 것이다.

그런데 개인투자자들의 경우 과연 시장보다 나은 정보를 얻을 수 있는가? 아니면 주어진 정보를 분석하여 새로운 사실을 유추할 능력이 있는가? 대부분의 개인투자자들의 경우 그럴 능력도 없지만 그럴 시간도 없을 것이다. 또한 그런 일만을 전문적으로 하는 전문투자자들조차도 시장을 이기기 어렵다는 것을 알아야 한다. 그렇다면 우리의 선택은 자명해진다.

만약 효율적시장가설이 성립한다면 적극적인 투자전략(Active Investment Strategy)보다는 수동적인 투자전략(Passive Investment Strategy)이 바람직하다. 수동적 투자전략은 종목선택이 어렵기 때문에 종목선택보다는 분산포트폴리오를 구성한 후 장기적으로 보유하는 전략(Buy & Hold Strategy)을 구사할 것을 제시하고 있다. 그리고 이는 미국의 경우 인덱스펀드의 출현으로 이어졌고 뮤추얼펀드의 전성기를 가져오게 되었다. 인덱스펀드(Index Fund)는 종합주가지수와 같은 시장의 전반적인 움직임을 나타내는 지수들을 모방하기 위해 만들어진 펀드로서 대표적인 수동적인 투자전략을 의미하는 것이다.

만약 시장이 효율적이라면 신문지의 주식 시세표란을 펴놓고 아무 주식이나 고르면 되는 것인가? 아마 이런 생각으로 이번 장을 끝내는 학생들이 많을 것이다. 그러나 시장이 효율적이라 하더라도 합리적인 포트폴리오 관리를 하여야 한다. 포트폴리오를 선정할 때 기본원칙은 분산효과를 높이는 것이다. 비록 모든 주식들이 공정하게 가격이 매겨져 있다 할지라도 각각의 주식은 분산을 통하여 제거될 수 있는 그 주식 특유의 위험을 여전히 가지고 있다. 그러므로 효율적시장에서도 합리적인 주식선택은 분산화가 잘 이루어진 포트폴리오의 선택이 필요하다. 그뿐만 아니라 그 포트폴리오는 투자자가 원하는 체계적 위험수준을 맞춰주어야 한다. 결론적으로 효율적시장하에서도 투자자들은 본인들에게 가장 적합한 위험과 수익조합을 선택해야만 한다.

합리적인 투자정책은 또한 투자자들로 하여금 주식선택을 하면서 세금을 고려할 것을 요구한다. 고소득자는 높은 한계세율을 적용받으므로 자본이득이 많이 발생하는 주식이나 장기채가 적당한 투자대상이 된다. 저소득자는 한계세율이 낮으므로 고배당주식이나 단기채에 투자하는 것이 유리하다. 투자자들의 나이에 따라서도 투자정책이 달라져야 한다. 나이가 많은 투자자들은 수익성이나 성장성보다는 유동성확보가 우선순위가 될 것이고, 젊은 투자자들은 유동성보다는 수익성이나 성장성을 선호할 것이기 때문이다.

결론적으로 효율적인 시장에서도 분명 포트폴리오 관리의 역할이 있다는 것이다. 투자자의 최적 포지션은 나이, 한계세율, 위험회피도 등과 같은 요인들에 따라 변하기 때문이다. 효율적시장에서의 포트폴리오 관리자의 역할은 시장을 이기려고 노력하는 것이 아니라(보다 많은 수익률을 얻으려고 하는 것이 아니라) 이러한 투자자의 요구에 맞게끔 포트폴리오를 구성하는 것이다.

제5절 전설적인 펀드매니저의 의미

미국의 뮤추얼펀드나 우리나라 뮤추얼펀드 또는 투자신탁펀드는 그 펀드 설립목적 자체가 전문적으로 증권투자를 하여 이익을 올리는 데 있으므로 충분한 조사비용과 막강한 인력으로써 투자대상기업을 분석한다. 이들 펀드는 분석대상기업에 대해 어느 투자자보다 더 많은 정보, 심지어는 사적정보까지도 알고 있는 것으로 간주한다. 따라서 이들 펀드가 지속적으로 비정상수익률을 올릴 수 있는지는 강형 효율적 시장가설을 검증하는 방편이 될 수 있다.

Jensen(1969)은 115개의 뮤추얼펀드에 대한 10년간의 데이터(1,150개의 연간 관찰치)를 사용하여 그와 같은 검증을 하였다. 구체적으로 그는 1,150개 자료로부터 CAPM을 이용하여 비정상수익률 알파(α)를 계산하고, 양의 알파가 그 다음 여러 해에도 계속 유지되는지를 조사했다.

표 8-2 Jensen의 뮤추얼펀드 성과

계속 양의 알파가 나온 횟수	자료 수	다음 해 양의 알파가 계속된 경우(%)
1	574	50.4
2	312	52.0
3	161	53.4
4	79	55.8
5	41	46.4
6	17	35.3

〈표 8-2〉 Jensen의 뮤추얼펀드 성과를 보면 1,150개의 펀드 중 574개 펀드가 양(+)의 알파를 보여 그 비중은 50%이다. 이렇게 양의 알파를 보인 574개 펀드 중 다음 해에도 계속 양의 알파를 유지한 펀드 수는 50.4%였다. 지금까지 보면 양의 알파를 갖는 것이 동전 던지기와 같이 반반의 확률인 것처럼 보인다. 두 번째 행을 보면 두 번의 연속적인 양의 알파를 갖는 경우가 312번 관찰되었음을 보여준다. 이 중에서 52.0%가 다음번에도 양의 알파를 갖는 것으로 나타났다.

계속해서 보면 세 번 연속해서 양의 알파를 보인 경우 네 번째에도 양의 알파를 보일 확률이 55.8%로 나타났다. 5행과 6행의 결과를 보면 다음번에도 계속 양의 알파를 보일 확률이 급격히 줄어듦을 보여 지속적으로 시장을 이길 수 있는 우월한 펀드매니저가 매우 적음을 알 수 있고 따라서 강형 효율적시장가설(EMH)을 부인할 수 없었다.

한편 투자의 달인 또는 월가의 영웅이라 불리고 있는 Peter Lynch나 Warren Buffet, John Templeton 등 몇몇이 보여준 엄청난 성과는 효율적시장가설에 반하는 증거라고 볼 수 있지 않을까? 물론 이들이 지속적으로 시장을 초과하는 수익을 올린 것이 사실이지만 Paul Samuelson도 말했듯이 이것은 수많은 전문투자자들 중의 극히 일부이기 때문에 오히려 그만큼 주식시장을 이기기가 얼마나 어려운지를 나타내는 증거로 보아야 하고 그래서 시장을 이기기가 매우 힘들고 희귀하기에 전설적이라고 보아야 한다는 것이다.

연습문제

1. 효율적시장가설의 의미를 설명하라.

2. 투자론적 관점에서 정보를 어떻게 해석해야 하는가 논하라.

3. 약형EMH, 준강형EMH, 강형EMH를 설명하라.

4. 효율적시장가설에 따른 합리적인 투자전략은 무엇인가 설명하라.

5. 전설적인 펀드매니저가 시사하는 바를 논하라.

시장이례현상과 주가변화

이 장에서 학습하는 내용

- 시장이례현상과 주가변화
  - ▷ PER효과/규모효과/1월효과/주말효과 개념
  - ▷ 승자와 패자포트폴리오의 이해

이 장의 학습목표

- 시장이례현상의 개념을 이해한다.
- 시장이례현상의 종류를 연구하여 주가변화를 예측해본다.

투자론 산책

▶ 현재 대형주가 강한 것은 한국시장의 연말 효과 때문
▶ 연말 효과와 같은 calendar effect는 총 4가지 범주로 나누어 볼 수 있다.
▶ 한국시장의 calendar effect 총정리 / January effect 사례를 통해 본 시사점과 활용 방안

❏ 12월에 대형주가 강한 것은 어제오늘 일이 아니다

12월 들어 대형주와 소형주 간의 양극화 현상이 뚜렷하다. 올해만 아니라 과거에도 유난히 연말만 되면 대형주가 소형주보다 강했다. 최근 10년간 데이터를 살펴보아도 12월에는 대형주가 시장보다 아웃퍼폼(Outperform)했던 확률이 70%인 반면, 소형주는 20%에 불과하다. 시장대비 초과수익률도 대형주는 0.4%p이고 소형주는 -3.8%p로 유난히 대형주가 강한 모습이다.

이는 한국시장에서 볼 수 있는 일종의 이례(Anomaly) 현상이다. 이례 현상 중 가장 대표적인 것이 1월 효과(January Effect)인데, 연말에 대형주가 강한 것도 1월 효과와 같은 달력 효과(Calendar Effect)의 일종으로 볼 수 있다. 이러한 이례 현상을 활용하면 투자에도 많은 도움이 될 수 있다. 예를 들어 12월에 대형주가 강하다면, 12월 전에 미리 대형주를 매수하면 되기 때문이다.

이에 본 보고서에서는 국내 증시에서 볼 수 있는 달력 효과를 총 4가지 범주로 나누어 분석한 후, 가장 대표적 이례 현상인 1월 효과 사례를 통해 투자자들에게 주는 시사점을 알아보고자 한다.

첫째 "연말연초" 효과
둘째 "배당시즌" 효과
셋째 "여름휴가" 효과
넷째 "성수기 비수기" 효과

❏ 국내 증시의 4 가지 Calendar Effect

첫째, 연말연초 효과가 있다. 이는 연말에는 대형주, 연초에는 소형주가 강세를 보이는 현상이며, 구체적으로 12월에는 대형주 강세, 중소형주는 약세이고 과도기적인 1월을 거쳐 2월에는 대형주가 약세, 중소형주는 강세인 모습을 보인다.

이러한 현상의 근본 원인은 일시적 유행이 아니라 투자자들의 리스크 감내 능력(Risk Tolerance)과 관련된 시기적 특성과 관련되어 있다.

둘째, 배당시즌 효과이다. 단순하게 생각하면 연말에 고배당주 투자가 좋을 것 같다. 그러나 연말 배당은 대부분의 투자자가 주지하고 있는 사실이다 보니 남들보다 한발 앞서 매수하려는 움직임으로 인해 최적 매수 시기는 12월이 아니라

그 이전이다. 3월이 결산월인 증권주도 3월에 오히려 수익률이 좋지 않고 2월에 선취매하는 경향이 뚜렷해 보인다.

셋째, 여름휴가 효과를 들 수 있다. 흔히 서머랠리(Summer Rally)라고도 하며 여름 휴가를 앞둔 시기에 주가가 단기 급등하는 현상이다. 그러나 정작 서머랠리의 본고장인 미국 시장의 7월 수익률은 그리 신통치 않다. 다만 7월달의 대형주 상대 강도가 가장 높은 점은 주목할 필요가 있으며, 이것 또한 투자자들의 리스크 감내 능력의 시기적 변화와 관련이 깊다. 결론적으로 여름은 중소형주를 투자하기에 좋지 않은 시기다.

넷째, 분석에 가장 많은 공을 들인 업종별 성수기비수기 효과가 있다. 업종 분석은 다른 분석에 비해 고려해야 할 요소가 많은데, 특히 정량적인 부분만이 아니라 정성적인 부분도 감안해야 한다. 애널리스트 보고서나 언론에서 말하는 특정 업종의 성수기 또는 비수기 시점과 유의미한 관계가 있을 경우 정성적인 측면에서도 계절성이 있다고 판단하는 방법을 사용했다.

❑ January Effect 사례의 시사점과 달력 효과 활용방안

달력 효과와 같은 이례 현상은 시장의 비효율성 때문에 발생한다. 결국 대부분의 투자자가 이러한 이례 현상을 인지하고 실제 투자에 적극적으로 활용할 경우 시장은 효율적으로 변하고 이례 현상을 활용한 투자 기회는 줄어든다. 이런 점을 가장 잘 보여주는 것이 미국시장의 **January Effect**(1월 효과) 사례이다. 1월 효과는 1월 주가가 다른 달에 비해 많이 오르는 현상인데, 80년대까지만 해도 미국에서 1월 효과는 존재했다. 그런데 80년대 이후 1월 효과와 관계된 여러 논문들이 쏟아지기 시작한 이후 투자자들이 1월 전에 미리 매수하다 보니 90년대에는 1월 효과가 12월로 앞당겨졌다. 심지어 2000년 들어서는 1월 효과가 11월까지 앞당겨진 상황이다. 이처럼 대부분의 투자자가 알고 있는 사실의 경우 그 사실이 많이 알려지기 전에는 유의미한 정보였을 수 있지만 현재는 그렇지 못한 경우가 많다. 사실 앞서 언급한 4가지 달력효과도 이름만 보면 모두 실제 시장에서 많이 이야기되는 내용이다. 그러나 단순히 피상적으로 알고 있는 것과 그러한 현상이 발생하는 원인과 결과를 정교하게 파악해 전략적으로 활용하는 것과는 다르다.

예를 들어 첫 번째 연말연초 효과의 경우에도 연말에는 산타랠리, 연초에는 1월 효과 등으로 인해 단순히 주식이 많이 오른다는 정도로만 알려져 있고, 대형주와 소형주의 상대 강도 측면으로 이해하고 있는 사람은 그리 많지 않다. 또한 연말 연초 효과 발생의 근본 원인이 투자자들의 근본적인 계절적 리스크 감내 능력과 관련된 부분이기 때문에, 특별히 이러한 계절성을 노리고 수익을 창출하고자 하는 전문적인 투자자들이 급증하지 않는 이상 향후에도 당분간 연말연초 효과는 지속할 가능성이 높다.

이러한 내용들은 매월 정기적으로 업데이트 하는 주식 선정 Factor 모델인 Basic 알파 모델에도 계절조정 Factor 요인으로서 반영할 예정이다.

< 대우증권 퀀트분석 신일평>

제9장 시장이례현상과 주가변화

제1절 시장이례현상의 개념

　시장이례현상이란 자산의 가격에 이론가격으로 설명되지 못하는 부분이 체계적이고 지속적으로 나타나는 현상을 말하는데 시장이례현상이 자산가격결정에 체계적이고 지속적인 영향을 미친다면 투자자들은 그 정보를 이용하여 보다 나은 투자전략을 수립할 수 있다는 말이 된다. 지금까지 문헌에 나타난 국내외의 대표적인 시장이례현상을 분류하면 [그림 9-1]과 같다

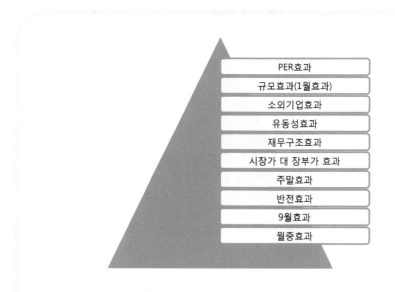

PER효과
규모효과(1월효과)
소외기업효과
유동성효과
재무구조효과
시장가 대 장부가 효과
주말효과
반전효과
9월효과
월중효과

[그림 9-1] 시장이례현상

<h1 style="text-align:center">제2절 대표적 시장이례현상</h1>

 ## 1. PER효과

(1) PER의 개념

PER(Price Earnings Ratio)효과란 Basu(1977, 1983)가 주장한 이론으로 PER 값이 낮은 주식의 수익률이 위험을 조정한 후에도 PER값이 높은 주식보다 체계적으로 수익률이 높게 나타나는 현상을 말하며 P/E효과라고도 한다. PER비율과 같이 간단한 지표를 이용하여 비정상수익률을 계속 낼 수 있다면 이것은 정말 놀라운 일이 아닐 수 없다. 우리나라의 경우에도 오세경(1994)과 선우석호 외 5인(1994)의 연구결과를 보면 PER효과가 지속적으로 발생하고 있음이 보고되었다.

PER(Price Earnings Ratio)의 개념을 분석해보면 주가(P)를 주당순이익(EPS: Earnings Per Share)으로 나눈 것으로 주가수익비율이라 하며 단위는 배이다. PER는 주가가 주당순이익의 몇 배 인지를 나타내 줌으로서 투자판단의 지표로 사용된다.

주당순이익(EPS)이란 기업이 주식 1주당 얼마만큼의 이익을 창출하였는지를 나타내는 지표로 기업이 1년간 벌어들인 수익에 대한 주주의 몫이 얼마인지를 알려준다. 주당순이익(EPS)는 한 해의 당기순이익을 기업의 총발행주식수로 나누어 계산한다.

(2) PER 효과와 한계점

아래의 PER를 설명하면 주가(P)의 경우에는 ①과 ②, 주당순이익(EPS)의 경우에는 ③과 ④의 경우이다. 여기에서 저PER란 무엇인가? 바로 주가(P)는 그대로인데 ③처럼 주당순이익(EPS)이 증가하거나, 주당순이익(EPS)은 그대로인데 주가(P)가 ①처럼 하락하는 경우이다.

$$PER = \frac{①\downarrow \ \textbf{주 가(P)} \ \uparrow② }{③\uparrow \ \textbf{주당순이익(EPS)} \downarrow ④}$$

[그림 9-2] PER

다시 말해서 ③의 저PER주란 주당순이익(EPS)이 증가하였는데도 아직 주가에 반영되지 않은 상태로 곧 주가(P)에 반영이 될 예정인 상태인 것이다. ①과 같이 주당순이익(EPS)은 그대로인데 주가(P)가 하락하여 저PER가 되는 경우에는 요주의 기업인 것이다. 대표이사의 불량한 사생활, 루머, 거래처의 도산, 장기계약의 파기, 대규모 리콜사태 등 여러 가지의 부정적인 정보가 선반영되어 주가의 하락을 가져온 경우이다. 일반적으로 산업마다, 업종마다 좀 차이가 있지만 PER값 10배를 기준으로 저PER와 고PER를 구분하기도 한다.

다음 고PER란 무엇인가? 바로 주당순이익(EPS)은 그대로인데 ②처럼 주가(P)가 상승하거나, 주가(P)는 그대로인데 주당순이익(EPS) ①처럼 하락하는 경우이다.

다시 말해서 ②의 고PER주란 주당순이익(EPS)이 그대로인데 주가(P)가 상승하는 경우로 신기술개발, 거래처와의 장기계약성사, 성공적인 투자계약, 벤처기업인 경우 등 아직 매출에는 반영이 안 되었지만 좋은 정보가 선반영되어 주가(P)가 상승한 경우이다. 이 경우에는 고PER라 해도 좋은 주식이라 할 수 있다. 반면 ④처럼 주가(P)는 그대로인데 주당순이익(EPS)이 낮아 고PER인 경우는 과대평가된 경우로 투자시 경계 대상이다. 여기에는 한계점이 있다. 주당순이익(EPS)에서 사용되는 당기순이익은 전년도 회계적인 이익으로 주가(P)처

럼 실시간을 반영하고 있지 못하기에 PER를 활용한 가치투자를 할 경우에는
가장 최근의 이익의 증감현황과 패턴을 반영하여 계산하여야 한다.

예를 들면 현재 A기업의 주가(P)가 10,000원이고 주당순이익(EPS)이 2,000
원이다. 이 기업의 PER는? PER는 주가(P)가 주당순이익(EPS)의 몇 배인지를
나타내주기 때문에 해당 기업의 PER는 5이다. 즉, 주가(P)가 주당순이익(EPS)
의 5배라는 의미이다. 즉 A기업은 1주당 2,000원만큼의 이익을 창출하고 있으
며 이에 대해 시장에선 1주의 가치를 주당순이익(EPS)의 5배인 10,000원으로
평가하고 있다는 의미이기도 하다.

(3) PER 효과의 두 가지 활용 방법

PER를 활용한 정보는 2가지, 즉 기업의 미래 주가를 예측하는 방법과 주식
투자에 대한 기대수익률을 구하는 방법이다. 첫째, 미래주가를 예측하는 방법
을 살펴보자. 미래주가를 예측하려면 먼저 PER로 주가를 구하는 방법에 대해
서 알아야 한다. PER로 주가는 어떻게 구할까? 바로 PER에 주당순이익을 곱
하는 것이다. 왜냐하면 PER는 주가(P)/주당순이익(EPS)이기 때문이다.

따라서 주가(P)는 다음과 같이 구할 수 있다. 그럼 미래주가는 어떻게 구할
까? 위의 방법과 같다. 다만 PER에 주당순이익(EPS)을 구할 때 현재의 주당순
이익이 아닌 미래의 예측된 주당순이익을 곱하는 것이다. 그러면 미래의 주당
순이익이 반영된 미래의 주가를 구할 수가 있다.

$$PER = \frac{주가(P)}{주당순이익(EPS)} \quad 이므로$$

$$\frac{주가(P)}{주당순이익(EPS)} = PER \times 주당순이익(EPS) = 주가(P)$$

[그림 9-3] PER로 주가(P)구하는 법

둘째, PER로부터 투자한 주식에 대한 기대수익률을 구하는 방법이다. 이것 역시 PER의 산식을 활용하는 데 역발상을 이용한다. 바로 PER의 역수를 취하는 것이다.

$$\text{기대수익률} = \frac{1}{PER} = \frac{EPS}{P}$$

[그림 9-4] PER로 기대수익률 구하는 법

즉, PER는 주가/EPS이기에 PER의 역수를 취하면 범분수로 계산해주면 된다. 따라서 기대수익률은 PER의 역수, 즉 기대수익률=EPS/P가 되는 것이다.

예를 들면, 주가(P)가 10,000원이고 EPS가 1,000인 기업이 있다고 하자. 이 기업의 PER는 10(10,000/1,000=10)이다. 기대수익률을 구하기 위해 PER에 역수를 취하면 1/10=0.1이 된다. 즉 이 기업에 투자했을 때 기대수익률은 10%가 된다. 왜냐하면 내가 이 기업의 주식을 10,000원에 샀을 때 배당금으로 1,000을 받으면 투자수익률이 10%가 되기 때문이다. 그렇기에 내가 이 기업의 주식을 10,000원을 주고 매수할 때는 10%의 수익을 기대하고 매수하게 되는 것이다. 그리고 한 가지 더 알 수 있는 정보는 위의 사례에서 배당으로 투자원금을 돌려받으려면 주식미처분시에는 10년이 걸린다. 왜냐하면 매년 1,000원의 배당을 받아 투자원금의 10,000원을 달성하려면 1,000원의 배당을 열 번을 받아야 하니까 원금회수기간은 10년이 되는 것이다.

(4) PER를 이용한 투자방법

① 고평가된 PER의 주식에 투자
고평가된 PER의 주식에 투자를 하는 것은 미래 성장성이 높은 기업을

선택해서 투자하는 것이다. 즉 주가는 높은데 EPS는 평균적인 수준의 기
업을 찾아서 투자하는데 보통 벤처기업과 같은 중소기업에 투자하는 것
이다. 중소기업 분야도 다양한데 그 중 벤처기업이 중소기업의 대표적인
케이스이다. 이러한 벤처기업은 성장잠재력이 매우 높다. 그래서 이익은
적으나 주가는 높은 경우가 대부분이다. 따라서 고평가된 PER의 주식에
투자할 때는 미래의 성장성이 제일 클 것으로 기대되는 기업을 발굴해내
서 투자하는 것이다. 창출하는 이익의 크기에 비해 주가가 비정상적으로
높지만 미래를 내다보고 투자하는 것이다.

② **저평가된 PER의 주식에 투자**

저평가된 PER의 주식에 투자하는 것은 매우 우량한 기업인데도 불구하
고 시장의 주목을 받지 못하여 제 가치를 인정받지 못하는 기업을 찾아
내어 투자하는 방법이다. 이러한 기업을 찾을 때는 무작정 PER가 저평
가되었다고 투자하는 것이 아니라 재무구조가 튼튼한지 영업능력은 탁월
한지도 분석하여 이익도 꾸준히 창출되고 있는지를 반드시 분석한 후 우
량한 기업이라는 것이 밝혀졌을 때 무작정 투자하는 것이 아니라 우량한
기업임에도 불구하고 주식의 가격이 낮을 때 투자를 하는 것이다. 즉 저
가에 매수했다가 기업이 시장에서 자기의 가치를 적절하게 평가받아서
주가가 적정가치로 회귀하면 해당 기업의 주식을 매도하여 시세차익을
남기는 투자방법이다. 대부분 가치투자에서 말하는 저평가된 주식을 매
수하라는 것이 바로 이런 투자방법이다.

(5) PER를 이용한 투자 시 유의점

PER가 보편적으로 투자지표로 많이 활용되고 있는 것은 사실이나 PER가 성
공적인 투자를 보장하는 완벽한 투자지표가 아니라는 점이다. 그런데도 투자
자들이 PER를 고려하는 이유는 PER를 이용하면 이용하지 않았을 때보다 더
안전한 투자를 할 수 있다는 점이다. 그런 점에서 PER이용시 유의점을 살펴보

면 첫째, PER를 계산할 때 분자에 일정기간의 주가평균을 사용하는 것이 바람직하다. 둘째, 분모에는 다음 기의 예측된 주당이익을 이용하는 것이 좋다. 예측이 힘들 경우에는 최근 12개월의 평균주당이익을 사용하는 것이 좋다. 셋째, 주당이익인 EPS를 계산할 때 발생주식수에 전환증권의 발행 등으로 희석화되는 주식수가 포함될 수 있으니 이를 확인해야 한다. 넷째, 산업평균 PER를 계산할 때 (-)PER가 존재하는 기업도 있는데 비록 값이 (-)이긴 하지만 미래이익에 대한 시장의 기대로서의 정보가치를 지니므로 이를 포함시켜야 한다. 다섯째, PER의 유용성을 높이려면 주당이익의 계산에서 순이익보다는 경상이익, 경상이익보다는 영업이익을 이용하면 더 논리적인 방법이 될 수도 있다.

　물론 단기적인 시세차익을 노리는 투기를 할 때는 PER가 유용하지 못할 수도 있지만, 장기적인 투자 시에는 많은 도움이 되는 것으로 알려져 많은 투자자들이 유용한 지표로 활용하고 있다. 단지 PER지표 하나만으로 투자하는 것은 바람직하지 않고 기본적 분석을 통해 기업가치를 분석한 후에 여러 투자지표 중의 하나로 사용하는 것도 하나의 방법이 될 수 있다.

2. 규모효과와 1월효과

　규모효과(Size Effect)는 소기업효과(Small-Firm Effect)라고도 하며 Banz(1981)에 의하여 최초로 발견되었다. 이것은 위험을 조정한 후에도 소기업주식이 대기업주식보다 수익률이 지속적으로 높은 현상을 의미하는데, 이후의 연구에서 밝혀졌듯이(Keim, 1983) 실제로 이 현상은 1월 초 2주 동안 발생하기에 이를 Small Firm In January Effect라고도 한다. 우리나라의 경우에는 규모효과가 미미하게 나타나는 것으로 보고되고 있는데, 오세경(1994)의 연구결과를 보면 규모효과가 유의성 없이 1월에만 존재한다고 보고하고 있고, 선우석호 외 5인(1994)의 결과도 규모효과가 존재하기는 하나 유의적이지 못하다고 보고하고 있다. 미국의 경우에는 1월 효과를 보여주고 있는데 1월의 수익률이 제일 클 뿐만 아니라 소형주의 수익률이 대형주의 수익률보다 0.714%(연 율로 환산하면

8.9%) 높은 것으로 나타났다. 우리나라의 경우에도 1월효과가 소형주를 중심으로 1월 초 10일 동안에만 나타나 외국의 결과와 거의 같음을 보였다

"자본금의 크기가 적은 기업에 투자하라" 처럼 간단한 투자규칙에 의해 높은 초과수익률을 얻을 수 있다면 모든 투자자들이 이러한 투자전략을 취할 것이고 이러한 현상은 사라져야 할 텐데 계속 이러한 현상이 존재하는 이유는 무엇일까? 규모효과는 1월효과와 깊은 연관관계가 있는 것으로 나타나고 있다. 1월효과는 개인투자자들의 연말 세금절약매도(Tax Loss Selling) 때문이라고 보고 있다. 이 가설에 의하면 투자자들은 연말에 자본손실에 따른 세금절약을 위하여 주가가 많이 하락한 주식들을 처분하고 이듬해 초에 다시 사들이기 때문에 1월 효과가 발생한다고 한다.

만약 앞의 가설이 맞는다면 투자자들은 왜 이런 정보를 이용하지 않을까? 즉, 1월효과를 보기 위하여 12월에 미리 사두려고 할 것이고 그러면 1월효과가 없어지지 않을까? 이에 대한 한 가지 답변은 대형주를 선호하는 기관투자가 시장과 상대적으로 소형주를 선호하는 개인투자자 시장으로 시장을 나눠볼 때, 시장을 주도하는 그룹은 기관투자가들이고 기관투자가들은 소형주에 별로 관심이 없으므로 소형주시장에 이런 현상이 지속할 수 있다고 보는 견해이다.

3. 소외기업효과와 유동성효과

소외기업효과(Neglected-Firm Effect)는 앞에서 설명한 소형주효과와 연관되는 것으로서, 증권에 대한 정보를 생산하는 증권분석가 또는 기관투자가들이 관심을 많이 가지는 관심종목에 비해 그렇지 않은 소외종목의 수익률이 위험을 고려한 후에도 더 큰 현상을 말한다. Arbel과 Strebel(1983)에 의하면 소형주들은 대규모 기관투자가들에 의해 소외되기에 이들 기업에 대한 정보는 얻기가 어려워지고 따라서 정보부족에 대한 대가로서 더 높은 수익률을 요구한다는 것이다.

Arbel(1985)의 연구결과에 의하면 소외된 기업들의 경우 통계적으로 유의한

초과수익률이 발생하는 것으로 나타났는데 이도 주로 1월에 발생하는 것으로 보고되었다. 그러나 우리나라의 연구결과를 보면 유의적인 소외기업효과가 나타나지 않는 것으로 보고되어 대조를 보인다.

규모효과나 소외기업효과와 연관된 또 하나의 설명으로서 유동성효과(Liquidity Effect)가 있다. Amihud와 Mendelson(1986)에 의하면 비유동적인 주식의 경우에는 많은 거래비용이 발생하기 때문에 투자자들은 비유동적인 주식에 대해 더욱 높은 수익률을 요구한다는 것이다. 실제로 유동성이 부족한 주식의 경우 매도호가와 매수호가의 차이(Bid-Ask Spread)가 많이 벌어지는 것을 알 수 있다. 비유동적인 주식의 경우 보통 소형주이거나 소외기업주식이기 때문에 규모효과와 소외기업효과를 설명할 수 있다고 한다.

4. 재무구조 효과

재무구조 효과는 규모효과나 PER효과가 독립적으로 발생하는 것이 아니라 기업이 부담하고 있는 부채규모, 즉 재무구조에 따라 베타계수가 달라지기 때문에 발생한다는 견해이다. 따라서 만일 재무구조 효과를 통제하면 규모효과와 PER효과가 사라지게 된다는 것이다. 선우석호 외 5인(1994)의 연구결과를 보면 재무구조요인을 통제한 후에도 규모효과와 PER효과가 존재하는 것으로 나타난다.

5. 시장가 대 장부가 효과

Fama와 French(1992), Reinganum(1988) 등의 연구결과를 보면 자본금의 시장가치를 자본금의 장부가치로 나눈 비율(Mark-To-Book Value Ratio)이 주식수익률을 잘 예측하는 것으로 나타난다. Fama와 French는 이 비율에 따라 기업들을 10개 그룹으로 나누고 각각의 월별수익률을 구하였다. 가장 작은 시장가 대 장부가비율을 갖는 그룹(저PBR그룹)은 평균적으로 1.65%의 월별수익률을 보였으나 가장 큰 시장가 대 장부가 비율을 갖는 그룹(고PBR그룹)은 평균적으로 0.72%의 월별수익률을 보여 상당한 차이가 발생함을 알 수 있다.

6. 주말효과

주말효과(Weekend Effect)는 금요일부터 월요일까지 수익률(즉, 월요일 수익률)이 다른 요일의 수익률보다 지속적으로 낮은 현상을 말한다. 이를 월요일 효과(Monday Effect)라고도 한다. French(1980), Gibbons와 Hess(1981)에 의하면 월요일 수익률이 다른 요일의 수익률보다 낮을 뿐만 아니라 실제로 음(-)의 수익률로 나타난다고 한다. 1962년 7월부터 1978년 12월까지 S&P 500 포트폴리오의 요일별 수익률을 보면 음의 월요일 효과가 매우 큼을 알 수 있다. 이를 연율로 환산하면(거래일을 250일로 보고), -33.5%(-0.134% X 250)가 되기에 단순히 통계적인 오차로 돌리기에는 너무 다고 볼 수 있다.

표 9-1 일별 평균수익률

요일	월	화	수	목	금
평균수익률	-0.134%	0.002%	0.096%	0.028%	0.084%

우리나라의 경우에도 선우석호 외 7인 공조(1994)를 보면 월요일만이 음의 수익률을 보이고 나머지 요일들은 모두 양의 수익률을 보이는 것으로 나타났으며, 특히 이 중에서 금요일이 가장 높은 수익률을 보였다. 또한 월요일에는 대형주와 소형주의 수익률에 큰 차이를 보여 월요일 효과는 규모효과와 밀접히 연관되고 있음을 보인다. 주말효과는 효율적 시장가설의 측면에서 볼 때 문제가 된다. 만약 주말효과가 있다면 왜 투자자들은 주가가 내리기 전인 금요일에 높은 가격에 공매(Short-Selling)하고 월요일에 주가가 내리면 싼 가격에 매입하지 않을까? 만약 투자자들이 이런 투자행동을 보인다면 금요일 수익

률은 떨어져 월요일 수익률은 오르게 되어 월요일 효과는 없어질 것이다. Connolly(1989)는 최근 들어 주말효과가 사라졌다고 하는 연구결과를 발표하여 이러한 논리를 뒷받침하고 있다.

7. 승자와 패자포트폴리오와 반전효과

전체 주식시장이 경제뉴스에 과잉 반응하는 현상을 반전효과(Reversal Effect) 또는 과잉반응효과(Overreaction Effect)라 한다. 미국의 경우 De Bondt와 Thaler (1985), Jegadeesh(1990) 등은 특정기간 동안 성적이 안 좋은 주식들의 경우 다음 기간 동안은 커다란 반전이 이루어지고, 성적이 좋았던 주식들의 경우에 는 다음 기간에 별로 성적이 좋지 않은 현상을 발견하였다.

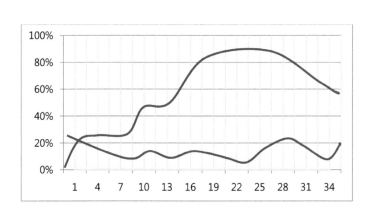

[그림 9-5] 승자와 패자포트폴리오의 누적초과수익률

우리나라의 경우에는 수익률이 반전되는 현상이 미국의 경우보다 더욱 확연 히 나타나는 것으로 밝혀졌다. 패자포트폴리오(Loser Portfolio)는 지난 2년간 최저수익률을 보인 포트폴리오를 말하는데 이 경우에는 미국과 비슷하게 양 (+)의 누적초과수익률을 보이는데 미국의 경우와는 달리 승자포트폴리오 (Winner Portfolio), 즉 지난 2년간 최고의 수익률을 보인 포트폴리오가 음(-) 의 누적초과 수익률을 보이는 것은 우리나라 특유의 결과로 보인다.

8. 9월 효과

9월은 최악의 달이고 (-)의 수익률을 기록하는 유일한 달로 알려져 있다. 9 월 다음으로 안 좋은 달이 10월이다. 실제로 보면 주식시장이 10월에 폭락한 적이 많다. 9월의 낮은 수익률은 전 세계적인 현상이다. 대부분의 20개국 지수 에서 9월만이 (-)의 수익률을 기록하는 유일한 달이라는 사실은 매우 놀라운 것이다. 주식투자자는 9월에는 주식시장에 투자하는 것보다 수익성이 낮더라 도 그냥 현금으로 보유하고 있는 것이 훨씬 나은 방안이라 할 수 있다.

그런데 왜 시장이 이러한 현상을 보이는지는 알려지지 않았다. 아마도 늦가 을의 낮은 수익은 곧 겨울이 닥칠 것이라는 사실과 낮이 짧아진다는 사실과 연관되어 있을 수도 있다. 사실 심리학자들은 햇빛이 행복감의 중요한 요소라 고 강조한다. Saunders(1993)는 맑은 날보다는 어두운 날에 훨씬 Wall Street의 장이 안 좋다는 사실을 발견하였다.

우리는 앞에서 월요일 효과를 보았는데 휴일 이후의 월요일, 즉 월요병과 여름 휴가 이후의 9월은 휴가병으로 같은 성격을 갖는다. 휴가 이후 업무를 시작한다는 공통점이 있다. 반대로 Sigel은 그의 책에서 크리스마스와 새해 사 이의 일일수익률은 보통 때보다 평균 13배나 높다고 하였다. 결국 이러한 발 견은 주식의 투자수익률이 일과 휴식이라는 요소와 어떤 관련이 있을 것이라 는 추측을 낳게 한다.

9. 월중효과

　Ariel(1987)은 한 달 중 첫 보름간 수익률이 후반기 보름간 수익률과 상당한 차이가 난다는 것을 발견하였다. 1896년 이후 107년간 한 달의 첫 보름간의 다우지수 수익은 후반기 보름간 수익의 약 8배에 달한다고 한다. 한 달 중 마지막 거래일의 평균수익률과 처음 6일간의 수익률은 그달 전체 수익률보다 높다. 이 기간을 제외한 다우지수의 순변화율은 (-)이다.

　달이 바뀔 때의 강한 주가상승은 거의 확실히 급여를 받는 소비자들의 자금이 주식시장으로 유입되기 때문이다. 그러나 이러한 흐름이 과거 100년 이상 시장 상승의 주요한 원인이 되었다는 것은 놀라운 일이 아닐 수 없다.

 **연습문제**

1. 시장이례현상이란 무엇인가 설명하라.

2. 시장이례현상의 하나인 PER효과에 대하여 논하라.

3. PER효과를 이용한 투자방법을 설명하라.

4. 주말효과와 9월효과를 설명하라.

5. 승자와 패자포트폴리오란 무엇인가? 설명하라.

투자분석 능력개발

제4부

제4부의 목표

제4부에서는 투자대상에 내재된 리스크를 발견할 줄 알고 투자대상에 대한 분석 스킬과 분석방법을 익히는데 주안점을 두었다. 특히 투자분석 능력개발을 위해 제10장에서는 투자분석은 왜 하는지의 그 개념을 확립하고 애널리스트로서 핵심분석 8가지 분석포인트와 투자대상에 내재되어 있는 제반 리스크의 종류를 학습하도록 하였다. 제11장에서는 투자대상 분석에서 가장 중요한 기본적 분석 절차와 스킬을 익히며 제12장에서는 기술적 분석에 대한 기초개념을 배우도록 하였다. 그리고 제13장에서는 기업에 대한 가치평가의 목적과 필요성에 대한 중요성을 인식하에 주식가치 평가, 채권가치 평가 등 가치평가 분석능력을 배양하도록 하였다.

투자분석 능력개발

이 장에서 학습하는 내용

- 투자분석 능력개발
  - ▶ 투자분석의 기초
  - ▶ 수익률을 좇지 마라
  - ▶ 투자대상분석 첫걸음 핵심분석 8가지

이 장의 학습목표

- 투자분석 기초를 배양한다.
- 수익률의 개념과 실제감각을 익힌다.
- 핵심분석 8가지를 통해 분석스킬을 키운다.

투자론 산책

"한국 IT위기는 '차이완 태풍' 못 읽은 탓"
세계적 경영컨설턴트 오마에 겐이치

∥ 한국기업, 스위스 시계처럼 10배 비싸도 팔릴 상품 만들라

영국 이코노미스트지가 5대 경영구루 중 한 명으로 꼽았을 만큼 세계적으로 유명한 경영컨설턴트인 오마에 겐이치 일본 비즈니스브레이크스루대(Business Breakthrough University) 학장은 5년 전인 2010년 한국을 방문해 "한국이 도요타자동차의 위기를 즐길 때가 아니다"고 경고했다. 당시 도요타는 대대적인 리콜사태와 달러당 80엔대 초반까지 치솟은 엔고로 인해 심각한 타격을 입고 있었다. 한국의 자동차산업은 반사이익을 얻고 있었다. 이 덕분에 2008년 9월 터진 리먼 사태 이후 글로벌 금융위기에서 한국이 가장 빠르게 회복되고 있다는 부러움까지 받던 시절이었다. 그러나 오마에 학장은 도요타 위기에 취해 제대로 준비하지 않으면 오히려 한국에 위기가 될 수 있다고 지적했다. 최근 일본 도쿄 지요다구 비즈니스브레이크스루대 학장실에서 만난 오마에 학장은 "당시 당신의 조언대로 한국 산업이 준비를 잘했다고 생각하느냐"는 질문에 "그러지 못했다"고 단언했다. 아베노믹스 엔저로 한국 자동차산업이 어려움을 겪고 있는 것은 "환율에 영향을 받지 않도록 제대로 준비하지 않았기 때문"이라는 게 오마에 학장의 분석이다.

오마에 학장은 도요타를 비롯한 일본 자동차 기업들은 수십 년간 지속해 온 엔고 시절을 극복하기 위해 20년이 넘는 기간 동안 전 세계로 공장을 분산시키는 작업을 진행해왔다며 "한국은 일본기업이 경쟁력이 떨어졌다고 생각했지만, 일본기업은 장기간 지속해 온 엔고를 극복하는 과정에서 더 강해져 있다. 한국기업도 더 늦기 전에 장기적인 계획을 세워 준비에 나서야 한다"고 강조했다.

오마에 학장은 중국의 경쟁력이 높아지면서 한국의 스마트폰 등 정보기술(IT) 산업이 어려움을 겪고 있는 것처럼 보이지만, 실제로는 중국이 아니라 "대만의 영향력을 무시했기 때문"이라고 지적했다. 그는 "한국의 위협은 중국이 아니라 중국과 대만이 결합한 '차이완'"이라며 "대만의 엔지니어를 스카우트하고, 대만 엔지니어 기업을 인수하는 전략을 폈어야 한다"고 분석했다.

❑ 일본 기업 가운데 엔고 시절을 잘 헤쳐나온 대표적인 기업은 어디인가

▶ 자동차 기업은 대부분 엔고 극복에 성공했다. 일본의 엔화는 70년 전에는 달러당 360엔(※일본 엔화는 전후 1949년 1달러=360엔 고정환율로 거래를 시작했다)이었다. 지금(120엔 안팎)은 3배나 오른 것이다. 한국의 원화로 바꿔보면 달러당 400원의 경험을 한 것이다. 일본에서 생산하는 것이 경쟁력이 없는 건 당연

했다. 일본 자동차기업들은 엔저든, 엔고든 영향을 받지 않도록 분산하는 데 집중했다. 도요타자동차는 현재 전 세계 52곳에서 생산하고 있다. 30년에 걸쳐 전 세계에 분산시켰다. 자동차 메이커는 태국 같은 중립적인 곳에 공장을 뒀다.

❑ 도요타는 혁신만으로도 극복이 가능하지 않았나.

▶ 공장을 세계화하기 전에는 혁신을 통해 높은 가격으로 제품을 팔려고 했다. '코롤라(도요타 소형차)'를 미국에서 1만2000달러에 팔다가 2만5000달러, 3만 달러까지 2배 이상으로 팔기 위해 업그레이드를 했다. 생산성 개선과 가치 향상으로 2배 정도의 엔고를 견디는 것은 가능했다. 하지만 이렇게 해도 대응이 안 되자 부품회사와 함께 미국으로 이전했다. 일본 회사는 지금 미국에서 400만대를 생산하고 있다. 한국인들은 10년 전부터 일본 기업이 굉장히 약해졌다고 평가하고 있지만 실은 약해진 것이 아니다. 시련을 겪고 미국 현지 생산하고 있는 기업 중 95%는 흑자로 되돌아왔다. 일본 기업은 엔고라는 힘든 상황이 있어 옛날보다 강해졌다고 생각한다.

❑ 지금 상황은 반대가 됐다. 한국의 현대차그룹을 비롯한 자동차산업은 엔화 약세로 큰 타격을 입고 있다.

▶ 일본 기업의 30년간에 걸친 고통은 한국 입장에서는 잘 보이지 않았을 것이다. 한국은 원화 약세가 굉장히 길어 생산의 세계화가 늦어졌다. 원화 강세가 된 지금 세계화하는 것 말고는 방법이 없다. 매출 세계 랭킹은 현대차가 혼다를 이겼지만 세계화라는 랭킹에서는 혼다가 현대차를 이기고 있다.

❑ '세계화'를 성공시키기 위해 가장 중요한 요건은 무엇인가.

▶ 현대차는 20년이나 걸리는 생산의 세계화 작업을 누가 중심이 돼 할 것인가를 결정해야 한다. 현대차그룹의 정몽구 회장이 리더십이 굉장히 좋다는 것은 인정한다. 하지만 20년 걸리는 작업을 해야 한다면 조직적으로 해야 한다. 이건희 삼성 회장과 같은 강력한 리더들이 이끌면 한국기업은 굉장히 강하다. 하지만 그다음 세대에 걸쳐 이런 일을 하려면 '조직'으로 움직여야 한다. 일본기업은 원래 강한 리더가 없기 때문에 '조직'으로 움직이는 경향이 많다. 일본 경영자는 6~10년 이상 계속하는 사람이 없다. 한국의 경우 굉장한 리더가 있으면 20~30년을 잘해나갈 수 있지만 지금은 이런 시기가 끝나가고 있다. 다음 세대에도 굉장한 리더가 나올 수 있을까 이게 문제다. 최근 문제(대한항공 땅콩회항)는 한국 재벌들에게 좋은 경고라고 생각한다. 원화 강세를 비롯한 한국이 직면하고 있는 문제는 20년 걸려 해결해야 할 과제다. 한 사람의 리더로 해결하려고 하기보다 기업 조직을 활용해 문제를 해결해야 한다.

❑ 한국 위기의 한가운데 중국이 있다. 중국IT기업을 어떻게 평가하나.

▶중국의 IT기업이 강한 건 대만 덕분이다. 엔지니어링은 대만에서 하는 기업이 많다. 애플 제품도 대부분 대만 기업이 하고 있다. '차이완'이라고 부를 수 있겠다. 대만과 중국의 조합은 일본도 상대가 안 될 만큼 강하다. 대만과 중국의 조합은 일본과 한국 입장에서는 굉장히 껄끄럽다. 대만은 엔지니어링이 강하다. 분야에 따라서는 일본보다 엄청나게 발전돼 있다. 스마트폰 설계와 칩의 생산을 해 주는 미디어텍 등의 회사는 일본에도 유례가 없다. 대만은 병역 의무가 있는데, 엔지니어링으로 대학원까지 가면 면제가 된다. 그래서 대부분 엔지니어가 된다. 이들은 일본어 영어 중국어 3개 국어를 하는 엔지니어들이다. 미국에 유학해 기업을 세운 인재도 많다. 중국은 생산과 시장으로 철저하게 이용하고 있을 뿐이다. 이런 대만의 영향력을 한국은 체크하지 못했다. 중국이 강한 것이 아니라 차이완의 조합이 강한 것이다. 이런 흐름을 빨리 체크해 대만 엔지니어를 한국에 데려오든, 대만 엔지니어 회사를 인수하든 전략을 세웠어야 했다.

❑ 중국 샤오미 등에 밀려 삼성 스마트폰도 고전하고 있다.

▶삼성 스마트폰 분야는 지금의 코스트로는 매우 고전할 것이다. 하지만 삼성은 굉장히 마케팅이 훌륭한 회사로 이를 활용해야 한다. 중국에서 주문자상표부착생산방식(OEM)으로 생산한 제품을 삼성이 가진 브랜드와 네트워크로 판매하는 등의 방법으로 탈피해야 한다. 지금처럼 반도체부터 제품까지 만들어 마케팅하는 수직통합의 방식으로는 굉장히 힘들 것이다. 삼성은 브랜드 마케팅 판매력이 강한 회사다. 만드는 것은 가장 싼 곳, 즉 중국과 대만에 맡기면 된다. 지금처럼 혼자서 다 하려는 방식은 안 된다.

❑ 바이오 같은 신산업은 어떤가.

▶무리다. 바이오산업은 우수인재를 확보한 미국 유럽 기업이 10조엔 이상 매출에, 연구개발비만 1조엔 쏟아붓고 있다. 이런 분야는 미국 유럽에 20~30년 이상 뒤처졌다. 허들은 옛날보다 훨씬 높아졌다.

❑ 지금부터 한국 산업은 어떻게 대응해야 하는가.

▶프랑스와 이탈리아의 패션업계를 보라. 일본 섬유메이커에 쫓겨 프랑스와 이탈리아 패션업계는 굉장히 고생을 했다. 많이 망했지만 일본 제품보다 2배, 5배 비싼 브랜드 제품을 만들었다. 스위스 시계산업도 마찬가지다. 1980년대 일본 세이코 시티즌 등에 역전당해 큰 타격을 입었지만 지금은 일본 시계의 10배 가격에도 팔리는 시계를 만든다. 가격으로 승부하는 것은 소비자가 그 가치를 인정한다는 의미다. 코스트로 승부해 오던 한국기업에는 완전히 새로운 경험이다.

한국은 앞으로 중국 동남아에서 만드는 제품의 5배, 10배 이상 가격에도 팔릴 만한 제품을 만들어 내지 못하면 살아남을 곳이 없다. 한국기업의 도전과제다. 그러나 재벌그룹 회사들은 도전을 잘 하지 않는다. 무에서 유를 창조해 세계에 판 경험이 거의 없기 때문이다.

❑ 사실 한국 산업의 더 큰 문제는 제대로 된 중소기업이 별로 없다는 데 있다.

▶한국은 중소기업이 하도급업체지만, 일본은 중소기업을 중견기업이라고 부른다. 대기업과 중견기업 관계가 강한 곳은 역시 도요타다. 내부에 '함께 번영하자'라는 그룹이 있어서 코스트를 절감하는 제안이 나와 성공하면 반은 제안한 기업이 갖고, 나머지 반은 도요타가 갖도록 하는 제도가 있다. 파트너십과 관련해 가장 좋은 예는 유니클로다. 유니클로는 섬유업체인 도레이와 함께 파트너십을 발휘하고 있다. 유니클로는 단순히 싼 곳에서 생산하는 기업이 아니라 소재 기술개발은 파트너인 도레이가 하고 있다. 두 회사는 신문광고도 같이할 정도다. 메리트가 생겼을 때 함께 나눈다는 분위기가 없다면 파트너십이 아니다. 한국은 대기업이 메리트를 전부 가져가려고 하는 것이 문제다.

❑ 한국 경제도 일본처럼 디플레이션에 빠질 가능성이 크다는 주장이 나오고 있다.

▶그럴 가능성이 크다. 한국도 애를 낳고 싶어 하지 않는 사람들이 많다. 인구 감소는 피할 수 없다. 단기적으로 디플레이션을 피하기는 쉽지 않다. 가장 중요한 것은 20년 이상 장기적으로 교육을 바꾸는 것이다. 좋은 학교 나와 좋은 회사 취직해 편안한 삶을 산다는 일본의 40년 전 생각을 아직도 가진 것이 문제다. 한국의 잘못된 점은 과거 일본의 가혹한 수험 등 나쁜 문화를 아직까지 하고 있다는 것이다. 덴마크는 초등학교 때부터 '가르치다(Teach)'라는 단어를 사용하지 않는다. 정답이 없는 시대에 '선생(먼저 태어난 사람)'이라는 사람이 가르치는 건 난센스다. 덴마크 등 북유럽 국가는 선생이 아니라 코디네이터 등으로 호칭을 바꿔 모두가 정답을 찾는 시스템으로 바꾸었다. 한국은 미국 유럽 일본을 따라잡고 싶어 이런 시스템이 유지됐다. 하지만 이젠 그런 시스템으로는 첨단 연구가 가능하지 않고, 세계적인 인재도 기를 수 없다.

❑ 새해 세계 경제는 어떻게 보나.

▶유럽은 앞으로 고생할 것이고, 러시아도 한동안 힘들 것이다. 새해에는 미국을 중심으로 세계가 움직일 것이고, 부동산 주식 등 버블이 일어날 것이다. 미국에 돈이 모이지만 더 이상 투자 기회가 없기 때문에 버블로 가게 될 것이다. 미국 경기가 좋아져도 미국 기업의 50%가 해외에 있으므로 국내의 고용 등에 메리트가 별로 없다. 미국은 현재 버블의 초입에 가 있다.

‖ 일본은 저욕망사회 … 아베노믹스는 '조크'

결혼도 출세도 기피하는 젊은 층 급증…월급 늘어나도 편의점 도시락에 만족

❑ 아베노믹스에 대한 평가는. 아베노믹스 엔저로 일본 기업 실적 좋아진 것 아닌가.

▶현재 일본은 엔고든, 엔저든 상관이 없다. 지금 엔저는 마이너스 측면의 방향이 강하다. 엔저라든가 원저라고 하며 기뻐하는 것은 일본과 한국밖에 없다. 둘 다 수출기업이 강했기 때문이다. 하지만 일본은 달라졌다. 엔저로 나빠지는 게 더 많다. 엔저는 한국을 괴롭히고 있지만 일본 경제에 메리트는 거의 없다. 이유는 간단하다. 일본은 공장을 세계에 분산시켰다. 엔저가 되더라도 되돌아오지 않는다. 일할 사람이 없기 때문이다. 캐논은 대만 중국 베트남에서 10만 명이 일하는데, 일본에서는 1000명도 채용하지 못할 것이다. 일본은 과거 공장을 닫을 때 파업으로 엄청난 고생을 했다. 다시 일본에 공장을 열려고 하지 않을 것이다. 더 큰 문제는 거의 중국으로 이전해 버린 부품이다. 제품 조립값은 20%에 불과하고, 부품값은 80%를 점하고 있다. 엔저로 부품을 수입하면 할수록 비싸지는 구조로 돼 버렸다. 일부 수출업계의 구시대 사람들 얘기만 듣고 아베 총리가 잘못된 결정을 한 것이다.

❑ 아베노믹스 제3의 화살, 성장전략을 평가하면.

▶아베의 성장전략은 '조크'다. 그런 거로 일본이 성장할 리가 없다. 일본은 지금 저욕망사회다. 욕망 없는 국민이 대부분이다. 개인 금융자산이 1600조 엔이지만 쓰지 않는다. 일본인은 죽을 때가 가장 부자다. 보험 연금이 나오지만 쓰지 않는다. GDP의 3배의 돈을 저금해 놓고 사용하지 않는다. 아베노믹스로 경제가 좋아진 게 아니라 국민들이 "장래에 좋아지는 것 아닐까"라는 기대감에 2년 전에는 1600조 엔의 아주 일부가 밖으로 나온 것이다. 기업도 GDP의 60%에 필적하는 300조 엔이나 되는 내부유보금을 전혀 사용하지 않는다. 모두 저욕망이라 월급이 올라도 편의점 도시락 먹는 거로 만족하는 굉장히 신기한 저성장이 진행되고 있다. 플랫35라고 하는 주택론이 있는데 35년간 1.56%의 고정금리에도 주택을 지으려고 하는 사람이 거의 없다. 차입도, 결혼도, 출세도, 책임이 무거워지는 것을 싫어하는 젊은이들이 급증하고 있다.

❑ 일본 경제가 디플레이션에서 빠져나올 가능성이 작다는 얘기인가.

▶저출산 이민 호적 문제 등 사회문제를 해결하지 않는 이상 일본 경제는 계속 침체할 것이다. 아베노믹스는 단지 브랜드일 뿐이며 알맹이가 없다. 정말 해결해야 하는 문제는 이민과 호적 문제다. 일본은 아이를 낳고 호적에 넣지 않으면 사회적으로 차별을 당한다. 프랑스는 사실혼이다. 3년 이상 동거하면 결혼으로

보고 호적도 없다. 결혼하지 않고 태어나는 아이가 56%다. 이러면 소득세가 줄고 정부 보조금도 늘어난다. 일본 우익은 호적 철폐를 반대한다. 지금의 아베 정책으로는 저출산 문제를 해결할 수 없다. 또한 이민도 반대하고 있다. 이러면 인구는 지속적으로 줄고 경제도 침체할 것이다. 사실 뛰어난 일본의 기업은 글로벌화가 잘 돼 있어 여차하면 일본을 버려도 된다고 생각하고 있다.

◆ He is…

세계적인 경영컨설팅업체 맥킨지에서 23년간 일하며 일본 지사장과 아시아태평양 지역 회장을 지낸 경영컨설턴트이자 경제 전문가다.

국가의 종말, 지식의 쇠퇴, 더 넥스트 글로벌 스테이지 등 100여 권에 이르는 저서를 집필했다. 1994년 영국 이코노미스트지 세계 5대 경영구루에 피터 드러커, 톰 피터스와 함께 이름을 올리기도 했다. 1943년 일본 후쿠오카현에서 태어나 도쿄 와세다대 이공학부를 졸업하고 미국 매사추세츠공대(MIT)에서 원자력공학 박사학위를 받았다. 2011년 3·11 대지진 이후에는 후쿠시마 관련 보고서를 작성한 민간 프로젝트팀의 총괄 책임을 맡기도 했다.

< 매경MBA, 도쿄, 황형규 특파원>

제10장 투자분석 능력개발

제1절 투자분석의 기초

투자의 정석은 무엇인가? 투자의 3요소인 수익성, 안정성(위험), 유동성을 적절하게 고려하여 투자하는 것이다. 만약 수익성을 높이면 안정성이 흔들려 위험에 빠질 수 있고, 유동성을 고려하지 않으면 자금이 묶여 급하게 필요할 때 쓰지 못해 흑자도산에 빠질 수도 있다. 따라서 투자에서 가장 중요한 것은 수익률도 아니고 바로 투자대상을 분석할 줄 아는 눈을 키우는 것이다. 투자대상을 분석하는 것이야말로 투자의 기초인 것이다. 투자대상에 대한 분석스킬을 갖추면 투자대상을 고르기만 하면 되는 것이다. 투자대상이 부동산일 수도 있고, 채권이나 주식, 미술품, 골동품일 수도 있다는 말이다. 따라서 투자대상을 분석할 줄 아는 능력을 키우는 일이 최우선인 것이다.

제2절 수익률을 좇지 마라

여러분은 수익률에 현혹되어 있다. 시장에서 또는 증권방송이나 투자설명회 등에서 수익률을 높이는 족집게 투자강연 등을 자주 볼 수 있다. 나는 여러분에게 "수익률을 좇지 마라"고 자신 있게 주장한다. 만약 수익률에 현혹되면 "투자원금"을 허공에 날려버릴 수 있기 때문이다. 그러면 수익률은 언제 좇아야 하는가?

수익률은 투자한 후 투자결과를 계산할 때만 사용하면 되는 것이다. 예를 들면 동양채권의 투자사례를 살펴보면 바로 알 수 있다. 동양채권은 신용등급 BB의 7% 수준의 고정이자를 주는 고수익채권(Junk Bond)이다. 당시 정기예금(무위험이자율, Risk Free) 이자율은 3.5% 정도였으니 주로 월이자로 생계를 이어가는 연로하신 노인분들이 동양채권을 매입하였다. 수익률을 높이려고 동양채권의 이자율 7%에 투자한 경우와 안정적인 무위험이자율 상품인 정기예금 3.5%에 가입한 경우 수익률 차이는 7-3.5 = 2.5%, 즉 2.5% 수익률을 높이려다 원금 100%가 허공에 날아간 셈이다. 따라서 수익률 1% 높은 상품을 찾는 투자자는 결국 수익률 1% 높이려다 1% 높은 수익률 속에 원금 100%를 날려버릴 수도 있는 위험상품이 결합되어 있다는 사실을 알아야 한다는 점이다.

결국 무위험이자율 상품인 정기예금에 가입한 투자자는 원금100%+3.5%의 이자를 만기에 수령하지만, 수익률 2.5% 높은 동양채권에 투자한 노인의 경우에는 이자는커녕 채권 원금 100%까지 손실을 입게 되는 것이다. 여기에서 우리는 투자의 영원한 격언인 "High Risk High Return"과 "계란을 한 바구니에 담지 마라"는 격언을 명심해야 한다. 따라서 본 장을 공부한 이후에는 수익률 높은 투자상품을 찾는 일을 멈추고 원금을 안정적으로 보전하고 원금을 증식할 수 있는 투자대상을 분석할 줄 아는 분석 스킬을 배양해야 한다. 수익률은 그럼 언제 계산해야 하는가? 바로 투자금을 회수한 후에 얼마나 투자를 잘했는지를 계산할 때 수익률을 따져보는 것이고 수익률은 이때 필요한 것이다.

제3절 투자대상 핵심분석 8가지

투자대상을 분석할 줄 안다면 이미 투자자로서 투자할 준비가 된 셈이며 투자상품만 선택하면 되는 것이다. 따라서 투자자는 끊임없이 변화하는 투자동향에 대한 정보습득은 물론 투자대상에 대한 분석능력을 키워나가야 한다. 투자대상을 분석할 수 있는 능력이 하루아침에 길러지는 것은 아니다. 투자론은 경영학, 행정학, 회계학, 상법학, 건축학 등 각종 학문은 물론 IT(Internet Technology), BT(Bio Technology), ET(Eco Technology) 등 공학과 화학 등 각종 산업전반에 대한 조예도 깊어야 한다. 물론 미술이나 음악에 대한 지식도 쌓아야 한다. 투자대상이 점차 변화하기 때문이다. 예를 들어 과거에는 투자대상이 곡물과 같은 1차 산업이었다면 이제는 광업, 제조업, 전자 및 인터넷 업종, 서비스업인 엔터테인먼트업종을 거쳐 다시 식량이나 곡물과 같은 1차 산업이 주요 투자대상으로 떠오르고 있다. 향후에는 물과 식량확보를 위한 투자전쟁(?)이 일어날지도 모른다.

투자대상에 대한 과거정보를 분석하여 그 패턴을 분석한 후 현재의 가치를 분석한 후에는 냉철한 판단과 미래를 내다볼 줄 아는 독수리와 같은 매서운 "눈"을 가져야만 한다. 따라서 투자론은 학문과 지식과 지혜 그리고 대중의 심리도 읽어 낼 줄 아는 종합학문이자 지혜의 보고이고 투자판단을 다루는 투자의 의사결정을 다루는 학문인 것이다. 투자자들은 지식과 지혜에 동물적 감각(Animal Spirit)을 갖출 수 있도록 끊임없이 노력해야 한다.

다음은 투자대상을 분석할 줄 아는 애널시스트가 되기 위한 분석대상을 분석하기 위한 대표적인 핵심분석 스킬 8가지를 살펴보고자 한다.

1. CEO에 대한 분석 철저

CEO는 가장 중요한 분석대상이다. 특히 전문경영자가 아닌 실질경영자는 투자대상을 총괄하여 책임지고 있는 CEO로서 이에 대한 분석은 가장 중요한 분석대상이다. 물론 전문경영자에 대한 분석도 중요하지만 실질 소유자와 실질경영자에 대한 분석은 필수 분석대상이다.

따라서 CEO의 경영철학과 창립비전, 사명과 소명의식, 신인도 등은 반드시 확인해야 할 사항이다. 회사명과 상표, 로고 등은 어떤 생각으로 만들게 되었고 기업을 어떤 생각으로 창업하게 되었는지에 대한 창업자에 대한 정보는 가장 중요한 정보이다. 특히 사무실과 명함에 대표이사라고 되어 있더라도 세심한 관찰과 분석이 필요하다. 바지사장이고 실권이 없는 경우가 허다하기 때문이다. 투자계약서를 작성할 때에도 실질 경영자이며 대표권을 가졌는지 확인해야 할 사항이다.

투자의 귀재 워런 버핏의 경우에도 투자대상 기업의 CEO에 대한 분석 및 직접 대면을 통해 철저하게 CEO에 대한 분석을 하는 것으로 잘 알려져 있다.

2. 책임 경영의지 보유 여부 판단

투자대상에 대한 두 번째로 중요한 분석항목은 투자대상이나 투자대상 기업이 책임 경영의지를 지니고 있는지 있는지를 분석하는 것이 매우 중요하다. 책임경영 의지란 어떤 어려움이 있더라도 포기하지 않고 경영이나 사업을 지속해 나아가려는 강력한 사업 지속 의지를 가졌는지 여부이다. 이를 확인하는 방법은 다양하게 존재한다. 우선 재무상태표상의 자본금의 크기이다. 자본금의 크기가 클수록 사업을 중도에 포기하지 않고 지속경영을 위해 노력할 수밖에 없는 것이다. 만약 투하 자본금이 적고 대부분을 타인자본으로 조달한 경우에는 중도에 포기하고 타인자본을 정리해서 축적해 놓고 도주하거나 사업을 고의로 포기하여 투자자에게 피해를 입힐 가능성이 크다. 예로 모텔신축자금을 대부분 부채로 조달하여 신축해 놓고 고의로 연체하여 경매에 넣으면 1차, 2차, 3차 유찰을 시킨 후에 바지사장을 내세워 매우 저렴한 가격에 재인수하는 경우가 그러하다.

또한 실질경영자의 본업에 대한 업무경력이나 경험이 풍부한지 여부도 매우 중요한 분석대상이다. 경력이 매우 짧거나 전무한 경우 및 투융자 계통의 본업과 경영경험 등이 전혀 없는 경우에는 중도에 사업을 포기하거나 지속경영보다는 중도에 M&A 등을 통해 매각하거나 경영을 포기할 가능성이 농후하다.

3. 영업이익 여부

투자대상 및 목적물 또는 투자대상 기업이 영업이익(Operating Income)을 실현하고 있는지가 중요하다. 만약 당기순이익을 실현하였더라도 영업손실이라면 사업을 지속하면 할수록 적자폭이 커지는 사업철수 대상이나 한계사업을 운영중인 것으로 해석해야 한다. 따라서 투자자는 투자대상이 영업이익을 거두고 있는지 여부를 반드시 확인하여야 한다. 경상이익은 세금부과 대상이익으로 정부에서 관심을 갖는 지표이고 당기순이익은 배당을 받는 주주가 관심을 두는 지표이기에 투자자는 투자원금을 회수하기까지 반드시 사업의 계속성이 중요하기 때문에 영업이익의 질적수준에 대한 관심을 가져야만 한다.

4. 가동률 추세

투자대상이 제조업이라면 가동률 하나만으로도 투자대상인지 여부를 판단할 수가 있다. 투자대상 제조기업의 가동률이 100-90-80 등 우하향으로 하락추세라면 곧 공장가동이 중단될 위기의 한계기업이다. 반대로 가동률이 80-90-100 등으로 우상향의 패턴을 보인다면 적극적인 투자대상임에 틀림이 없다. 또한 제조업 평균 가동률 이하인 경우에는 면밀한 분석이 필요하다. 예로 가동률이 70%라는 것은 기계 100대 중에 30대는 쉬고 있는 경우로 기계장비의 경우 6개월 이상 정지되어 있으면 녹이 슬거나 재가동을 위해서는 두 배 이상의 기간과 관리비 및 정비비용이 추가되어 경쟁력이 추락할 수밖에 없다. 따라서 가동률 추이는 제조업을 분석하는 가장 중요한 분석도구임에 틀림이 없다.

5. EBITDA 추세

EBITDA(Earnings Before Interest, Taxes, Depreciation & Amortization)란 법인세, 이자, 감가상각비 차감전 영업이익으로 이자비용, 세금, 감가상각비용 등을 빼기 전 순이익을 의미한다. 이는 이자비용을 이익에 포함하기 때문에 자기자본과 타인자본에 대한 기업의 실질이익 창출 금액과 현금지출이 없는 비용인 감가상각비를 비용에서 제외함으로 기업이 영업활동을 통해 벌어들이는 현금창출 능력을 보여준다. 따라서 EBITDA는 수익성을 나타내는 지표로 기업의 실질 가치를 평가하는 중요한 잣대로 쓰인다. 또한 국가 간 또는 기업 간에 순이익이 상이하게 계산되는 요인(세제 차이 등)을 제거한 후, 기업의 수익창출 능력을 비교할 수 있는 지표로 널리 활용되고 있다.

사례로 기업이 50억의 비용을 들여 지은 공장설비를 약 50년간 사용할 수 있다고 하자. 그리고 이 설비를 이용하여 올해 10억의 영업이익을 냈다면 기업의 회계상 50년간 사용할 수 있는 공장설비를 올해 1년간 사용했으므로 1년 치에 해당하는 1억 원이라는 비용을 감가상각하게 된다. 바로 이것이 감가상각비이다. 그런데 이것은 단지 장부상에서 1억을 차감했을 뿐이지 사실 1억 원의 비용이 지불 된 것은 아니다.

따라서 매출원가를 제외한 매출총이익에서 실제로 비용으로 현금이 지출된 부분, 즉 감가상각비를 제외한 판매관리비를 차감한 영업이익이 바로 해당기업의 실제적인 영업이익이라고 보는 것이 감가상각 전 영업이익인 EBITDA 이다.

우리가 굳이 감가상각 전 영업이익인 EBITDA 를 구하려는 것은 해당기업의 이익을 실제의 현금성 이익으로 보기 위함이다. 예를 들어 기업이 투자를 많이 하는 시기에는 기업이 창출한 이익을 설비투자나 각종 연구개발에 지출하게 되고, 기업의 유형, 무형자산이 늘어나게 되어 감가상각비가 큰 폭으로 증가하게 된다. 그에 따라 기업의 장부상의 이익은 줄어든 것처럼 보이나 실제로는 본질적인 영업활동에 의한 이익이 줄어드는 것이 아니라는 것을 보여주기 위하여 EBITDA 를 구하는 것이다. 따라서 투자대상을 분석할 때는 EBITDA 추세와 질적 수준을 분석하는 것도 매우 중요하다.

6. 주가배수

투자대상 기업이 유가증권시장(KOSPI)에 상장된 기업이라면 주가배수로 분석하는 것이 필요하다. 주가배수는 필자가 사용하는 단어인데 주가를 액면가로 나눈 배수를 말한다. 즉 주가배수=주가/액면가로 기업의 가치를 판단하자는 것이다. 이의 근거는 만약 주가가 20,000원인 A기업과 10,000원인 B기업이 있다고 하자. 어느 기업이 더 가치가 있고 투자대상이 있는 기업인가? 여러분은 주가가 20,000원인 A기업이 주가가 높으니 투자할 가치가 더 높다고 알고 있었다. 하지만 주가배수를 공부한 우리들은 이제부터 주가배수가 높은 기업의 주가가 더 가치가 높고 적절한 투자대상인 것이다. 만약 A기업의 주가가 20,000원이지만 액면가가 5,000원이면 주가배수는 20,000원/5,000원=4배이다. 즉 기업의 가치가 4배인 셈이다. 반면, B기업은 주가가 10,000원이지만 액면가가 100원이라면 주가배수는 10,000원/100원=100배, 즉 기업의 가치가 100배라는 의미이다. 결론적으로 어느 기업이 더 가치가 있는가? 하면 투자자들이 액면가의 100배를 주고도 투자하고 있는 B기업이 투자가치가 있는 기업이라고 할 수 있다. 따라서 향후에는 주가배수로서 그 기업의 투자가치를 판단하기 바란다.

또한 주가배수를 활용하여 신용등급을 책정할 수도 있다. 이는 저자의 다년간 경험의 산실이므로 이를 적절하게 분석도구로 활용하기 바란다. 주가배수가 2배 이하인 경우에는 신용등급 B등급 수준으로 평가하면 된다. 주가배수가 5배 이하이면 신용등급을 BBB 이하로, 주가배수가 10배 이상이면 우량한 신용등급으로 A등급 이상으로 평가해도 무방하다.

7. 매출민감도

매출민감도는 매출감소에 대한 경쟁력 보유 여부를 판단할 때 매우 유용한 분석도구이다. 저자는 IMF, 즉 1997년과 1998년을 겪은 후 현재까지 생존해 온 기업에 대한 투자시에는 반드시 IMF 당시의 매출감소폭이 얼마인지를 확인 하는 것이 중요하다. 왜냐하면 1997년과 1998년에 매출감소폭이 둘 중 하나라 도 40% 이상 감소했음에도 불구하고 현재에도 생존하고 있다면, 투자대상 기 업이 현재 매출액이 30% 이상 감소한 기업이라도 이미 IMF시절에 40% 이상 매출액 감소를 견디어 내면서 갖춰진 가격경쟁력과 생존력을 지닌 기업이기에, 현재상태에서 매출액이 10% 이상 더 떨어지더라도 원가경쟁력 등을 가지고 있는 기업으로 볼 수 있기 때문이다. 물론 매출민감도 항목 이외에도 환율이 나 금리 등에 대한 민감도에 얼마나 영향을 많이 받고 있는지도 분석해야 한 다.

8. 현장방문을 통한 확인

위의 투자대상 분석을 위한 핵심포인트도 중요하지만, 이보다도 제일 중요 한 것이 투자대상이나 목적물에 대한 현장방문을 통해, 진위 여부 및 가치가 있는지와 파악된 정보가 맞는지를 반드시 확인해야만 한다. 요즈음 투자자들 이 대상기업의 홈페이지도 방문하지 않는 경우가 허다하다. 이는 투자가 아니 라 투기라고 할 수 있다. 투자대상기업의 홈페이지에서는 기업연혁과 창립이 념과 제품소개, 생산과정에 대한 동영상 등 현장에 가지 않더라도 마치 가상현 실처럼 현장을 파악해 볼 수도 있을 것이며, 홈페이지 게시판에 구매관련 불만 및 이에 대한 신속한 답변 및 조치 여부도 중요한 정보이다. 또한 노조게시판 등을 통해 잦은 분규나 파업 등으로 생산 차질이나 사회적 이슈가 부각될 수 도 있기 때문이다.

저자의 경우에는 현장방문 시 투자대상기업의 간판에 기업의 이름에 철자가 빠져있거나 불이 꺼져있고, 거미줄 등이 있다면 이는 투자부적격 대상이 확률 이 높다. 그리고 경비원 상태도 중요하고, 회사 내부 화단의 정리정돈 상태도 반드시 확인한다. 왜냐하면 화단에 담배꽁초와 잡초가 무성하다면 부실징후이기 때문이다. 사무실 안의 조명이 어둡다면 직원들도 얼굴을 찡그리고 있는 경우가 많고 사기가 저하되어 있어 이도 투자부적격 대상이다. 특히 게시판에 붙어 있는 문서가 누렇게 오래되어 있고 텅 비어 있다면, 이도 투자부적격이며 이와는 반대로 게시판을 보면 기업이나 종업원이 활발히 움직이고 있다는 감을 받게 될 것이다. 이는 투자대상 기업임에 틀림이 없다. 또한 대표이사 사장실에 뒤로 젖혀 질듯한 푹신한 의자가 있다든지, 골프채를 비치해 놓았다든지, 정리정돈이 안 되어 있다든지, 사무실 같지가 않고 응급으로 준비한 것 같은 느낌이 들면 그런 기업엔 투자하면 안 되는 기업 중 하나라는 것이 저자의 오랜 경험에서 판단하는 분석기법이다.

또한 생산공장 방문 시에는 반드시 유의해서 분석해야 할 부분이 하나가 있다. 이는 대표이사나 안내자들이 안내하는 공정 외, 안내자의 양해를 구하고 반대편의 생산시설이나 기계도 유심히 살펴보아야 한다. 특히 생산공장의 핵심제품이 생산되는 핵심라인과 핵심기계 및 부품은 반드시 눈으로 확인해야 한다는 점이다.

예로 투자자 방문 시에는 사용하지 않는 기계시설도 가동해 놓는 경우가 많으니 실제로 원재료의 In-Put과 제품의 Out-Put이 되고 있는지 여부에 대한 세심한 확인은 필수이다. 또한 핵심기계의 핵심부품이 고장이 나 있는지 거짓으로 가동을 하고 있는지, 먼지나 녹 상태 등으로 대충 분위기 파악이 가능하다. 복도 등에 완제품이 무질서하게 쌓여있다든지 하는 것은 리콜 등으로 투자대상기업이 어려움에 봉착해 있을 가능성이 농후하다.

현장방문 시에는 원재료 구매창구도 반드시 확인해야 한다. 그리고 1위에서 3위 정도의 구매처가 지명도가 있는 기업으로부터 구매하고 있는지도 필수 확인사항이다. 또한 완제품 창고의 분위기와 오래된 제품, 즉 제철이 지난 제품이나 기술이 뒤처진 제품보유 여부, 반환제품 보유 여부 등 과다하게 장기적으로 재고를 보유하고 있는지 등 재고자산의 질과 적정 여부 파악도 매우 중요하다.

마지막으로 판매처에 대한 신용도 확인도 필수이다. 판매처 1위부터 3위 정도가 명성이 높은 판매처 매출이 있는지도 중요하다. 매우 우량한 기업에 판매되고 있다면 그 자체로도 이 기업은 우량 매출채권을 보유하고 있으므로 투자대상 기업으로 판단해도 큰 무리가 없다.

연습문제

1. 수익률을 좇지 마라는 어떤 의미인가 설명하라.

2. 투자대상에 대한 분석 시 핵심요소인 CEO에 대해 논하라.

3. 책임경영의지의 개념과 분석요소를 설명하라.

4. 주가배수의 개념과 내용을 설명하라.

5. 투자대상에 관한 현장방문 시 점검할 사항을 설명하라.

기본적 분석

이 장에서 학습하는 내용

- 기본적 분석을 통한 투자대상 내재가치분석
  - ▶ 거시경제 분석
  - ▶ 산업분석
  - ▶ 기업분석
  - ▶ 기본적 분석 사례

이 장의 학습목표

- 투자대상 내재가치분석 스킬을 배양한다.
- 기본적 분석의 틀을 학습한다.
- 투자대상에 내재된 리스크를 분석한다.

투자론 산책

바이오주 투자 A~Z···옥석 가리기 핵심은 기술력과 CEO 역량

‖ 임상실험 발표, FDA · EMA 허가 여부 확인 필수
‖ 실적은 물론 수출 가능성 · 경쟁 환경도 참고자료

"IT(정보기술)주 대신 BT(생명공학)주로 나스닥시장이 버블 공포에 휩싸였다. 바이오주 투자는 일종의 도박이다."

바이오주 열풍에 대한 월스트리트저널(WSJ)의 경고다.

나스닥생명공학지수(NBI)는 2012년 초부터 현재까지 약 240%가량 올랐다. 바이오테크 주가에 대한 과대평가 우려가 나오는 이유다. 나스닥 바이오주는 1990년과 1993년, 2000년에 크게 폭락한 바 있다.

바이오주 상승세는 미국뿐 아니다. 올해 들어서는 국내 주식시장도 바이오주 상승세가 거침없다. 거품 논란에도 불구하고 많은 전문가들은 현재 바이오주 강세가 과거와는 다르다고 입을 모은다. 미국식품의약국(FDA) 신약 승인 증가, 바이오기업 순익 급증, 신약 투자 열기 등 구체적인 상승동력이 있어서다. 다소 위험 부담은 있지만 '옥석'만 잘 가릴 수 있다면 바이오주는 현재 가장 매력적인 투자처가 될 수 있다는 얘기다.

최근 투자자들 사이에서 바이오주 투자에 대한 관심이 높다.
사진은 국내 바이오주 중 가장 주목받는 셀트리온 본사 전경.

❏ 뜨고 있는 국내 바이오주

• 코스닥 3총사에 장외주식 주목

셀트리온, 메디톡스, 내츄럴엔도텍은 현재 코스닥시장을 뒤흔드는 바이오주 3총사다. 고평가됐다는 일부 의견을 비웃기라도 하듯 주가가 거침없다. 셀트리온

주가는 연초 대비 **94.4%**, 내츄럴엔도텍은 **57.9%**(3월 25일 기준) 올랐다. 메디
톡스는 같은 기간 **6.8%** 오르는 데 그쳤지만, 코스닥에서 가장 비싼 '황제주'다.

　김승우 삼성증권 애널리스트는 "셀트리온의 류머티즘성 관절염 치료제 '램시
마'가 올해 하반기 미국 FDA 승인을 받을 것으로 보인다. 에스트로지(EstroG)로
국내 폐경기 치료제 시장을 석권한 내츄럴엔도텍도 대형 제약사와 판매 계약 성
사라는 호재를 갖고 있다"고 설명했다.

　현재 국내 바이오기업들은 바이오시밀러, 줄기세포, 유전체 분석, 신약 4개 분
야에서 두각을 나타낸다. 에이티넘인베스트먼트의 바이오 심사역 장은현 상무는
"지금까지 바이오주가 약간 고평가된 면이 있다. 그럼에도 몇몇 기업은 성장 가
능성이 높아 더 큰 상승이 기대된다. 바이오시밀러에서는 알테오젠, 유전체 분야
는 마크로젠, 줄기세포는 메디포스트 등을 주목할 만하다"고 말했다.

　코스닥시장뿐 아니다. 장외시장에서도 바이오주에 대한 관심은 뜨겁다. 치료용
항체 개발업체인 다이노나와 바이러스로 항암을 치료하는 업체 신라젠의 주식은
올해 들어 **100%** 이상 올랐다. 재생의학 제품 개발업체 엠씨티티바이오, 줄기세
포 치료제 개발업체인 안트로젠도 **60%** 이상 상승했다

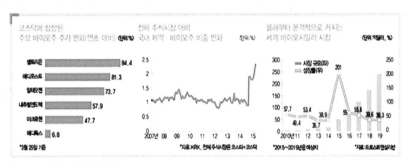

흙 속의 진주 찾기 위해선

• 숫자는 기본, 정성적인 분석 필요

　바이오산업을 이해하려면 전문적인 지식이 필요하다. 구체적인 성과가 나오기
까지 몇 년 이상 걸리는 경우가 많아서다. 바이오 주식투자에서 '옥석 가리기'가
필요한 이유다. 가끔은 수년째 적자인 기업 중에 보석이 숨겨져 있기도 하다. 반
면 특정 기업이 작정하고 속이려 들면 아무리 전문가라도 찾아내기 힘든 분야가
바이오다. 정성적인 분석과 관찰이 무엇보다 중요하다는 의미다.

　전문가들은 바이오주 옥석을 가릴 때 해당 기업의 역량을 확인할 수 있는 객
관적 증거를 찾는 것이 중요하다고 강조한다. 매출이나 영업이익 등 실적에 대한
확인은 기본이다. 제품 재고량 등 평소 관심을 갖지 않는 부분에 대해서도 꼼꼼
히 살펴봐야 한다.

　핵심 기술 역량이 얼마나 신뢰받고 있고, 어느 정도 가치 있는지 살펴보는 것

도 중요하다. 노경철 아이엠투자증권 애널리스트는 "기술 가치를 일반 투자자가 살펴보긴 쉽지 않다. 해당 기술이 미국 FDA, 유럽 EMA 등에 허가를 받았거나 임상 후기 단계에 있는지, 또 그 기술이 글로벌 바이오기업에 일정 규모 이상 기술 이전을 체결했는지 볼 필요가 있다"고 조언했다.

아예 안전하게 갈 수도 있다. "투자대상기업이 임상 3상 시험에 대해 긍정적 결과를 발표하거나, FDA 자문위원회의 검토 결과가 좋게 나온 뒤 투자했을 경우에도 해당 기간 평균 수익률은 나스닥지수를 웃돌았다. 바이오주 투자는 안전형 투자만으로도 수익을 거둘 수 있다." 박중제 한국투자증권 애널리스트의 설명이다.

해당 기업 최고경영자(CEO)에 대한 분석이 필요하다는 지적도 나온다. CEO의 '먹튀' 가능성이 어느 산업군보다 높은 곳이 바이오기 때문이다. 바이오는 업태 특성상 사람 생명과 연관돼 있다. CEO나 대주주가 어떤 소명의식이나 신념을 가졌는지 또 해당 기업이 상업화에 대한 열정이 얼마나 있는지 관찰해야 한다.

일부 전문가들은 또 하나의 잣대로 '해외 수출이 가능한 기업'인지 따져보라고 주문한다. 국내 시장은 작다. 해외 시장으로 수출하거나 기술 이전이 가능한 기업이 아무래도 성장잠재력이 높다. 한미약품 주가가 급등한 것도 국내 제약업체 역사상 최대 규모로 수출 계약을 맺었기 때문이다.

국내 기업 중 이처럼 신약을 개발해 기술을 이전하는 것을 사업 모델로 하는 곳이 몇몇 있다. 상장사 중에는 레고켐바이오, 비상장사 중에서는 한국파스퇴르연구소에서 분사한 '큐리언트'가 주목받는다.

"바이오주를 투자할 때 장기적 안목으로 시장 경쟁 상황을 점검하며 접근해야 한다는 점은 말할 필요가 없다. 옥석을 가리기 위해 의사나 제약업계 종사자 등 전문가에게 직접 조언을 구하고 공부하는 자세도 요구된다."

노경철 애널리스트의 조언이다.

<관련 기사로 매경이코노미 제1801호 36p 참조>

❏ 글로벌 바이오 투자 어떻게

• ETF 통한 간접 투자도 한 방법

해외 주식투자에 대한 관심이 늘면서 글로벌 바이오주 투자도 고려해 봄 직하다. 세계 바이오산업을 주도하는 곳은 단연 미국이다. 미국 주식시장에서는 제약·바이오 분야가 전체 시총에서 차지하는 비중이 지속적으로 상승해 9% 수준(국내 약 2.5%)까지 올라왔다.

현재 미국 바이오주를 주도하는 기업은 시가총액 기준 '빅4'로 불리는 길리어드 사이언스(Gilead Sciences), 암젠(Amgen), 셀진(Celgene), 바이오젠아이덱(Biogen idec) 등이다. 이들의 시가총액 합계는 약 5,000억 달러에 이른다. 장은현 상무는 "미국 시장에서는 유전체 분석, 면역 항암제 등을 개발하는 기업이 인기가 좋다. '주노세라퓨틱스(Juno Therapeutics)' '카이트(Kite)' '파운데이션메디슨'히 높게 나와 투자자 관심이 뜨겁다"고 설명했다.

미국 주식 직접투자법은 간단하다. 증권사 종합계좌를 만든 뒤 외화증권 거래 약정을 등록한다. 그 뒤 달러로 환전하고 투자금을 입금하면 된다.

미국 바이오주 투자에 신중해야 한다는 의견도 있다. 지난해 길리어드사이언스가 개발한 C형간염 치료제 소발디 가격이 높게 책정되자, 미 의회가 원가 내역 공개를 요구했고 주가가 급락했다. 각종 이슈에 따라 단기 변동성이 크다는 점도 큰 변수다. 게다가 국내 일반투자자들은 미국 바이오주 개별 종목에 대한 정보 접근성이 떨어진다.

이런 이유로 일부 전문가들은 ETF(상장지수펀드) 등을 통한 간접투자를 추천한다. 펀드에 속한 회사 하나가 실패해도 다른 기업이 성공하면 위험이 상쇄되기 때문이다. 다만 해외 ETF는 환헤지 여부와 세금을 주의해야 한다. 환헤지가 되지 않는 상품은 해당 국가 통화가 강세를 나타내면 추가로 환차익을 얻을 수 있지만 반대의 경우 손실을 볼 수 있다. 또 해외 ETF는 매도 시 배당소득세(15.4%)를 납부해야 한다는 점도 기억해야 한다.

"ETF는 분산 투자가 필요한 바이오에 가장 어울리는 투자 수단이다. 미국 바이오 ETF 중에서는 '아이쉐어즈나스닥바이오테크놀로지' 'SPDR S&P바이오테크놀로지'를 추천한다. 해외 주식 매매가 환율, 세금 문제로 번거롭다면 이 지수에 투자하는 국내 펀드 '삼성KODEX합성-미국바이오'와 '미래에셋TIGER나스닥바이오'를 통해 좀 더 쉽게 투자할 수 있다."

< 한국경제, 강송철 한국투자증권 애널리스트의 조언>

제11장 기본적 분석

제1절 기본적 분석의 필요성

James Wood가 "주식시장에 가장 큰 영향을 미치는 것은 세상의 모든 것들이다"라고 주장하는 것처럼 주식시장의 가격움직임을 정확히 예측하기 위해서는 모든 것을 알아야 한다. 다시 말해 주가 움직임을 정확히 예측하는 것은 불가능하다는 말이다. 그렇지만 많은 요인들 중에서 주가에 특히 큰 영향을 미치는 경제요인들은 파악하고 이들과 주가와의 관계를 분석하는 것은 주식시장을 이해하고 나아가 보다 나은 투자수익률을 높이는 데 있어서 매우 중요하다. 이는 주식뿐만 아니라 모든 투자대상을 분석할 때에도 동일시된다.

기본적 분석(Fundamental Analysis)은 투자대상에 영향을 미치리라고 생각되는 거시경제 요인, 즉 경제요인, 산업요인, 기업의 개별요인 등의 여러 가지 정보를 이용하여 투자대상의 내재가치(Intrinsic Value)를 구한 다음, 시장가격을 비교하여 과소평가되거나 과대평가된지 여부를 판단하는 방법이다. 즉 내재가치가 시장가격보다 높으면 투자를, 낮으면 매각을 하는 투자의사결정을 한다.

투자대상이 무엇이든지 투자대상에 대한 내재가치를 평가하기 위해서는 가치결정에 영향을 미치는 거시경제나 산업환경 등 환경에 대한 분석이 선행되어야 한다. 거시경제분석에서는 거시경제 지표를, 즉 경기, 물가, 금리, 환율및 국제수지 등을 중심으로 분석한다. 특히 우리나라 경제는 수출국가이며 전세계를 대상으로 FTA(Free Trade Association)을 체결하여 세계시장을 대상으로 무역과 투자를 할 수 있는 길이 열려 있으므로 상대적으로는 펀더멘탈(Fundamental)

이 작고 대외의존도가 높으므로 세계경제의 움직임에 따라 큰 영향을 받는다. 따라서 각국의 경기전망과 국제금리 그리고 각국 주가 간의 동조화 현상 등도 분석하는 것이 필요하다.

이러한 거시 경제분석을 실시한 다음 투자시기를 판단하여 최적의 타이밍 (Timing)을 잡아야 한다. 그 후 산업분석으로 들어가야 한다. 산업분석에서는 경제전망이 각 산업에 미치는 영향을 분석하고 산업의 동향을 파악함으로써 투자유망업종을 선정한다. 그리고 가능한 쇠퇴산업보다는 가능성이 많은 성장 산업을 중심으로 투자대상 산업을 선택한다. 그다음 기업분석에서는 그 성장 산업에 속한 기업에 대하여 거시경제분석과 산업분석을 토대로 하여 개별기업 의 향후 수익성을 예측하고 기업의 내재가치를 추정함으로써 투자유망 대상을 선정한다. 개별기업 분석에서는 재무적 분석과 비재무적 분석을 통해 내재한 리스크와 내재가치를 파악하는 데 주력해야 한다.

[그림 11-1] 기본적 분석의 틀

제2절 거시경제 분석

거시 경제분석에서는 가장 먼저 경기동향을 파악해서 경기가 투자하기에 좋은지 아니면 경기가 나빠 투자를 중단해야 하는지의 관점에서 경기의 흐름을 먼저 파악한 후에 경기에 영향을 받는 물가, 금리, 인플레이션 그리고 환율과 국제수지 등의 경제요인을 분석하여 주가흐름을 파악한다. 주가는 거시경제의 전체적인 움직임과 밀접한 관계가 있으므로 투자자는 주가변동의 대세를 파악하고 주식매매의 시기를 포착하기 위해서는 현재의 경제상황을 면밀히 분석하고 장래의 경제상황 변화를 예측할 수 있어야 한다. 그렇게 하기 위해서는 과거의 패턴과 현재 상황을 정확히 판단하고 이에 따른 패턴의 방향성을 기초로 미래의 방향을 예측할 수 있어야 한다.

모든 투자에서는 거시 경제변수들과 주식시장과의 관계를 이해하는 것은 주식투자수익률을 높이는데 당연히 도움이 될 것이고 경제가 작동되는 원리와 메커니즘을 이해하고 실물경제와 금융경제의 연결고리를 이해하는 데에도 큰 도움이 되므로 아래 설명을 잘 이해하기 바란다.

1. 경기와 주가

경기는 어떤 경제단위의 경제상황을 나타내는 것으로 주가는 경기변동에 앞서서 움직이는 선행지표(Leading Indicator)로 알려져 있다. 주가의 선행 정도는 나라에 따라 그리고 분석시점에 따라 다르지만, 선진국에서는 대개 약 4~6개월 정도로 주가가 경기를 앞서서 움직인다는 연구가 있다.

□ 약세시장 → 경기후퇴
□ 강세시장 → 경기회복

기본적으로 주식시장이 관련된 모든 정보를 신속하고 완전하게 반영하는 효율적 시장이라면 주가는 경기에 대한 투자자들의 예상을 반영하여 경기흐름에 앞서서 움직일 것이다. 주가에 영향을 미치는 대부분의 정보들은 경기동향의 영향을 직접 또는 간접으로 받는다고 할 수 있다. 만약 투자자들이 앞으로의 경기후퇴를 예상한다면, 이로 인하여 기업들의 매출과 수익이 감소할 것이기에 기업들의 미래가치는 하락하고 이러한 예상은 현재의 주가에 부정적인 영향을 미칠 것이다.

주식시장이 경기에 선행하는 것은 분명한 사실로 확인되고 있기에 경기를 예측할 수만 있다면 주가도 예측할 수 있다는 말이 된다. 따라서 경기를 예측하기 위한 노력이 경제학자나 애널리스트, 증권실무자들 사이에서 무수히 이루어져 왔다.

표 10-1 경기종합지수 구성지표

경기 선행종합지수	경기 동행종합지수	경기 후행종합지수
건축허가면적	비농가취업자수	이직자수
기계수주액	산업생산지수	상용근로자수
수출신용장내도액	제조업가동률지수	생산자제품재고지수
건설용 중간재 생산지수	도소매판매액지수	가계소비지출
기업경기실사지수	건설기성액	소비재수입액
재고순환지표	수출액	회사채유통수익률
종합주가지수	수입액	
총유동성(M3)		
예금은행 대출금		
수입허가서발급액		
설비투자추계지수		

특히 〈표 10-1〉과 같이 경기변동에 앞서는 경기선행종합지수나 동행종합지수, 후행종합지수들과 경제주체들의 경기에 대한 전망에 대하여 설문 조사한 결과를 지수화하여 발표하는 기업경기실사지수(Business Survey Index: BSI)를 통한 예측 등 다양한 시도들이 있었다. 그러나 실망스럽게도 어떤 방법을 사용하더라도 경기변동을 예측한다는 것은 거의 불가능한 것으로 알려져 있다. 다만 이러한 경기예측 도구들과 오랜 경험을 통한 동물적 감각을 활용한다면 투자에 유용한 도구로 활용할 수 있을 것이다.

2. 물가와 주가

물가의 변화는 기업수익과 시장에서의 투자심리에 영향을 주어 주가에 상당한 영향을 준다. 예를 들어 완만한 물가상승은 실물경기의 상승을 가져오면서 기업수익을 개선하고 기업의 자산가치를 증대시켜 주가를 상승시키게 된다. 그러나 급격한 인플레이션은 저축을 위축시키고 부동산, 귀금속 등의 실물자산 등 안전자산을 선호하여 주가를 하락시키는 요인으로 작용한다. 스태그플레이션(Stagflation)하에서는 공급이 위축되어 물가가 상승하는 경우에는 기업수지에 악영향을 주어 주가의 하락을 초래한다. 그리고 물가상승으로 인하여 소비자의 실질 소득수준이 감소하여 구매력이 위축됨으로써 주가하락을 초래한다. 디플레이션(Deflation)하에서는 물가가 하락하거나 물가상승률이 둔화하는 시기에는 저물가와 저금리 현상이 동반되기에 민간은 실물자산보다는 예금과 주식 등의 금융자산을 선호하게 되어 주가의 폭등을 초래하는 경우가 대부분이다.

3. 금리와 주가

금리와 주가는 반대로 움직이는 것으로 알려져 있다. 예를 들어 금리가 낮아지면 기업들의 자금차입 비용이 줄어 금융비용 부담이 낮아져 기업의 수익성이 높아지므로 미래 수익의 현재가치의 합이라고 할 수 있는 주가는 상승하게 된다. 또한 투자자 입장에서는 무위험이자율 상품인 정기예금, CD, 국고채 등 금융자산에 투자하던 자금을 자본이득을 위해 주식투자로 이동하게 됨으로써 주가를 상승시키게 된다. 이처럼 금리는 기업수익이라는 주식시장 외적인 요소와 주식시장의 수요와 공급이라는 시장 내적요소에 영향을 주어 주가를 오르내리게 한다.

□ 기업부문
　금리하락→자금조달확대→설비투자확대→수익성향상→주가상승
□ 민간부문
　금리하락→투기적 화폐 수요의 증가→투자자금 증가→주가상승

　단기와 중기의 관점에서 볼 때, 주가에 가장 영향을 많이 미치는 단일지표는 금리이다. 이는 채권이 투자수단으로서 주식과 경쟁하기 때문이다. 채권은 금리가 상승할 때 더욱 매력적으로 되고, 투자가는 주식을 매도하고 채권을 매수하게 된다. 즉, 금리와 주가는 반대로 움직이게 된다. 중앙은행은 경기가 과열상태이고 인플레이션이 예상되면 언제든지 통화긴축정책을 시행할 수 있기에 미래 경기에 대한 전망이 좋다고 해서 주가가 반드시 상승한다고 볼 수는 없다.

　우리나라에서는 과거 금리가 주가에 일정한 시차를 두고 영향을 미쳤으나 금리자유화의 진전과 주식시장의 효율성 제고로 금리와 주가는 시차가 거의 없는 역의 상관관계를 가지는 것으로 분석되고 있다. 따라서 금리는 미래의 주가를 예측하는 아주 좋은 지표라 할 수 있다. 투자자들은 중앙은행이 신용조건을 완화할 때 주식보유를 늘리고 중앙은행이 긴축정책을 택하면, 주식보유를 줄이는 전략을 구사하여 수익률을 높일 수 있다고 생각할 수 있다. 그러나 실제 이러한 전략을 행하는 데 또 다른 고려할 점이 있다. 시장은 금리의 인상, 인하에만 영향을 받는 것이 아니라 금리에 대한 정책변화가 주어진 경제 상황에서 적절한 조치였는가에 대해서도 반응한다는 것이다. 실제로 중앙은행이 금리를 인하할 때 그 정도가 현 상황에서 부적절하다고 판단되면 또한 시기를 놓쳤다고 판단되면 시장은 오히려 예상과는 달리 반대로 인상 또는 인하된다는 것이다. 즉 같은 금리변화라도 상황에 따라서 시장의 반응은 정반대로 나타날 수 있기에 금리변화를 보고 단순히 판단할 수는 없고 시장의 변화를 읽을 줄 알아야 한다.

4. 통화량과 주가

통화량의 변동은 주가에 큰 영향을 미친다. 일반적으로 통화량의 증가는 다른 조건이 일정하다면 금리를 하락시키고 금리가 하락하면 주가는 상승한다. 즉, 금리가 하락하면 기업의 금융비용과 제품원가가 낮아지게 되어 기업의 수익성을 향상함으로써 주가의 상승으로 이어진다. 또한 통화량의 증가에 따라 통화량 증가의 일부가 증권시장에 주식투자 자금으로 유입되어 주식에 대한 매입수요가 살아나 주가를 상승시키게 된다.

□ 기업부문
　통화량증가→자금량증대→설비투자확대→수익성향상→주가상승
□ 민간부문
　통화량증가→자금량증대→투자자 주식매입 증가→주가상승

그러나 과도한 통화량의 증가는 물가를 상승시켜 인플레이션을 유발할 수 있으므로, 반드시 주가의 상승으로 이어지지 않을 수도 있다. 따라서 정부와 한국은행은 금리정책과 통화안정증권 발행, 국채 매입 등을 통해 통화량을 조절하는 등 경기부양 정책을 사용하기도 한다.

5. 국민소득과 주가

국민소득이 증가할 경우 소비와 투자가 증가함으로써 기업의 이윤을 높인다. 이러한 기업이윤의 증가는 생산과 고용의 증대로 이어져 기업수익과 주가의 상승을 가져온다. 주가가 상승하면 주식투자자의 금융자산 가치가 증대되고 이는 곧 국민소득의 증대를 가져와 소비를 증가시켜 기업의 생산활동을 증대시키는 순환구조를 만든다. 결국, 국민소득과 주가는 영향을 서로 주고받는 것으로 알려져 있다.

6. 환율과 주가

환율은 우리나라의 통화와 외국통화 간의 교환비율이 실시간으로 수요와 공급에 따라 변동하면서 주가에도 영향을 준다. 환율은 기본적으로 외환시장에서의 수요와 공급에 따라 결정되나 국제수지, 물가 및 이자율 등의 복합적인 요인에 의하여 결정된다. 따라서 환율과 주가의 관계를 분석하기는 쉽지만은 않은 일이다. 만약 환율이 떨어지는 경우 원화가치가 높아지면 수출가격이 상대적으로 비싸져 수출이 감소하게 되고 수출기업의 채산성이 악화하여 주가는 하락하게 된다. 반대로 환율이 상승하면, 즉 원화가치가 낮아지면 수출가격이 상대적으로 싸지게 되어 수출경쟁력이 증가하고 수출기업의 수익성과 국제수지가 개선되어 주가가 상승하게 된다.

환율인상이 수출비중이 높은 기업에게는 유리하게 작용하지만, 물가상승이 우려되고 경제성장이 둔화할 수 있는 등의 이유로 장기적으로는 주가상승을 동반하기는 어렵다.

7. 외국인 주식투자와 주가

외국인의 주식투자자금이 국내 주식시장으로 유입되면 주식의 매입수요가 증대되어 주가의 상승요인으로 작용한다. 현재 주요 주가상승 세력으로 등장한 지 오래다. 반대로 외국인 투자자가 국내 주식시장에서 주식을 매도하여 투자자금을 해외로 유출할 경우에는 주식매도가 증가하고 매입수요는 감소하여 주가를 하락시키는 주요인이다.

또한 외국인이 국내주식을 대량 매입하면 주가가 오르는 대신 환율은 하락하고 또 주식을 대량 매도하면, 주가는 하락하는 반면 환율이 상승하는 환율과 주가 사이의 역동조화 현상도 발생하고 있다. 즉 외국인 투자자금이 급격히 증시에 투자되면 환율은 하락한다. 환율이 하락하면 원화가치는 높아지면 원자재 등 수입품의 가격이 낮아질 수도 있다. 그러나 환투기나 증권시장 투기를 목적으로 하는 이른바 핫머니가 동시에 유출되면 환율이 오르고 수입물가가 상승하여 인플레이션 압력이 발생할 수도 있다.

제3절 산업분석

경제분석이 완료되면 다음 단계로 산업분석(Industry Analysis)을 하여야 한다. 산업분석은 산업동향을 파악하여 유망투자업종을 선정하기 위한 것이다. 물론 현재의 투자환경을 진단하기 위함뿐만 아니라 몇 년 후의 투자환경을 분석하기 위해서도 산업분석은 반드시 필요하다. 따라서 산업분석에서는 경제상황 변화에 따른 성장산업과 쇠퇴산업의 변화와 이것이 개별기업에 미치는 영향을 파악하는 것이다.

1. 산업분석의 일반적 요인

산업분석에서는 일반적으로 다음과 같은 요인들에 대하여 과거의 실적과 현재의 상태와 동향 파악, 그리고 이를 통한 미래 전망을 제시한다.

산업분석에서도 산업 내의 수요와 공급구조 분석이 가장 중요하며 산업에 대한 정부가 친화적인 정책을 사용하고 있는지 제한 또는 규제정책으로 일관하고 있는지도 매우 중요하다. 즉 산업별 실사지표 및 주가관련 분석, 수요와 공급구조, 경영성과와 재무구조(관련산업과의 상호비교 분석, 추세분석, 평균비율 등), 정부의 산업정책(세제 및 금융상의 지원 여부, 지원산업 혹은 구조조정 산업 여부), 산업 내 시장구조와 해외동향, 경기에 대한 산업의 매출민감도 등 산업의 일반적인 요인에 대한 분석을 통해 지속 성장가능산업을 찾아내야 한다.

2. 산업구조분석

기업이 속한 산업의 내부구조에 따라 기업의 수익성 및 성장성이 달라진다. 즉 산업별로 경쟁구조, 수급구조, 시장구조, 타산업과의 연관성, 경기변동과의 연관성, 산업의 대체관계, 진입장벽 등 산업 내부구조를 분석함으로써 산업자체와 기업의 수익성과 성장성을 파악할 수 있기에 산업분석은 선택이 아니라 필수다.

마이클 포터(M.E. Poter)는 산업의 경쟁강도 분석기법이 매우 유용한 도구라고 제시하면서 특정산업의 경쟁강도를 결정하는 구조적인 경쟁요인으로 기존 업체와의 경쟁강도, 신규기업의 진입장벽, 제품의 대체가능성, 구매자의 교섭력, 공급자의 교섭력 등 5가지 요인을 제시하고 이들 요인들에 의해 해당 산업의 이윤과 산업위험이 결정된다고 설명하였다.

3. 산업의 수명주기 분석

산업의 주제품 수명주기가 해당 산업의 미래를 좌우할 수 있다. 제품수명주기와 마찬가지로 산업도 도입기-성장기-성숙기-쇠퇴기의 라이프사이클(Life-Cycle)을 거친다. 따라서 가능한 지속적으로 성장 가능한 성장산업을 찾아내어 그 성장산업 속에서 투자대상을 찾는 일이 무엇보다 중요하다. 또한, 10년 후 사라질 산업과 10년 후 떠오를 산업을 분석하는 일 또한 매우 중요한 일이다.

따라서 각 산업이 산업수명주기에서 현재 어느 단계에 속해 있는가와 특히 미래에 어느 단계에 있을 것인가를 분석하고, 그 산업의 제품에 대한 수요 및 조업도를 분석함으로써 기업 경영성과의 장기전망을 예상할 수가 있다. 또한 경제환경과 정책의 변화에 따라 새로운 산업이 유망산업으로 등장하고 종전의 유망산업이 쇠퇴하기도 한다. 현재 각 산업의 위치가 수명주기상 어느 단계에 속해 있는가에 따라 성장성과 수익성이 달라지기 때문에 이를 통해 성장산업과 사양산업을 구분하여 투자결정에 아주 유용하게 활용할 수 있다.

4. 경기변동과 산업부문과의 관계

산업부분에 따라 경기변동에 대한 민감도가 다르며 경우에 따라서는 경기변동과 무관하거나 경기변동과 반대방향으로 주가가 움직이는 산업도 있다. 따라서 산업리스크를 분석하는 일이 매우 중요하다. 경기변동과 같이 움직이는 산업은 경기변동에 따라 수익성의 변동이 심하다. 예를 들면 경기변동과 같은 방향으로 움직이는 산업은 반도체산업, 건설산업, 제조업 등이며 경기변동에 대한 민감도가 낮은 산업은 음식료 산업, 의약산업 등이다. 또한 경기변동과 반대방향으로 움직이는 산업으로는 열등재 산업 등이고 대체산업으로는 기술혁신으로 신제품과 대체품의 지속적인 등장으로 산업구조가 급격히 변화하는 산업이고 주가도 높을 가능성이 크다. 특히 새로운 정부가 들어서면 특정산업을 육성하기 위해 중점지원 산업을 지정하는데 그러한 산업부문은 신사업을 일으키는데 용이하며 주가가 상대적으로 상승할 가능성이 있다. 노동집약적 산업은 노사분규와 임금상승에 민감하게 반응하지만 자본집약적 산업, 기술집약적 산업은 상대적으로 둔감하다. 수출입산업의 주가는 환율변동에 민감하게 반응한다.

우리나라의 성장산업은 1990년대 들어 사회 경제적 환경변화의 빠른 진행으로 과거의 성장산업이었던 증권, 은행 및 무역, 건설산업 등의 쇠퇴하면서 통신, 항공, 신소재, 유통, 생명공학, 반도체 등의 고부가가치 산업이 새롭게 떠오르고 있고 특히 바이오제약산업과 서비스업종, 게임산업, 엔터테인먼트산업의 K-Pop, 한류 열풍이 신 산업으로 떠오르고 있다.

제4절 기업분석

투자환경을 둘러싼 거시경제 분석 후 산업분석을 통해 지속 가능한 성장산업을 찾아 그 산업 내 경쟁강도인 경쟁 업체 수를 파악한 후에 그중에 가장 시장점유율이 높은 투자 유망한 기업을 찾아내어 기업분석을 한다. 개별기업을 둘러싸고 있는 거시 경제적인 환경요인과 소속산업의 특성요인을 분석했다면 비로소 기업의 내적요인과 외적요인을 분석하는 일, 즉 기업분석을 수행한다. 기업을 분석하는 방법은 손익계산서와 재무상태표와 같은 재무제표를 분석하는 재무적 분석인 양적분석과 기업의 경쟁적 지위, 성장잠재력, 경영자의 능력, 기술우위 등 정성적인 요소들은 평가하는 비재무적 분석인 질적 분석방법으로 나누어진다.

1. 재무분석(양적분석)

기업의 경영성과와 재무상태에 관한 정보를 얻기 위해 전통적으로 가장 많이 이용해 온 기초자료는 재무제표 분석이다. 재무제표는 기업의 경영성과와 재무상태의 과거와 현재를 나타내는 중요한 자료이다. 따라서 주된 재무제표인 재무상태표와 손익계산서는 일정기간 동안의 재무상태와 영업실적을 집약적으로 나타낸 것이므로 이들 재무제표를 분석함으로써 개별기업의 미래의 수익성과 위험에 관한 계량적인 정보를 얻을 수 있다. 또한 재무제표를 구성하는 각종 항목들 간의 관계를 이용하여 기업경영에 대한 의미 있는 정보를 추출하는 재무비율 분석도 매우 유용한 분석 수단이다.

(1) 재무제표 분석

재무제표에는 재무상태표(Statement of Financial Position), 손익계산서(Income Statement), 이익잉여금 처분계산서(Statement of Retained Earning), 현금흐름표(Statement of Cash Flow) 등으로 구성된다.

[그림 11-2] 투자자관점에서의 재무상태표 분석

재무상태표(Statement of Financial Position)는 일정시점에 현재 기업이 보유하고 있는 자산의 현황을 파악하기 위해 작성하는 회계장부로써 자산, 부채, 자본의 3항목으로 구성된다. 재무상태표를 통해 투자자는 기업 재무상태의 건전성에 관한 정보를 얻을 수 있으며 3년에서 5년 동안의 항목별 증감패턴을 분석해야 유용한 분석이 된다.

[그림 11-2] 투자자관점에서의 재무상태표를 분석해보면 대변의 자본은 납입자본으로 경영자의 책임경영의지를 나타내는 것으로 많을수록 양호한 대상이다. 만약 자본이 적으면 언제든지 사업을 포기하여 부채, 즉 채권자들에게 피해를 줄 가능성이 농후하다. 또한 자본과 조달한 부채를 통해 반드시 본업과 관련이 있는 영업자산으로 투입되었는지의 분석이 필요하다. 만약 영업과 관련이 없는 경영자 개인적인 관심대상의 투자자산이나 기타자산으로 투입되었다면 영업보다는 다른데 관심이 있다는 것으로 사업에 문제가 생길 가능성이 크다. 또한 유동성에도 문제가 생길 개연성이 있다. 그리고 자본과 부채의 비중은 최소한 자본이 30% 이상이 되어야 하며 그 이상 많을수록 양호한 안정적인 재무상태이며 차입금이 많을수록 금융비용 부담과 경기변동 시 사업포기 가능성이 커진다.

손익계산서(Income Statement)는 일정기간 기업의 경영활동 성과를 파악하

기 위해 작성하는 재무제표이다. 손익계산서를 통해 투자자는 기업의 매출성
장률과 영업이익의 질, 미래의 수익성을 예측할 수 있다.

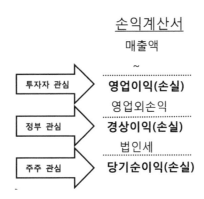

[그림 11-3] 투자자관점에서의 손익계산서 분석

　[그림 11-3]의 투자자관점에서의 손익계산서를 분석해보면 투자자에게 가장
중요한 분석대상은 영업이익의 추세이다. 영업이익은 영업자산을 가동해서 얻
은 본업과 관련 있는 핵심이익이기 때문이다. 경상이익은 세금을 걷어가야 하
는 정부의 관심대상이고 배당에 관심 있는 주주들은 당기순이익을 높이는 것
이 주요 관심사다.

　따라서 투자자는 최소한 3년~5년 이상의 재무상태표 또는 손익계산서를 확
보하여 주요항목에 대한 추세와 패턴이 상향추세인지, 하향추세인지를 판단하
는 것이 중요하다.

(2) 재무비율 분석

　재무비율분석(Financial Ratio Analysis)이란 재무제표를 구성하는 각종 항목
들의 관계식을 이용하여 기업들의 우량 정도를 판단하는 것으로서 수익성, 활
동성, 성장성, 시장성의 정도와 수준을 분석할 수 있다.

① 수익성 비율(Profitability Ratio)

투자자 입장에서 자산상태를 통해 수익성을 측정하는데 가장 중요한 비율이라면 매출액영업이익률, 총자산이익률(ROA), 자기자본이익률(ROE)로 동 비율의 추세를 3년에서 5년간의 추세를 분석하며 투자자의 의사결정에 유용한 비율이다.

ⓐ 매출액영업이익률(Operating Income On Net Sales)은 당기순이익보다는 영업이익이 투자자 입장에서 주요 관심 이익이므로 영업활동의 효율성을 평가할 때 매우 유용하다. 특히 다년간 증가추세인지 감소추세 인지 여부가 매우 중요하다.

매출액영업이익률 = 매출액 / 영업이익 × 100

ⓑ 총자산이익률(Return On Asset: ROA)은 본업인 생산활동에 투입된 자본의 운영효율성을 측정한다.

총자산이익률 = 총자산 / 당기순이익 × 100

ⓒ 자기자본이익률(Return On Equity: ROE)은 타인자본을 제외한 자기자본의 운용효율성을 측정한다.

자기자본이익률 = 자기자본 / 당기순이익×100

② 안정성 비율(Stability Ratio)

기업의 안정성은 부채상환 능력과 경기변동에 대한 대처능력, 즉 유동성과 관련된 비율이다. 유동비율, 부채비율, 고정비율 등이 투자자의 주요 분석대상 비율이다.

ⓐ 유동비율(Current Ratio)은 기업의 단기 채무능력과 유동성을 측정하기 위한 비율이다. 유동자산이란 1년 이내에 현금화될 수 있는 자산을 의미하며 유동부채란 1년 이내에 청산 또는 상환될 채무를 말한다.

유동비율 = 유동자산 / 유동부채 × 100

ⓑ 부채비율(Dept Ratio)은 자본구성의 건전성을 평가하기 위한 지표이다.

부채비율 = 자기자본 / 타인자본 × 100

ⓒ 고정비율(Fixed Ratio)은 고정자산은 자기자본 또는 장기자본으로 조달해야 한다는 관점에서 분석하는 지표로 자본사용의 적절성을 평가하기 위한 지표이다. 고정비율이 낮으면 고정자산에 상환책임이 있는 타인자본이 유입되었다는 신호로 좋지 않다.

고정비율 = 자기자본 / 고정자산(비유동자산) × 100

③ 성장성 비율(Growth Ratio)

기업의 성장성을 파악하기 위한 지표로 매출액증가율, 총자산증가율, 영업이익증가율이 대표적인 비율이다.

ⓐ 매출액증가율(Net Sales Growth Ratio)은 전년 대비 당해 연도 매출액 증가율을 평가하며 몇 년간의 추세를 살핀다. 이 지표는 동종산업의 평균매출액증가율과 비교하여 시장점유율의 변동을 분석한다.

매출액증가율 = 전기매출액 / (당기매출액 – 전기매출액) × 100

ⓑ 총자산증가율(Total Asset Growth Ratio)은 기업의 자산규모가 얼마나 성장했는지를 파악하기 위한 지표이다.

총자산증가율 = 전기말 총자산 / (당기말 총자산 – 전기말 총자산)×100

ⓒ 영업이익증가율(Operating Income Growth Ratio)은 영업활동, 즉 본업에서 얻은 영업이익의 성장률을 파악하기 위한 지표이다.

영업이익증가율 = 전기 영업이익 / (당기 영업이익 – 전기 영업이익) × 100

④ 시장성비율(Marketability Ratio)

시장성비율은 개별주식의 가치를 평가하기 위한 비율로 주당순이익, 주
가수익비율, 배당수익률 등이 주로 사용되는 지표이다.

ⓐ 주당순이익(Earning Per Share: EPS)은 주식 1주당 얼마의 이익을 창출
했는지를 측정하기 위한 지표이다.

주당순이익 = 발행주식수 / 당기순이익

ⓑ 주가수익비율(Price Earnings Ratio: PER)인 PER가 낮으면 이익은 많은
데 아직 주가에 반영이 덜 된 주식일 확률이 높고, PER가 높으면 이익
은 적으나 주가에 선반영되는 성장성 있는 벤처기업일 확률이 높다. 반
대의 경우라면 보유할 가치가 없는 기업의 주식일 것이다.

주가수익비율 = 주당순이익 / 주가

ⓒ 배낭수익률(Dividend Yield Ratio)이란 기업의 배당성향과 기업의 성장
가능성을 파악하기 위한 지표이다.

배당수익률 = 주가 / 주당 배당금

2. 비재무분석(질적분석)

기업분석에서 비재무분석이란 질적분석으로서 개별기업들이 갖는 질적인 특
성, 즉 기업의 창립자이자 기업가이면서 경영자인 CEO의 경영자질, 창립철학
과 경영이념, 신인도, 핵심수익제품 보유 정도, 기업사명과 비전, 기술혁신 및
연구개발능력, 노사관계의 건전도, 사풍과 기업문화, 산업 내의 위치, 제품의
매력도, 시장지배력 등 계량화하기 어려운 정서적인 측면을 분석하는 것을 말
한다. 개별기업들이 가진 이러한 질적특성을 분석하면 기업의 수익성이나 성

장 가능성 등을 판단할 수 있게 된다. 그러나 이러한 내용은 수치로 나타낼 수 없어서 분석하는 사람마다 다른 평가가 나올 수 있기에 객관적 평가가 불가능하다. 다만 평가자나 투자자가 많은 경험을 통하여 전문가적 시각에서 나름대로 일정한 분석기준을 설정하여 분석대상 기업에 공통적으로 적용하여 분석하고 평가하는 것이 적합하다.

제5절 기본적 분석 사례

1. 경영위험분석(Management Risk Analysis)

핵심
분석
요소

- □ CEO 리스크 여부(본업 경험, 경력, 전공, 기술/정보능력, 리더십)
- □ 창립자(2세, 3세 여부)인지 기업가, 경영자 혹은 전문경영인 여부
- □ 내부 CEO, 외부 CEO 여부
- □ 창립이념, 창립철학, 비전과 미션, CI(Corporate Identity) 체크
- □ 기업의 사회적책임(CSR), 기업공유가치(CSV) 정도
- □ 책임경영 의지 보유 여부(자본금 투자 및 책임경영능력)
- □ 지배구조 안정성(지분율, 주요주주, 투자자의 질 및 실경영자 분석)
- □ 승계구조 및 경영진 양성프로그램 보유 여부
- □ 주요주주, 경영실권자에게 Guarantee, Warranty, Endorse 등 연대보증 (Joint And Several Liability On Guarantee) 서면 의사표시 중요

2. 산업위험분석(Industry Risk Analysis)

핵심
분석
요소

- □ 산업 수명주기(Life-Cycle); 도입기-성장기-성숙기-쇠퇴기중 어디에 위치?
- □ 산업구조분석(경쟁강도, 진입장벽, 대체재, 구매자 교섭력, 판매자 교섭력)
- □ 정부 정책 지원산업 및 규제산업 여부
- □ 산업의 수요와 공급 등 경기에 대한 산업의 매출 민감도
- □ 산업 재무구조 상호 평균비교분석 및 추세분석
- □ 시장구조와 해외동향, 산업신용등급

3. 영업위험(Business Risk)

핵심
분석
요소

□ 핵심제품, 핵심 비즈니스 모델 보유 여부
□ 제품 및 상품 증가 및 매출원가 추세
□ 사업부별, 제품별 추세분석
□ 판매처, 구매처 교섭력분석
□ 구매가격, 판매가격 추세/시장 내 위치(시장점유율)/시장동향
□ 판매처인지도 및 브랜드 인지도, 장기거래처 여부, 판매처 분산도
□ 유통경로 확보, 향후 먹거리 비지니스 발굴노력

4. 수익성분석(Profitability Risk)

핵심
분석
요소

□ 핵심제품의 수익력, 핵심수익모델 보유 여부
□ 제품별, 사업부별 영업이익 분석
□ 계열사, 관계사 전체 영업이익 분석
□ 영업이익, 경상이익, 당기순이익의 질적 분석
□ 이익잉여금, 유보이익 수준 분석
□ ROA, ROE 분석, EBITDA 분석
□ 향후 창출 및 개발가능이익 분석

5. 재무분석(Financial Risk)

핵심
분석
요소

□ 자본금 수준을 분석을 통한 책임경영의지 보유 여부
□ 재무 안정성, 유동성, 투자자 구조 분석
□ 부채비율, 유동성비율, 차입의존도 분석
□ 장단기 차입금 구조분석 및 차입금의 질적수준 분석
□ 주요 재무항목에 대한 3~5년간 추세분석
□ 운전자금(매입채무, 재고자산, 매출채권) 분석
□ 증자여력, 재무구조 조정가능성, 기타자산의 질 분석

6. 비재무분석(Non-Financial Risk)

핵심
분석
요소

□ 경영계획, 경영전략의 환경과의 적합성
□ 마케팅 채널, 이노베이션, 테크놀로지 반응속도
□ 기업문화, 조직구조, 의사결정시스템, 기술응용력
□ 핵심가치, 품질과 프로세스, 기업가치, 기업윤리, 직원에 대한 존중
□ 핵심기술 보유 여부 제휴기술, 제휴관계 협력도
□ 산업재산권(특허권, 실용신안권, 의장권, 상표권, 지적재산권 등)의 질
□ 투자계획의 적절성과 실효성

7. 전망 및 종합의견

핵심
분석
요소

□ 전망

□ 종합판단결과

연습문제

1. 기본적 분석의 필요성을 논하라.

2. 경기선행종합지수의 개념과 필요성을 설명하라.

3. 산업분석의 일반요소를 설명하라.

4. 마이클포터의 산업구조분석을 설명하라.

5. 기본적 분석 사례를 핵심분석요소를 들어 설명하라.

기술적 분석

이 장에서 학습하는 내용

- 기술적 분석을 통한 주가 예측
  - ▶ 기술적 분석기법
  - ▶ 개별 주식가격 예측
  - ▶ 기술적 분석의 유용성과 한계

이 장의 학습목표

- 기술적 분석을 통한 주가예측 스킬배양
- 개별주식가격을 측정하여 예측해 본다.
- 기술적 분석의 한계를 깨닫는다.

투자론 산책

주식시장의 언어 기술적 분석…투자자 집단심리 반영

미국의 경제학자 아론 레벤쉬타인은 "통계는 비키니와 같다. 그것이 보여주는 것은 암시적이지만, 숨기고 있는 것은 너무나 중요한 것이다"라고 했다. 미국 프로 야구 텍사스 레인저스 감독을 지낸 토비 하리스 이를 야구에 적용하기도 했다. "야구 기록은 비키니를 입은 소녀와 같다. 기록은 많은 것을 보여준다. 그러나 모든 것을 보여주진 않는다"라고. 그러나 통계나 기록이 꼭 야구에만 적용되는 것은 아니다.

우리가 증시에서 매일 접하게 되는 차트도 마찬가지이다. 차트는 지나간 시간의 기록이다. 증시의 역사인 차트를 찾고 뒤지고 곱씹으면 주가의 과거와 현재를 이해하게 되고, 미래가 어떻게 흘러갈지 알 수 있게 된다(혹은 알 수 있을 것처럼 보인다). 그래서 주식시장의 투자자들에게 차트는 매력적이다. 주가차트에 빠진 사람이라면 수많은 움직임으로 구성된 차트를 보고 모니터 화면을 가득 채운 비키니 소녀를 보는 것과 같은 매력을 느낄 법하기 때문이다.

증권 분석은 크게 기본적 분석과 기술적 분석 그리고 제3의 분석이라고 할 수 있는 심리적 분석으로 나눌 수 있다. 기술적 분석이란 과거 및 현재의 시장가격 변동을 연구해 특징을 찾아내고, 이를 통해 미래의 가격 변화를 예측하고자 하는 기법이다. 이에 비해 기본적 분석은 어떤 시장의 내재가치를 결정하기 위해 그 시장의 가격에 영향을 미치는 모든 관련된 요인들을 살펴보는 분석기법이다.

한마디로 기술적 분석은 시장 움직임 연구에 집중하는 반면, 기본적 분석은 가격의 상승, 하락, 보합을 유발하는 수요와 공급 등의 경제적 힘에 초점을 맞추고 있다. 기본적 분석의 경우 다루어야 하는 엄청난 양의 자료 때문에 대부분의 기본적 분석가들은 세분화되고 전문화된다. 이러한 이유로 기본적 분석에 쏟아붓는 노력과 시간을 기술적 분석에 돌려 투입한다면 오래지 않아 만족할 만한 결과를 얻을 수 있게 될 것이다. 처음 주식에 입문하는 사람들에는 기술적 분석을 통한 증권 분석이 보다 친숙하게 다가올 수 있는 이유이기도 하다. 기술적 분석을 가장 쉽게 설명해 줄 수 있는 것은 무엇일까. 1980년대 『주식의 기술적 분석과 선물옵션』이라는 책으로 잘 알려진 윌리엄 엥이 "초승달은 저평가를, 보름달은 주가의 고평가를 유발하므로 초승달일 때 사서 보름달일 때 팔라"고 주장한 바 있다.

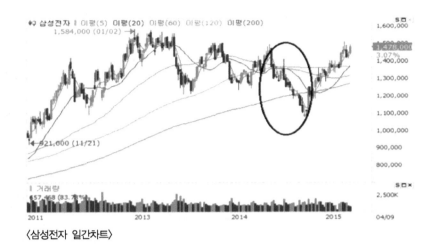

〈삼성전자 일간차트〉

　따라서 제아무리 좋은 주식이라도 보름달 국면에서 사서 기울기 시작하면 손해 볼 수밖에 없는 것이다. 위 그림은 한국 최고의 주식인 삼성전자의 일간차트이다. 단순히 추세는 고려하지 않고 기업의 내재가치만 믿고 2014년 6월에서 10월에 걸쳐 매수에 나섰다면 마음고생이 심했을 것이다. 한마디로 주식이나 시장의 움직임 연구에 집중하는 것이 바로 기술적 분석이다. 그중에서 가장 중요한 것은 주가의 추세를 알아보고자 함이다.

　경제학자들이 오랜 연구 끝에 밝혀낸 것이 있으니, 그것은 바로 '주가엔 추세가 있다'는 사실이다. 삼성전자의 주간차트에서도 추세를 잡아내기 위한 것이다. 내리는 가격은 더 내리려 하고, 오르는 가격은 더 오르고 싶어 하는 주가의 속성이다. 이는 시장참여자들의 집단심리에 기인한 것으로, 기계가 아닌 사람이 투자를 하는 한 변하기 힘든 진리이다. 따라서 상승장에는 동참하고 하락장에는 물러나 있어야 하지만, 실제로 이러한 것이 말처럼 쉽지는 않다.

　프랑스의 철학자 메를로 퐁티는 "감각(Sens)은 방향(Sens)을 가지고 있고 의미(Sens)를 지니고 있다'고 말했다. 주식시장에서 추세는 방향을 가지고 의미를 지니게 된다. 추세에 대한 개념은 기술적 분석에 있어 기본적이고 필수적인 개념이다. '언제나 추세에 편승해 거래하라', '추세에 역행하지 말라' 그리고 '추세는 당신의 친구다'와 같은 투자 격언은 주식 투자가라면 한두 번쯤 들어보았을 것이다. 주가는 일직선으로 움직이는 것이 아니라 흔들리면서 추세를 따라 움직이게 된다.

　우리는 흔히 인생을 게임에 비유한다. 게임에는 언제나 승자와 패자가 있다. 인생법칙과 똑같이 주식시장에도 승자와 패자가 존재한다. 주식시장은 사람들의 생각과 조화를 이루면서 움직이기도 하고 그렇지 않을 때도 있다.

　흥미로운 사실은 주식시장이 인간의 본성과는 정반대로 움직일 때가 많다는 것이다. 그러면 그 차이를 어떻게 알 수 있을까? 그것은 아주 쉬운 일이다. 시장언어를 배우는 것이다. 그렇다. 주식시장에도 언어가 있다. 우리는 그것을 기술적 분석이라고 한다. 노자의 도덕경을 보면 첫 문장에 '도가도비상도, 명가명비상명(道可道非常道, 名可名非常名)'이라고 나와 있다. 즉 '도라고 할 수 있는 도는 영원한 도가 아니고 이름 지을 수 있는 이름은 영원한 이름이 아니다'라는 것이다. 마찬가지로 언제나 어떤 시장에나 적용할 수 있고 효과를 볼 수 있는 그런 매매기법과 투자전략은 존재하지 않는다. 따라서 항상 연구하고 노력해서 부족한 점을 끊임없이 보충해야 한다. 기술적 분석의 대가들은 대부분 지적 호기심이 왕성한 'T자형 인간'이었다. 엘리엇이 그랬고, 일목산인과 앙드레 코스톨라니가 그랬다. T자형 인간이란, T의 '一'는 횡적으로 많은 것을 아는 것(Generalist)이며 'ㅣ'는 종적으로 한 분야를 깊이 안다(Specialist)는 것을 의미한다. 따라서 기술적 분석을 잘하기 위해서는 기술적 분석 한 분야에만 국한하지 말고 좀 더 넓게 알려고 하는 노력을 병행해야 할 것이다.

< 김정환 KDB대우증권 애널리스트 >

제12장 기술적 분석

제1절 기술적 분석의 의의와 가정

모든 유용한 정보는 과거 주가 추세나 패턴에서 얻을 수 있다고 주장하는 기술적 분석의 핵심목표는 시장의 주요 추세를 파악하여 강세장인 경우에는 시장에 참여하고 약세장일 때는 시장에서 빠져나간다는 것이다. 그러나 대부분의 경제학자나 재무학자들은 주가가 예측 가능한 패턴을 따른다는 차트분석의 기본논리에 반박하고 있으며, 주가의 움직임은 추세를 따르는 것이 아니라 무작위로 움직인다(Random Walk)고 주장한다.

이러한 주장에도 불구하고 아직도 많은 펀드매니저들과 트레이더들은 기술적 분석을 많이 활용하고 있는 것이 사실이다. 특히 시장의 추세를 분석해서 주식의 매수, 매도시점을 찾는 마켓타이머들은 "추세를 자신의 친구로 만들어라" 혹은 "시장의 추진력을 믿어라"라는 주식 격언을 따르는 자들이라 할 수 있다. 이들은 시장추세를 따라가야 한다고 생각하며 시장추세와 싸우는 것은 재앙의 시작이라고 주장한다.

기술적 분석(Technical Analysis)이란 주가의 과거 움직임이나 거래량 변화를 분석하여 미래의 주가를 예측하는 방법이다. 이러한 분석을 하는 기술적 분석가(Technical Analyst)를 일명 도표분석가(Chartist)라고도 하는데 이는 기술적 분석이 과거의 주가 움직임을 주로 도표를 통하여 분석하여 일정한 추세(Trend)나 패턴(Pattern)을 발견하고 이를 근거로 하여 미래의 주가를 예측하기 때문이다.

기술적 분석에서의 기본적 가정은 다음과 같다. 첫째, 주가는 그 주식의 수요와 공급에 의해서 결정된다. 둘째, 시장의 주가는 경제적 요인, 재무요인뿐만 아니라 계량화가 어려운 심리적 요인, 비이성적 요인들에 의해서도 영향을 받는다. 셋째, 주가는 관련된 정보를 서서히 반영하되 특정한 추세(Trend)를 장기간 형성하면서 변화한다. 넷째, 주가나 거래량의 변화하는 양상은 스스로 반복하는 경향이 있다. 다섯째, 주가가 변동하는 이유는 그 주식의 수요와 공급의 변화 때문인데 주식시장에서 주가가 움직이는 모습을 도표를 통하여 살펴봄으로써 변화의 추세를 파악할 수 있다.

기술적 분석에서는 주가가 특정한 추세를 형성하면서 변화하기 때문에 예측이 가능하다는 것이다. 즉, 과거의 주가나 거래량의 도표를 살펴보면 미래주가를 예측할 수 있다는 것이다. 이와 같이 기술적 분석에서는 정보의 반영이 서서히 이루어짐으로써 주가가 조정되는데, 이 조정기간의 주가 움직임은 일정한 방향으로 추세를 형성하면서 변화한다는 것이다. 따라서 이러한 주가 추세의 시작시점을 잘 파악하면 투자시점의 포착이나 증권시장의 전환점을 예측할 수 있다는 것이다.

제2절 기술적 분석 기법

1. 엘리어트의 주가파동이론

다우이론은 주로 주가의 장기추세를 예측하는 기법이라면 중기추세를 예측하는 기법으로 대표적인 것이 1930년대에 발표된 Elliot의 주가파동이론(Wave Theory)이다. 그는 장기간의 주가 움직임을 분석한 결과 주가는 마치 파도가 생겨나는 모습과 같이 변화하는데, 5개의 파동을 그리며 상승한 후 3개의 파동을 그리며 하락함으로써 총 8개의 파동으로 하나의 사이클을 구성한다고 주

장하였다. 즉, 상승추세선은 5파동, 하락추세선은 3파동으로 구성되는데 상승
5파동은 각각 3개의 방향파와 2개의 반동파로 구성되며, 하락 3파동은 2개의
방향파와 1개의 반동파로 구성된다는 것이다. [그림 12-1]에서와 같이 엘리어
트 파동이론의 기본적인 파동형태를 볼 수 있는데 이 중 1, 3, 5는 상승파이며
2, 4는 조정파이다. 주가의 하락추세는 3개의 파동으로 구성되는데 그림에서
a, c는 하락파이며 b는 조정파이다. 따라서 장기적으로 보면 한 개의 상승파와
한 개의 하락파가 하나의 주기(Cycle)을 형성하게 된다.

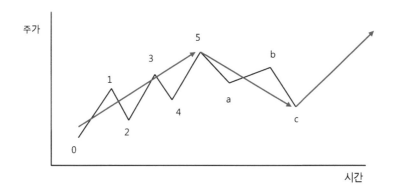

[그림 12-1] Elliot 파동이론 분석

　Elliot는 주기가 200년 이상인 초장기 사이클(Grand Supercycle), 주기가 50
년인 슈퍼사이클(Supercycle)로부터 몇 시간의 주기가 되는 초단기 사이클
(Subminute Cycle) 등 9등급의 파동으로 구분하고 이러한 주가의 순환파동을
분석함으로써 중장기의 주가흐름을 예측할 수 있다는 주장이다. 엘리어트 파
동이론에 근거하여 한 증권분석가가 1987년 10월 19일에 발생한 미국 주식시
장의 대폭락(Black Monday)를 정확하게 예측한 이후로 이 이론은 더욱 투자
자들에게 관심을 끌었다.

2. 다우이론

오랜 역사를 지니고 있던 기술적 분석법을 체계적으로 시도한 것은 다우지수의 창시자이기도 한 Charles Dow에 의해서였다. 1900년에 발표된 다우이론(Dow Theory)은 주가의 미래 움직임, 특히 장기추세를 예측하는 기술적 분석방법으로 다우기법(Dow Technique)이라고도 한다.

다우이론에서는 주가추세를 소추세(Minor Trends), 중기추세(Secondary Trends or Intermediate Trends), 그리고 주추세(Primary Trends)로 구분한다. 소추세는 매일매일의 주가 움직임을 말하며, 중기추세는 몇 주나 몇 개월간의 주가 움직임으로서 2차추세라고도 한다. 주추세는 몇 개월 또는 몇 년 계속되는 주가추세로서 장기적인 주가 움직임을 나타낸다. 다우이론은 주가의 단기적인 소추세는 무시하고 중기추세를 관찰하여 변화의 양상을 근거로 주추세의 방향이 전환되는 시점을 포착하려 한다.

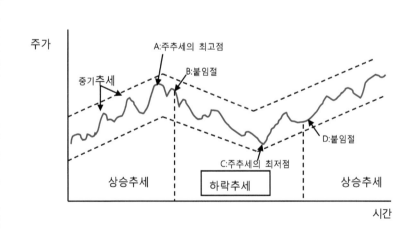

[그림 12-2] 다우기법의 전환점

[그림 12-2]를 보면 다우이론에서는 주추세의 전환시점을 포착하기 위하여 주가의 선도표(Line Chart)를 이용하여 다음과 같은 기준으로써 주식시장의 전환신호를 포착하려 한다. 즉, 새로운 중기추세의 최고점(B)이 주추세의 최고점(A)을 능가하지 못하면 주추세는 하락추세로 전환된다. 그리고 새로운 중기추세의 최저점(D)이 그 이전의 주추세의 최저점(C)을 능가하면 주추세는 상승추세로 전환된다.

다우이론은 1930년대의 미국경제의 대공항에 따른 증권시장의 대폭락을 예측하였다고 하여 유명해진 바 있다. 그러나 다우이론은 기술적 분석이 지니는 문제점을 그대로 가지고 있다. 즉, 다우이론은 과거의 주가자료를 분석하여 추세를 발견하고 시장의 전환시점을 포착하는데, 미래의 주가가 반드시 과거 주가의 반복일 수 없다는 점이다. 또한 다우이론에서 중기추세나 주추세를 판단하는 객관적 기준이 모호하므로 판단결과가 분석가마다 달라질 수 있어 일관성을 찾기가 어려운 문제점도 존재한다.

3. 이동평균선 분석

(1) 이동평균 주가

주가의 이동평균(Moving Average)이란 일정기간의 주가를 단순평균한 것으로 매일 최근 날짜 주가가 평균주가 계산에 추가되는 대신 가장 오래된 날짜 주가는 제외되는 방식으로 계산된다. 예를 들어 5일 주가 이동평균은 오늘부터 과거 거래일 5일간 주가의 평균을 말한다.

주가 이동평균선은 이렇게 계산된 주가 이동평균을 계속 연결한 선으로서 이동평균선을 이용한 분석은 시장의 불규칙한 변동요인을 제거함으로써 시장 전체의 대세 전환을 파악하고 이에 따른 매매시점을 결정하는 데 이용된다.

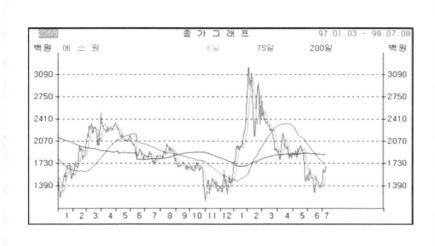

[그림 12-3] 에스원 주가의 종가와 이동평균선

　　단기이동평균선은 시세변화에 민감하게 반응하지만 전반적인 추세파악이 어려운 반면, 장기이동평균선은 시세변화는 잘 반영하지 못하지만 추세변화는 쉽게 파악할 수 있다. 주가 이동평균선에는 5일이나 20일의 단기이동평균선, 60일의 중기이동평균선, 그리고 120일이나 200일 등의 장기이동평균선 등이 있다.

　　이 가운데 가장 많이 사용하는 이동평균선은 200일 이동평균선인데, 이는 신문 또는 투자권유서 등에서 시장추세의 주요한 결정요인으로 자주 언급된다. 이 전략의 초기 지지자 중 한 사람인 William Gordon은 1897년부터 1967년까지의 기간에는 다우지수가 200일 이동평균선 위에 있을 때 주식을 매수하는 것이 그 반대일 경우보다 7배의 높은 수익을 올릴 수 있었다는 것을 발견하였다.

　　주가이동평균선을 이용하여 주가를 예측하는 방법 중 골든 크로스(Golden Cross)와 데드 크로스(Dead Cross)가 가장 많이 이용되고 있다. [그림 12-4]와 같이 골든 크로스는 단기이동평균선이 장기이동평균선을 아래로부터 위로 뚫고

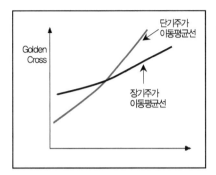 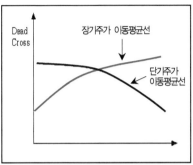

[그림 12-4] Golden Cross와 Dead Cross

올라가는 경우로 활황장세로의 전환이라고 판단하여 매수의 신호로 파악한다. 이와 반대로 데드 크로스는 단기이동평균선이 장기이동평균선을 위로부터 아래로 뚫고 내려가는 경우로서 침체장세로의 전환으로 판단하여 매도의 신호로 파악한다.

(2) 이격도

이격도는 당일의 주가를 이동평균주가로 나눈 퍼센트 비율로서 당일의 주가가 이동평균주가로부터 떨어져 있는 정도를 나타낸다. 이동평균주가는 과거 일정기간의 주가를 단순 평균한 것이기 때문에 매매시기를 포착하는 데 어려움이 있어서 이격도는 이동평균주가의 단점을 보완하는 지표로 이용된다.

일반적으로 상승국면에서는 25일 이동평균주가에 의한 이격도가 106% 이상이면 매도시점으로, 92% 이하이면 매입시점으로 판단한다. 75일 이동평균 주가에 의한 이격도가 110% 이상이면 매도시점으로, 98% 이하이면 매입시점으로 판단한다.

4. 거래량 분석

주가는 주식의 수요와 공급에 의해 결정되며, 그 수요와 공급은 거래량에 의해 측정되기에 주식의 거래량이 주가에 선행한다고 할 수 있으므로 거래량의 변화를 분석하여 개별증권이나 시장 전체의 추세전환을 예측할 수 있다.

Robert Rhea는 주가와 거래량의 상관관계를 다음과 같이 설명한다. 일반적으로 주가가 상승하면서 거래량이 증가하면 주가가 더욱 상승할 것으로 해석하며, 반대로 주가가 하락하면서 거래량이 증가할 경우 주가가 더욱 하락할 것으로 해석한다. 한편 주가가 상승하면서 거래량이 감소하면 주가추세가 하향국면으로 전환을 의미하며, 주가가 하락하면서 거래량이 감소하면 주가추세가 상승국면으로 전환되고 있는 신호로 해석한다. 거래량에 기초를 둔 기술적 분석기법에는 OBV지표, 번한지표 등이 있다.

(1) OBV지표

OBV(On Balance Volume)지표는 주가가 상승한 날의 거래량에서 주가가 하락한 날의 거래량을 차감하여 이를 누적적으로 집계하여 구한다.

OBV지표는 Granville에 의하여 고안된 것으로 [그림 12-5] 그림과 같이 A점

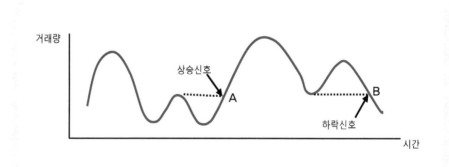

[그림 12-5] OBV선과 상승신호, 하락신호

에서와 같이 OBV선이 이전의 고점수준 이상으로 올라가면 주가가 상승할 것으로 판단한다. 또한 B점에서와같이 OBV선이 직전의 저점수준 이하로 내려가면 주가는 하락할 것으로 판단한다.

(2) 번한지표

번한지표는 현재의 주식시장이 과열상태 혹은 침체상태인가를 파악하여 주가를 예측하려는 거래량지표의 하나이다. 번한지표는 거래량회전율과 거래성립률을 곱하여 계산하는데 거래량회전율은 거래의 양을 나타내고 거래성립률은 거래의 질을 나타내는 지표라고 할 수 있다. 일반적으로 번한지표가 30% 이상이면 시장이 과열상태로 판정하며, 5% 이하이면 침체상태로 판정한다.

$$\text{거래량회전율(\%)} = \frac{\text{당일 전체거래량 연간 거래일수}}{\text{전체 상장주식수}} \times 100$$

$$\text{거래량성립률(\%)} = \frac{\text{거래성립종목수}}{\text{전체 상장종목수}} \times 100$$

$$\text{번한지표} = \text{거래량회전율} \times \text{거래량성립률}$$

(3) 주가-거래량지표

주가-거래량지표는 주가와 거래량의 상관관계를 이용하여 주가의 움직임을 예측하려는 지표이다. 일반적으로 주가와 거래량의 25일 이동평균을 구하여 가로축에는 거래량을 표시하고 세로축에는 주가를 표시한다. 일명 역시계 방향곡선이라고도 하며 시세의 중기적인 추세를 파악하여 매매시점을 파악하는

데 이용한다. 일반적으로 주가-거래량곡선의 움직이는 방향에 따라 다음 8가지 국면으로 분류하여 매매시점을 파악한다. 즉, 바닥-매입신호-매입지속-매입보류-천정-매도신호-매도지속-매도보류의 8가지 국면이다.

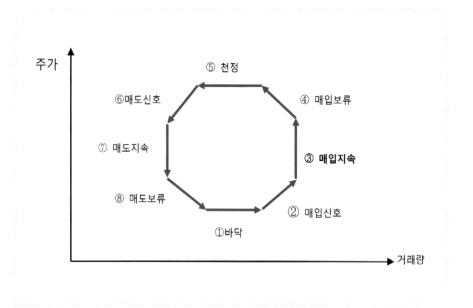

[그림 12-6] 주가-거래량지표의 8국면

5. 반대의견이론

반대의견이론(Theory of Contrary Opinion)은 일반투자자들은 대체로 미숙한 투자판단을 하는 경향이 있으므로 일반투자자들 특히 초보투자자들과 반대로 투자결정을 하는 것이 유리하다는 논리이다. 예를 들면, 일반투자자들이 장세를 비관할 때는 주식을 매입할 시점이고, 일반투자자들이 장세를 낙관할 때는 주식을 팔 시점이라는 것이다. 반대의견이론에는 단주이론이 있다.

단주이론(Odd Lot Theory)은 초보투자자나 소액투자자의 투자판단과 예측은 대체로 틀리기 때문에 그들의 투자결정과 반대로 투자하면 성공한다는 이론이다. 초보투자자나 소액투자자들의 시장에 대한 예측은 단주거래동향을 분석하여 알 수 있는데, 단주란 거래단위에 미달되는 주식을 말한다. 즉, 단주매입주수와 단주매출주수의 비율인 단주거래지수가 1이 안되면, 단주매입주수가 단주매출주수보다 적은 것을 나타내기에 초보투자자나 소액투자자들이 주가하락을 예상하고 주식을 매도한다는 것을 의미한다. 따라서 이들과 반대로 하는 것, 즉 주식을 매입하여야 한다는 이론이다.

6. 신뢰도지수

신뢰도지수(Confidence Index)는 신용평가등급이 낮은 하급채권의 수익률과 높은 등급의 상급채권의 수익률의 비율로서 미래 주가동향을 예측하는 데 이용한다. 일반적으로 채권은 일반투자자보다는 기관투자자들이 대량으로 거래를 하게 되는데 전문적인 기관투자가들의 장래 경기에 대한 예측이 신뢰도지수에 반영되어 신뢰도지수의 분석을 통하여 주식시장의 동향을 예측할 수 있다는 것이다. 만약 앞으로 호황이 예상되면 하급채권이 지급불능될 위험은 낮아지므로 하급채권의 수익률은 그만큼 낮아져서 상급채권 수익률과의 차이가 줄어든다는 것이다. 반대로 경기의 불황이 예상될 경우 하급채권 수익률이 높아지고 그 결과 상급채권의 수익률과의 차이가 벌어진다는 것이다.

신뢰도지수(CI) = 하급채권수익률 / 상급채권수익률

이 신뢰도지수(CI)는 CI〈1의 관계가 항상 성립하는데 경기가 호황일 것으로 예상할 경우에는 두 채권의 수익률 차이가 줄어들어 신뢰도지수는 1에 가깝게 될 것이다. 경기가 불황일 것으로 예상할 경우에는 두 채권의 수익률 차이가 늘어 신뢰도지수는 1보다 작아지게 될 것으로 판단한다.

7. 등락지표

등락지표는 증권시장 전체의 주가 움직임을 일정기간 주가의 상승종목수 (Advance)와 하락종목수(Decline)와의 차이나 비율로써 파악하는 지표이다.

등락선(Advance-Decline Line)은 일정기간 주가의 상승종목수와 하락종목수와의 차이를 매일 누계하여 그래프로 나타낸 것이다. 일반적으로 등락선이 상승추세에 있으면 시장전체 주가는 상승추세에 있다고 보며, 등락선이 하락추세에 있으면 시장 전체 주가는 하락추세에 있다고 본다.

8. 투자심리도

투자심리도는 투자자들이 심리상태를 나타내기 위한 지표로서 최근 12일 중 주가가 전일보다 상승한 날의 비율로 나타낸다. 투자심리선은 일정기간의 투자심리도를 그래프로 나타낸 것이다.

투자심리도 = 10 / 최근 10일 중 주가상승일 수 × 100

최근 10일간 매일 주가가 올랐다면 투자심리도는 100%가 되며 매일 내렸다면 0%가 된다. 일반적으로 투자심리도가 80% 이상일 경우 주식시장이 과열상태라고 보고 매도시점으로 판단한다. 즉 최근 10일 중 전일에 비하여 주가가 상승한 날이 8일이라면 투자심리도는 80%로서 주식시장이 과열상태라고 판단하는 것이다. 투자심리도가 20% 이하이면 주식시장이 침체상태라고 보고 매입시점으로 판단한다. 투자심리선은 정확한 매매시점을 포착하기 위한 기술적 지표라기보다는 전체 시장의 과열이나 침체상태를 판단하기 위한 지표라고 할 수 있다.

제3절 개별 주식가격의 예측

1. 도표분석

도표는 선도표(Line Chart), 봉도표(Bar Chart), 점수도표(Point & Figure Chart)로 나눈다.

선도표는 시간에 따른 주가의 변화를 선으로 나타낸 것으로 5일, 20일, 60일 이동평균선 등이 이에 속한다.

봉도표는 일정기간의 주가변화를 막대 모양으로 계속 그린 것으로 일반적으로 저가와 고가, 시가와 종가를 표시한다. 봉도표에는 일봉, 주봉, 월봉 등이 있다. 하루 주가를 나타내는 일봉의 경우 일반적으로 그날 하루의 종가가 시가보다 높으면, 양선(하얀막대)으로 표시하고, 반대로 종가가 시가보다 낮으면, 음선(검은막대)으로 표시한다.

점수도표는 주가가 사전에 정해진 가격폭 이상으로 상승할 때는 x표로 표시하고, 하락할 경우에는 0표로 표시한다. 또한 주가가 상승에서 하락으로 바뀌면, 줄을 바꾸어서 한 칸 아래 0표로 표시하고 하락에서 상승으로 바뀔 때는 한 칸 위에 x표로 표시한다. 점수도표에서는 종목마다 가격변동폭이 다르기 때문에 점수를 얼마로 설정하느냐가 중요한데 적절한 점수의 설정은 쉽지 않다. 점수도표에서는 시간이나 거래량은 표시되지 않고 가격상승과 하락만 표시된다.

2. 패턴분석

패턴분석은 변화하는 주가나 거래량의 움직임에서 어떤 특정한 패턴을 찾아내어 주가를 예측하고 매매시점을 포착하는 것이다. 예를 들어 사람의 왼쪽 어깨, 머리, 오른쪽 어깨 등의 모습을 발견할 경우 이를 머리-어깨형(Head And Shoulder Pattern)이라 하고, 그 시점에 따라 시장상황을 분석하는 것이다.

다음 [그림 12-7]에서는 주가변동의 전형적인 패턴을 찾는 방법 중에서 주가변동의 천정(Top)을 나타내는 패턴과 바닥(Bottom)을 나타내는 패턴들을 보여주고 있다. 이들 패턴분석(Pattern Analysis)은 주가변동의 모습 중에서 시세의 천정이나 바닥에서 일어나는 전형적인 패턴을 찾아내어 주가흐름이 상승국면인지 하락국면인지를 포착하려는 것이다.

이외에도 원형, 삼각형, 쐐기형, 깃대형 등을 들 수 있고, 이들이 각각 위나 아래로 반복되는 데에 따라 천정형과 바닥형으로 나눈다. 봉도표나 점수도를 지속적으로 그려서 일정한 추세를 발견하여 상승 또는 하락추세를 판단한다.

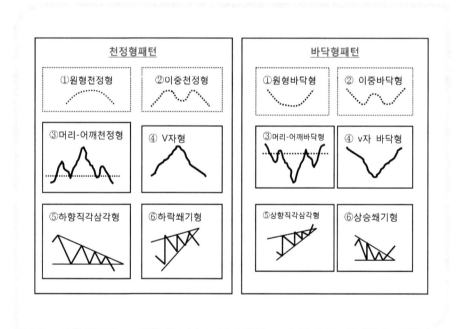

[그림 12-7] 주가도표의 하락국면패턴분석

3. 필터기법

필터기법(Filter Technique)은 주가가 일정기간 중 최저수준에서 일정비율 (%) 또는 일정금액 상승하면 매입하고, 최고수준에서 일정비율(%) 또는 일정 금액 하락하면 매각하는 기법이다. 이때 주식의 매입이나 매각 여부를 결정하 는 주가의 일정비율을 필터하고 한다. 예를 들면 5%의 필터기법을 이용할 경 우 일정 기간 중 최저주가가 50,000원이었다면 주가가 5% 상승한 52,500원이 되면 필터기법에 주식을 매입하게 된다. 만약 주가가 80,000원까지 상승하여 최고수준에 도달하였다면 최고수준에서 5% 하락한 76,000원이 되면 주식을 매 각하게 된다.

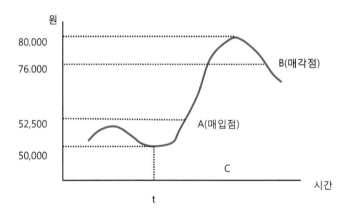

[그림 12-8] 5% 필터기법의 사례

제4절 기술적 분석의 한계

기술적 분석은 과거 주가나 거래량 자료를 분석하여 추세나 패턴을 발견하고 이를 근거로 투자시점을 찾는 것이다. 기술적 분석은 투자자들이 시장의 주요한 추세를 알고 추세의 전환을 인지할 수 있도록 도와주는 것이 사실이다. 또한 기술적 분석이 사용하는 주가와 거래량 자료는 얻기 쉽고 계량적으로 분석하기에도 용이하다. 따라서 증권실무자들은 아직도 기술적 분석을 많이 사용하고 있기도 하다.

그러나 기술적 분석을 비판하는 사람들은 주가가 근본적으로 무작위적으로 움직(Random Walk)이기 때문에 과거의 주가 또는 거래량의 변화를 토대로 미래의 주가를 예측할 수 없다는 것이다. 과거의 경제상황이나 고객의 심리변화 등이 미래에도 동일하게 반복된다면 기술적 분석이 타당할 수도 있으나, 주가에 영향을 미치는 정보나 심리적인 변화는 반복적일 수 없다는 주장이다. 즉, 미래는 과거의 반복일 수만은 없다는 것이다.

또한 과거 주가나 거래량의 분석을 통하여 일정한 추세나 패턴을 발견하는 데 있어서 사후적으로는 가능하나 현재시점에서는 추세나 패턴의 어느 지점에 있는지 파악하기가 쉽지 않고 동시에 분석가마다 다른 해석을 내릴 가능성이 있는 등 분석에 있어서 일관성이 없을 수도 있다. 기술적 분석은 따라서 논리적인 타당성이 부족하다는 비판을 받고 있으나 최근에는 과거자료를 이용한 도표분석과 패턴분석 등이 손쉽게 널리 이용되고 있다.

 **연습문제**

1. 기술적 분석의 개념을 설명하라.

2. 엘리어트의 파동이론을 설명하라.

3. 이동평균분석이란 무엇인가 설명하라.

4. 필터기법의 개념과 유용성에 대해 설명하라.

5. 기술적분석의 한계점을 논하라.

기업가치평가

이 장에서 학습하는 내용

● 기업가치평가
　▶ 가치평가의 개념과 전제
　▶ 자산가치접근법
　▶ 수익가치접근법
　▶ 시장가치접근법

이 장의 학습목표

● 기업가치평가 개념을 익힌다.
● 자산가치평가법을 학습한다.
● 수익가치평가법을 학습한다.
● 시장가치평가법을 학습한다.

투자론 산책

가치창출 M&A 유형 5가지

이랜드는 최근 미국 프로야구 구단 LA다저스 인수전에 뛰어든 것으로 알려졌다. 미국 유럽 등 선진국 재정위기로부터 촉발된 불황 때문에 헐값에 매각되는 기업이 속출하자 많은 현금을 보유한 한국 대기업들이 인수에 나서고 있다.

그러나 모든 인수·합병이 성공하는 것은 아니다. 인수대금이 지나치게 높으면 인수기업의 주주들은 오히려 손실을 볼 수도 있다.

정재만 숭실대 금융학부 교수는 "CEO가 기존 주주의 이익에 해로운데도 불구하고 기업 외형을 확장해 자신의 평판을 높이고자 하는 '주인·대리인' 문제가 종종 발생한다"고 말했다.

고봉찬 서울대 경영대 교수는 "이랜드의 경우 LA다저스 인수로부터 어떤 시너지 효과를 기대하며, 인수대금이 얼마나 저렴한지, 그리고 사후 통합과정이 얼마나 성공적이냐에 따라 성공 여부가 달라질 것"이라고 내다봤다.

글로벌 컨설팅업체인 맥킨지의 파트너들은 인수기업의 주주들에게도 가치를 창출할 가능성이 높은 인수·합병 유형을 크게 5가지로 정리했다.

❏ **피인수기업의 성과 개선**

기업을 인수해 비용을 절감하고 영업이익률을 높이는 전략이다. 사모펀드인 론스타가 외환은행을 인수했던 사례가 여기에 해당한다.

이 인수·합병 유형은 주로 기업 인수 전 피인수기업의 영업이익률이 지나치게 낮았던 경우에 나타난다. 가령 영업이익률이 6%인 기업의 경우 매출의 94%에서 91%로 비용을 3%포인트만 줄이면 영업이익률을 50% 개선할 수 있다. 그러나 영업이익률이 30%인 기업의 경우 비용을 매출의 70%에서 55%로 15%포인트나 줄여야 영업이익률을 50% 개선할 수 있다.

❏ **산업 내 과잉설비 해소**

보통 산업이 성숙해질수록 산업 내 과잉설비가 더 많아진다. 기존의 생산능력에 신규 진입자의 새로운 생산능력이 결합하면 종종 공급이 수요를 초과하게 된다. 이때 여유자금이 있는 기업은 다른 기업을 인수·합병해 공장 문을 닫는 방식으로 공급 초과 현상을 해소하려 하는 경우가 많다.

이는 무형의 생산능력에도 적용될 수 있다. 가령 제약산업의 합병은 판매인력을 감소시키고, 의사들과 소통하는 방식도 제약회사에 좀 더 유리한 방식으로 변화시킬 수 있다.

❏ 인수·합병 후 기업의 시장접근성 향상

혁신적인 제품을 생산하는 소규모 기업들은 잠재 시장 전체에 접근하는 데 어려움을 겪는 경우가 많다. 예를 들어 소규모 제약회사들은 제품 출시 능력이나 의사들에게 판촉할 대규모 판매인력을 갖고 있지 못하다. 반면 대규모 제약회사들은 작은 기업의 제품 판매를 촉진할 수 있는 판매 및 제품경영 능력을 갖추고 있다.

이 유형의 전략을 잘 활용한 기업으로는 IBM이 있다. 2002년부터 2009년까지 IBM은 70개 기업을 140억 달러에 인수했다. 이들 기업의 제품들은 IBM의 세계적인 세일망을 통해 판매돼 인수 후 첫 2년 동안 약 50%의 매출 성장을 달성했고 그 후 3년 동안 평균 10% 이상의 성장을 기록했다.

❏ 자체 개발보다 신속하게 또는 저렴하게 기술 획득

시스코는 네트워크 솔루션 제품의 방대한 생산라인을 구축하고 개별 제품 생산자에서 인터넷 장비산업의 핵심 주체로 빠르게 성장하기 위해 인수·합병 전략을 구사했다. 1993년부터 2001년까지 평균 3억5,000만 달러를 지불하고 71개 기업을 사들였다. 시스코의 매출은 1993년 6억5,000만 달러에서 2001년 220억달러로 성장했다. 2001년 매출 중 약 40%가 인수·합병에서 직접 발생했다. 2009년 시스코는 360억 달러의 매출을 기록했으며 시가총액은 약 1,500억 달러에 이르렀다.

❏ 유망산업 진출

새로운 산업이나 생산라인의 초기단계, 즉 산업의 시장 잠재력이 드러나기 전에 인수·합병하는 유형이다. 1996년 존슨앤드존슨이 의료기기 생산업체인 코디스(Cordis)와 드퓨이(DePuy)를 인수했을 때 코디스와 드퓨이의 매출은 각각 5억 달러, 9억 달러였다. 2007년 코디스와 드퓨이의 매출은 각각 38억 달러, 46억 달러로 증가했다.

맥킨지의 파트너들은 이 전략을 사용할 때 세 가지 원칙에 입각해야 한다고 조언했다. 첫째, 경쟁자나 시장이 산업 혹은 기업의 잠재력을 알게 되기 전에 조기 투자해야 한다. 둘째, 여러 번의 베팅을 해야 하고 어떤 것은 실패할 수도 있음을 인식해야 한다. 셋째, 인수한 사업이 성장하도록 단련시킬 능력과 인내심이 필요하다.

기업 성장·수익성 두 마리 토끼 잡으려면…
잘나가는 비즈니스도 성숙단계서 과감히 발을 빼라

　　이건희 삼성전자 회장은 지난달 미국 라스베이거스에서 열린 소비자가전쇼(CES)에서 "일본은 힘이 좀 빠졌고 중국은 아직 한국을 쫓아오기에는 시간이 좀 걸린다"며 자신감을 나타냈다. 5년 전 "중국은 쫓아오고 일본은 앞서가고 있어 한국은 샌드위치 신세"라고 한 말과 대조적이다. 과연 5년 만에 한국기업들의 사정은 달라진 것일까?

　　고봉찬 서울대 경영대 교수는 "우리나라 대표기업인 삼성이 그동안 하드웨어의 강점을 효율적으로 활용하며 세계 정상권에 도달한 것은 사실이지만 계속해서 그러한 방식만을 고집하는 것은 한계가 있다. 애플의 특허소송과 같은 견제를 뚫고 나가려면 복제품이라는 오명을 씻고 창조적인 신제품 개발에 주력해야 한다"고 말했다. 리처드 돕스 맥킨지 글로벌 인스티튜트 소장도 "한국기업이 계속해서 기존 성장전략을 고수하면 수익성이 낮아져 일본 기업처럼 쇠락할 수 있다"고 경고했다.

성장 유형별 가치 창출 정도

성장 유형	기업가치 창출정도	근거	복수위험
신상품을 통한 새로운 시장 개척	높음	기존 경쟁업체가 없음	없음
기존 고객들에게 더 많은 제품 구입하도록 설득	높음	모든 경쟁업체가 혜택 향유	적음
고성장 시장에서 시장점유율 증대	보통	경쟁업체들의 시장점유율 낮지만 계속 성장 가능	보통
제품홍보와 가격정책통해 시장점유율 제고	낮음	경쟁업체가 빠르게 복수할 가능성 있음	높음
기업 인수·합병	낮음	높은 프리미엄 지급. 대부분의 가치가 매도 기업의 주주에게 돌아감	없음

그렇다면 한국기업은 앞으로 어떻게 성장해야 할까? 고봉찬 교수는 "새로운 시장을 개척하고 신제품을 출시하는 것이 가장 수익성과 성장성이 높다"고 말했다. 단순한 '성장 패러다임'에 사로잡혀 있지 말고 수익성을 고려한 성장전략을 펼쳐야 한다는 것이다.

성장의 형태가 다르면 자본수익률에 차이를 가져오고 결과적으로 창출된 가치에 차이가 발생한다. 예를 들면 애플의 아이패드처럼 새로운 제품 카테고리를 개척해 성장하는 것은 가격과 홍보 전술을 이용해 기존 경쟁업체가 가졌던 몫을 빼앗으면서 성장하는 것보다 더 많은 가치를 창출하게 된다. 글로벌 컨설팅회사 맥킨지는 다음과 같은 성장전략을 제시했다.

❏ 시장점유율보다는 전체 시장을 키워라

특정 성장전략에서 창출되는 가치의 크기는 한 기업의 매출이 성장할 때 누가 손실을 보는지, 그리고 손실을 본 기업이 어떻게 대응하고 복수할 것인지에 달렸다.

예를 들면 가격인하와 같은 가격경쟁을 통해 시장점유율을 높이려는 성장 유형은 경쟁업체에 손실을 입힌다. 만약 경쟁업체들이 복수에 나서 가격전쟁이 벌어지면 처음 가격인하를 시도한 기업 역시 손실을 피할 수 없다.

이런 관점에서 전체 시장을 키우는 전략은 가장 많은 가치를 창출할 수 있는 성장전략이다. 물론 이 유형 역시 다른 산업에 속한 기업들의 손실을 수반할 수 있다. 하지만 그들은 누구 때문에 시장이 줄어들고 있는지 명확히 알기 어렵기 때문에 복수할 가능성이 작다.

가장 대표적인 방법은 현재 제품 또는 관련 제품을 더 많이 구매하도록 소비자를 설득하는 것이다. 예를 들어 P&G가 고객들에게 손을 더 자주 씻으라고 설득한다면 손비누 시장은 빠르게 성장할 수 있다. 경쟁업체들도 혜택을 보기 때문에 경쟁업체들의 반발에 직면할 가능성도 없다.

아예 새로운 제품 카테고리를 만들어 내는 방식도 효과적이다. 가령 텔레비전을 보던 고객을 인터넷이나 비디오 게임으로 끌어오는 것을 들 수 있다. 인터넷이나 비디오 게임과 같은 양방향성 매체는 텔레비전보다 경쟁 우위에 있기 때문이다.

시장점유율 증대를 통한 가치 창출은 전체 시장의 성장률에 따라 달라진다. 고성장 시장에서는 공격적인 광고를 통해 시장점유율을 높이더라도 경쟁업체들 역시 매출액이 증가하기 때문에 경쟁업체들의 반발이 적다. 반면 성숙한 시장에서 시장점유율을 증대시키고자 하면 경쟁업체들의 반격을 받게 된다.

❏ 성숙 시장의 사업부를 조기 매각해라

초기에 고성장했던 시장도 영원히 고성장을 지속할 수는 없다. 제품수명주기 이론에 따르면 시간이 지날수록 시장성장률과 자본수익률(ROIC)은 감소한다. 산업이 성숙단계에 들어서면 수요가 감소하면서 기업들은 설비과잉 문제에 직면할 가능성이 크다. 이때 과잉설비를 줄임과 동시에 유휴 자산 및 인력 또한 감축하는 것이 중요하다. 사업 포트폴리오에 소속된 각각의 사업들에 대해 계속 보유하고 있는 것이 맞는지 정기적으로 평가해야 한다.

또 인수·합병, 신규 진출을 통해 새로 소유하거나 개발할 만한 사업들을 지속적으로 발굴해야 한다.

맥킨지가 미국 내 200개 대기업들을 10년간 분석한 결과 성숙 시장에 접어들었음에도 사업을 매각하지 않았던 기업들은 능동적으로 사업 포트폴리오를 관리한 기업들에 비해 낮은 성과를 보였다.

그렇다면 사업부문을 분리하는 타이밍은 어떻게 포착할까? 최근 『기업가치란 무엇인가』를 쓴 팀 콜러 맥킨지 파트너와 리처드 돕스 맥킨지 글로벌 인스티튜트 소장은 "최대한 일찍 팔아야 한다"고 입을 모았다. 매일경제 MBA팀은 지난달 31일 이들을 만나 가치창출 경영의 필요성과 실행방법에 대해 들어봤다.

< 매경MBA, 용환진 기자>

제13장 기업가치평가

제1절 가치평가의 개념과 전제

1. 가치평가의 개념

가치평가(Valuation)란 무엇인가? 가격(Price)인가? 질(Quality)인가? 아니면 만족도(Satisfaction)인가? 아니면 시장가치(Market Value)인가 혹은 수익적 가치(Income Value) 또는 거래사례가격(Transaction Case Price)인가? 가치평가 목적과 대상을 바라보는 이해관계자 입장이 모두 다르다. 따라서 가치평가 대상을 바라보는 입장, 즉 가치평가 목적에 따라 가치가 다를 수밖에 없다. 또한 현재가치(Present Value)를 중요하게 여기는지 아니면 미래가치(Future Value)를 중요한 잣대로 여기는가에 따라 그 가치와 평가가 달라지게 마련이다.

가치평가(Valuation)란 가격(Price), 즉 값을 정하는 일이다. 목적에 따라서 달라지지만 대부분 투자를 위한 가격 또는 교환을 위한 가격, 매도나 매입을 위한 가격, M&A나 인수, 합병을 위한 가격, 세금납부를 위한 가격, 출자를 위한 가격 등 가치평가의 목적이 다양하다. 따라서 가치평가의 목적에 따라 가격을 매길 수 있는 모든 유, 무형의 대상에 대한 값을 계산하는 것으로 볼 수 있다. 흔히 가치가 있다 없다라고 하는 것을 반문하면 반드시 값으로만 산정할 수 있는 것만 존재하는 것은 아니기도 하다.

가치평가의 행위는 다양하다. 전문가의 경험과 추정에 의해 골동품의 가격을 매기 경우에도 그만한 가치가 있다고들 보지 않는가? 또한 홈쇼핑에서의 경매나 역경매 등도 쇼핑리스트가 원하는 가격총액에 가장 근접한 가격을 매기는 사람들도 가치평가 전문가라고 할 수 있지 않을까?

더욱 정확한 가치평가를 위해서는 충분한 정보(Information)가 필요하다. 충분한 정보 없이 판단하는 값은 대충 감에 불과하다. 또한 충분한 정보와 풍부한 경험에도 불구하고 비합리적인 가치평가가 결과가 나올 수도 있다. 따라서 가치평가 결과는 전문가의 주관적인 판단 자료에만 머무르는 것이 아니라 의사결정에 참여하고 그 가치평가로 영향을 받는 이해관계자에게 납득할 만한 설명이 되는 객관적 가치를 가져야 한다는 점이다.

기업에 대한 가치평가도 이용 가능한 모든 정보를 활용하여 합리적이고 체계적으로 가치를 평가하고 값을 매기는 과정으로 정의할 수 있다. 가치는 내재가치와 교환가치로 구분할 수 있다. 내재가치란 기업에 귀속될 이익(또는 현금)에 근거로 이익이나 현금이 주주와 채권자에게 궁극적으로 귀속될 것을 전제로 한 가치를 말한다. 즉, 내재가치는 기업의 이익(현금)창출능력에 기초하여 평가되는 가치이다. 반면 교환가치는 유가증권시장에서 거래되고 교환되는 주식가격 그 자체 또는 유가증권시장에서 거래되는 유사기업의 주가를 이용한 가치를 말한다.

A기업이 영업활동을 통해 주당 1,000원(당기순이익/보유주식수)의 순이익이 있다면 그 기업의 가치는 주당 1,000원의 창출능력에 근거하여 평가하는 것이 내재가치이다. 교환가치는 주당 1,000원의 순이익이 있다 하더라도 100원을 벌고 있다고 평가절하(Undervalue)하기도 하고, 10,000원을 벌고 있다고 과대평가(Overvalue)하기도 한다. 만일 자본시장이 합리적이고 모든 정보가 왜곡 없이 투자자들에게 동일하게 제공된다면 이론적으로는 내재가치와 교환가치가 일치해야 할 것이다. 재무관리이론에서는 과대평가된 주식을 투자자가 즉시 매도하고 과소평가된 주식을 즉시 매입함으로써 균형가격을 유지할 것으로 전제하고 있다. 그러나 코스닥시장 등 터무니없는 소문에 주가가 급등락을 반복하기도 하고, 이익창출능력에 비해 시장에서 소외되거나 과대평가되는 주식도 많은 것이 사실이다.

따라서 내재가치와 교환가치는 이론과 달리 많은 괴리가 있다. 이는 시장요인과 비시장요인이 반영되기 때문이기도 하다. 시장은 가끔 비합리적일 때도 많다. 투자심리의 반전 때문에 쏠림현상이 있기도 하고 특정주식의 이익(현금) 창출능력보다도 보다 많은 가치를 부여하기도 한다. 또한 유동성이 부족한 경우에는 우량한 주식도 수요감소에 따라 보다 적은 가치가 부여될 수도 있다. 비시장요인은 투자자의 심리상황이나 각종 루머 등에 의해 주가가 등락하는 이유를 설명한다.

내재가치에 관심을 가지는 투자자는 교환가치의 일시적인 변화보다는 투자한 기업의 실적자체에 관심을 두게 된다. 따라서 교환가치는 투자행위의 의사결정(매수 또는 매도)시점 정보를 제공하고 내재가치는 투자 여부의 결정을 위한 핵심투자자료를 제공하는 것이다.

내재가치를 평가하는 대표적인 평가방법이 현금흐름할인법이다. 교환가치를 활용하여 가치를 평가하는 방법을 시장가치비교법이라 한다. 가치평가에서는 내재가치와 교환가치 모두 중요하다. 현실에서의 가치의 실현은 교환가치에 의해서만 가능하기 때문이다. 따라서 현명한 가치평가자는 교환가치 속에 숨어있는 비정상적인 시장요인과 비시장요인을 파악하여 가치의 왜곡요인을 해소하는 과정이 필요하다. 객관적으로는 가치가 있다지만 기업에게는 혹은 본인에게 또는 투자자에게 가치가 있는 것인가에 따라 그 가치는 변동하기도 하고 수요와 공급의 회소성에 따라, 시간이 변화함에 따라, 수요자의 미각에 따라 가치는 변동을 거듭하게 된다.

2. 가치평가의 전제

가치평가의 과정은 확실한 정보도 있지만 불확실한 정보도 이용하여 평가하게 된다. 불확실한 정보와 불확실한 상황은 가치평가를 하는데 제약요인으로 작용할 수 있다. 즉 가치평가를 하는데 불확실한 상황 중 중요한 요소에 대해서는 평가주체와 이해당사자들이 암묵적으로 동의하는 전제가 있는데 이를 가치평가의 전제(Premise)라고 한다. 가치평가에 있어 가장 기본적인 전제로는 계속기업의 가정(Going Concern Consideration)이다.

(1) 계속기업의 가정

일반적으로 기업에 대한 가치평가는 계속기업을 가정한다. 이러한 가정이 불합리할 수도 있다. 왜냐하면 몇 년 내에 소멸해가는 기업도 많기 때문이다. 미국의 S&P 100대 기업 리스트 안에 30년 이상 또는 50년 이상 남아 생존하는 기업도 적다. 우리나라 상장기업의 평균 생존기간은 23.9년에 불과하지만, 기업의 가치평가에 계속기업의 가정을 기본전제로 하는 것은 생존기간을 예상하여 가치를 평가하는 것은, 가치평가의 불확실성을 높일 뿐이며 청산을 목적으로 존재하는 것이 아니라, 영속적인 영업활동을 지향하는 기업의 존재이유를 부인하는 것이기 때문에, 존속기간을 따지지 않는 계속기업의 가정이 의미가 있는 것이다. 다만, 특수목적회사(SPC)라든지, 프로젝트성 기업은 특정목적으로 설립되지만 특정기간이 다하면 자동으로 소멸하기에 특정한 존속기간의 경과 또는 존속목적의 달성으로 해산, 청산하는 기업이 있을 수 있기도 하다.

(2) 청산기업의 가정

청산기업의 가정은 특수한 상황으로 기업을 유지할 것인가 혹은 청산할 것인가의 의사결정이 필요한 때에 주로 적용한다. 계속기업의 가정에 의한 기업가치와 청산기업의 가정에 의한 기업가치를 비교할 목적으로 평가하는 것이다. 또는 청산이 확정된 상황에서 잔여재산의 분배권을 결정하기 위한 가치평가도 있을 수 있다. 즉 청산가치(Liquidation Value)는 기업이 자산과 부채를 모두 처분하였을 경우 얻을 수 있는 순자산의 가치를 의미한다.

 ## 3. 가치평가의 방법

(1) 자산가치접근법

자산가치접근법(Asset-Based Approach)은 평가시점 현재 대상기업의 자산과 부채를 평가하여 가치를 측정하는 방법으로 순자산가치법 또는 장부가치평가법이라고도 한다. 이는 총자산가액에서 총부채가액을 차감하여 주주지분가치를 산정한다. 자산가치법을 가치평가에 활용하려면 장부가치(Book Value)를 일정한 기준에 의해 공정가액(Fair Value)으로 조정하는 것이다. 예로 5년 전에 구입한 본사 건물과 토지가격이 회계적으로 구입원가, 즉 역사적 원가로 기록되어 있기에 현재의 건물 및 토지의 매각가치와 담보력을 반영하여 평가해야 한다. 또한 비상장주식에 수년 전에 투자하였다면 공정가액으로 평가되지 않고 장부가액으로 기록되어 있을 것이다. 이를 투자기간 동안 상승 또는 하락되었을 가치를 반영해야 한다.

(2) 수익가치접근법

수익가치접근법은 미래에 예상되는 수익 또는 경제적 이익을 현재가치로 환산하는 방법이다. 즉 미래에 예상되는 경제적 이익을 추정하는 방법과 현재가치(Present Value)로 적절히 할인하기 위한 할인율(Discount Rate)이다. 자산가치접근법은 기업의 자산과 부채를 처분하는 때에만 유용한 정보를 제공하는 반면, 수익가치접근법은 기업의 자산과 부채를 활용함에 따른 미래의 경제적 이익의 크기와 위험에 대한 정보를 제공하므로 훨씬 유용한 정보가 된다. 다만, 수익가치는 미래의 경제적 이익을 추정하므로 불확실한 정보에 기초하여 추정된 가치이므로 잘못된 의사결정을 하게 될 수 있다. 수익가치접근법을 적용하는 대표적인 예가 현금흐름할인모형(Discounted Cash Flow Method)이다. 이는 장래에 창출될 현금흐름을 해당 기업의 가중평균 자본비용 등 적절한 할인율을 이용하여 현재의 가치로 환산하는 것으로 가치평가에서 일반적으로 활용되는 방법 중 하나이다.

(3) 시장가치접근법

시장가치접근법(Market Approach)은 비교대상기업의 가격정보를 이용하여 평가대상기업의 가치를 평가하는 방법이다. 자산가치접근법과 수익가치접근법은 평가대상기업의 기본역량(Fundamentals)에 기초하여 평가하는 방법이고 시장가치접근법은 평가대상기업의 기본역량을 참고하되 비교대상기업의 경제적 의사결정이라는 가치평가의 목적 중 매매가치에 중점을 둔 것이다.

시장가치접근법은 유가증권시장에서 거래되고 있는 비교대상기업의 주식가치를 활용하는 방법이므로 평가대상기업의 미래의 경제적 이익의 현재가치와는 차이가 있다. 즉 유가증권에서 거래되는 가격은 그 기업의 내재적인 가치 외에 시장 자체의 요인인 유가증권의 수급상황, 시중 유동자금의 흐름 등 수요와 공급의 원리에 의해 결정되는 부분도 있으며, 상대적인 회소가치나 투자자의 과도한 기대감이나 주가하락에 대한 공포감 등 심리적인 요인이 작용하기도 한다.

제2절 주식가치평가

상법이 합병의 절차에 대한 규정을 두고 있지만, 자본시장법은 상장법인 간 또는 상장법인이 비상장법인과 합병하고자 할 때, 상장법인과 비상장법인 각각의 주식가치평가 방법을 규정하고 있다. 또한 상장법인이 유가증권을 포함한 일정규모 이상의 자산을 양수 또는 양도할 때도 적절한 방법에 따라 주식가치평가를 하도록 하고 있다.

상장법인은 유가증권시장에서 거래되는 가격이 있으므로 평가기간에 대한 기준에 따라 시장가격을 측정할 수 있다. 반면 비상장법인은 유가증권시장에서 거래되지 않아 시장가격을 측정하는 데 어려움이 있고 일정한 기준에 따라 산정된 가치라 하더라도 가치측정결과를 신뢰하기 어려운 경우가 많다.

금융위원회는 증권의 발행 및 공시 등에 관한 규정을 제정하여 비상장법인의 가치평가방법에 대해 구체적으로 정하고 있다. 즉 증권의 발행 및 공시 등에 관한 규정은 자본시장법의 하위규정이므로 동 규정에 따른 주식가치평가는 자본시장법상 평가방법이라고 할 수 있다.

자본시장과 금융투자업에 관한 법령에서는 주권상장법인 간 또는 비상장법인과 합병하는 상장법인의 주식가치는 최근 유가증권시장, 코스닥시장 및 코넥스시장에서의 거래가격을 기준으로 산정한 가격으로 평가하도록 하고 있다. 다만, 상장법인(코넥스시장 상장법인 제외)이 비상장법인과 합병 시에는 자산가치로 할 수 있다. 또한 동 법 규정에서 상장법인과 비상장법인 간의 합병 시 비상장법인의 주식가치는 자산가치, 수익가치를 기준으로 산정한 가격으로 하도록 규정되어 있으나, 주권상장법인인 기업인수목적회사는 금융위원회가 정하여 고시하는 요건을 갖추어 그 사업목적에 따라 다른 법인과 합병하는 경우 비상장법인의 주식가치는 기업인수목적회사와 협의하여 정하는 가액으로 산정할 수 있도록 하였는바, 이는 기업인수목적회사의 회사 설립목적이 기업인수로 합병비율 산정 시 비상장법인의 주식가치를 자산가치, 수익가치를 기준으로 규정에 따라 산정한 가격으로 하도록 강제할 경우 보수적인 평가결과로 인해 기업인수활동의 제약이 발생할 것을 우려한 해당업계의 요구를 시행령에 반영한 것으로 판단된다.

표 13-1 자본시장법에 따른 주식가치평가방법

구 분	법 인	평가방법
합병	합병당사법인 중 1이 주권상장법인인 경우	상장법인은 기준가격으로 평가하고 비상장법인은 자산가치, 수익가치를 이용한 평가
	합병당사법인이 모두 비상장주식인 경우	평가방법에 제약이 없으나, 특수관계에 있는 비상장법인 간의 합병의 경우 법인세법상 부당행위계산의 부인이나 상속세 및 증여세법상 합병에 따른 이익의 증여규정을 검토할 필요가 있음
	합병당사법인이 모두 주권상장법인인 경우	기준가격으로 평가

구 분	법 인	평가방법
주식의 포괄적 교환 등	당사법인 중 1이 주권상장법인인 경우	상장법인(코넥스상장법인 제외)은 기준가격으로 평가하고 비상장법인은 자산가치, 수익가치를 이용한 평가, 단 주식의 포괄적 이전으로 상장법인이 단독으로 완전자회사가 되는 경우 제외
자산양수도 등	주권상장법인이 중요한 영업 또는 자산의 양수도에 해당하는 경우	양수도 대상이 되는 상장법인 또는 비상장법인의 주식가치평가방법에 대한 별도의 규정이 없음
상장주식의 기준주가 계산	주식가치=average{(①, ②, ③)를 기준으로 10%의 범위 내에서 할인 또는 할증한 가액} ① 최근 1개월의 평균종가* ② 최근 1주일간의 평균종가 ③ 최근일의 종가 *거래량을 기준으로 가중산술평균한 종가	
주식매수청구 예정가격 계산	주식가치=average{(①, ②, ③)를 기준 ① 최근 2개월의 가중평균 종가* ② 최근 1개월의 가중평균 종가 ③ 최근일의 가중평균 종가 *거래량을 기준으로 가중산술평균한 종가	
비상장법인의 주식가치 평가	증권의 발행 및 공시 등에 관한 규정의 주식가치평가방법 =(자산가치×1＋수익가치×1.5)/ 2.5	
기업공개시 공모주식의 가격결정	수요예측(주관회사는 기관투자자 등에 공모희망가격 제시 및 수요상황(가격 및 수량) 파악→공모가격결정(최종 공모가격은 인수회사와 발행회사가 합의하여 결정)→청약 및 배정	

제3절 채권가치평가

채권의 가치를 시장에서 인지될 수 있는 가격에 의해 평가하는 것으로 자산이나 부채의 가치를 현재의 공정한 가치로 산정하는 것을 채권시가평가제도라 한다.

채권의 시가평가는 대부분 만기수익률을 통해 결정되는데, 기준채권을 기준으로 하여 대상채권의 만기, 신용도, 표면금리에 따라 만기수익률의 스프레드를 결정한다. 기준채권의 만기수익률에 개별 채권의 특성에 따라 결정된 스프레드를 더하여 대상채권의 만기수익률을 계산하고 이를 이용하여 대상 채권의 가격을 결정한다.

채권시가평가는 채권유통시장의 선진화, 채권시장의 확충, 외국인 투자자의 활성화에 중요한 요인이다.

표 13-2 장부가평가 방식과 시가평가 방식의 비교

구 분	장부가격평가 방식	시가평가 방식
채권평가방법	2영업일 전 운용한 개별자산의 투자 수익률에 투자금액(장부가격기준)의 가중치를 곱하여 산출한 당일의 운용수익률로 평가	금융투자협회 등에서 고시하는 매일 매일의 시장가격으로 채권의 가치를 평가하여 익영업일 기준가격에 반영
운용실적표시 방법	적용수익률 (=평균기준복합수익률 - 신탁보수율)	기준가격 (신탁재산 순자산총액으로 평가)
평가손익반영	채권보유기간 중 반영불가	매일의 평가손익을 반영
부실자산발생	채권평가충당금 적립 및 적용수익률 (배당률 하락)	자산가치에 직접 반영 (기준가격하락)

채권시가평가 방법은 상장채권의 경우 평가일이 속하는 달의 직전 달부터 소급하여 계속 2개월간 매월 10일 이상 거래소에서 시세가 평성된 채권은 평가일의 최종시가를 적용한다. 상기에 해당하는 상장채권 중 평가일에 시세가 형성되지 아니한 채권과 상기에 해당되지 아니한 상장채권은 비상장채권 규정을 준용하여 평가한다. 비상장채권은 증권투자신탁업 감독규정에 따른 2개 이상의 평가기관이 제공하는 가격정보를 기초로 평가한다. 상기에서 시가산출이 불가능한 채권은 유가증권 등 시가평가위원회에서 신출한 공정가액으로 평가한다.

연습문제

1. 가치평가의 개념을 설명하라.

2. 가치평가의 전제를 논하라.

3. 가치평가의 방법 중 자산가치접근법, 수익가치접근법, 시장가치접근법을
   설명하라.

4. 주식가치평가 방법을 설명하라.

5. 채권가치평가 방법을 설명하라.

제5부

투자상품에 대한 이해

제5부의 목표

제5부에서는 앞에서 배운 투자에 대한 기초지식과 분석 스킬 배양을 통해 투자를 위해 자신이 선택해야 하는 투자대상인 금융투자상품에 대한 이해도를 높이는 단계이다. 제14장에서는 현대인으로서 필요한 최신의 다양한 자본시장법에 따른 금융투자상품과 집합투자증권, 신탁과 실적상품, 기타 금융투자상품에 대하여 학습하도록 하였다. 제15장에서는 주식과 채권에 대한 기초개념과 상품에 대한 이해도를 높이도록 하였다. 마지막으로 제16장에서는 파생상품에 대한 기본개념을 학습하도록 하였다.

금융투자상품에 대한 이해

이 장에서 학습하는 내용

- 금융투자상품에 대한 이해
  - ▶ 자본시장법에 따른 금융투자상품
  - ▶ 집합투자증권(펀드)
  - ▶ 신탁과 실적배당상품
  - ▶ 기타 금융투자상품

이 장의 학습목표

- 금융투자상품을 이해한다.
- 집합투자증권의 종류와 특징을 파악한다.
- 신탁상품과 실적배당상품을 학습한다.
- 기타 금융투자상품(파생결합증권, ETF, 리츠, Wrap)의 이해도를 높인다.

투자론 산책

직접투자 부담된다면 ETF가 딱!…해외주식 담은 상품도 국내서 실시간 거래

상장지수펀드(ETF)는 한국거래소에 상장된 주식처럼 매매할 수 있는 펀드다. 주식, 채권, 원유, 금 등 상품 가격이나 이들로 구성된 지수의 변화에 연동해 운용된다.

ETF가 가진 장점은 낮은 비용, 절세 효과, 분산투자 효과, 투명성 등이다. ETF는 기본적으로 수동적이다. 포트폴리오 변경도 적기 때문에 일반 펀드보다 비용이 적게 든다. 주식처럼 거래되지만 매도 때 발생하는 증권거래세(0.3%)도 면제된다.

소액으로도 지수 전체에 투자하는 효과가 있다. 증시가 오를 것으로 예상할 때 특정 종목을 골라야 하는 고민을 할 필요가 없다. '현금의 손쉬운 주식화(Equitization)'가 가능하다는 얘기다. 일반 펀드는 매니저가 실제로 어떤 종목에 투자하고 있는지 알기 어렵다. 반면 ETF는 보유 종목이 거의 실시간으로 공표되기 때문에 투명성을 갖추고 있다. 다만 ETF에 투자하면서 시장지수 대비 초과수익을 기대하긴 어렵다. 따라서 전문지식이 부족한 일반 투자자에게 합리적인 투자수단이라고 할 수 있다.

❏ 전문지식 없어도 투자 가능

몇 년 전까지만 해도 국내 주식시장에서 ETF에 대한 관심은 그다지 높지 않았다. '직접투자'나 '액티브펀드' 투자로 소위 대박을 기대하는 투자 문화가 팽배했기 때문이다. 인덱스펀드나 ETF는 그야말로 '재미없는 투자'로 인식됐다. 하지만 금융위기 이후 세계 경제가 오랜 기간 침체에 빠졌고 증시도 뚜렷한 방향 없이 등락을 반복하는 상황이 되자 달라졌다. 액티브펀드의 수익이 기대에 미치지 못하게 됐기 때문이다. ETF가 폭발적으로 성장하게 된 계기는 2011년 레버리지 ETF와 인버스 ETF가 큰 관심을 받으면서다. 2011년 8월 그리스 재정위기로 시장 변동성이 급등하면서 투자자들이 단기에 수익을 내기 적합한 상품인 레버리지 ETF와 인버스 ETF로 몰리게 됐다. 레버리지 ETF는 2011년 8월에 하루 9,000

억 원이 넘는 역대 최대 거래액을 기록했다. 인버스 ETF 역시 같은 해 9월 하루 6,000억 원 넘는 거래액을 보여줬다.

레버리지와 인버스 ETF의 성공으로 ETF 시장에 대한 관심이 환기되면서 운용사들의 상품 출시가 크게 늘고 있다. 상품의 종류 또한 매우 다양해졌다. 기존의 지수 추종 ETF에서 한 발 나아가 상품이나 통화 등을 추적하는 ETF까지 등장했다. 최근에는 해외투자에 대한 관심이 높아지면서 해외주식형 ETF도 많아지는 추세다. 지난 5월 말 기준으로 국내에는 국내주식 ETF 91개, 해외주식 ETF 33개, 채권 ETF 22개, 인버스·레버리지 등 파생상품형 ETF 9개, 원자재 ETF 10개 등 총 169개 ETF가 상장돼 있다. 국내 ETF 시장 규모는 2002년 최초 상장 당시 3,400억 원에서 19조650억 원으로 13년 새 56배로 성장했다. 5월 기준으로 국내 ETF의 하루 거래대금은 6,600억 원이다. 유가증권시장에서 거래되는 전체 주식의 11%에 해당하는 수치다.

투자수단별 비교

구분	주식 직접투자	액티브 펀드	인덱스 펀드	ETF
운용목표	인덱스 초과수익	인덱스 초과수익	특정 인덱스	특정 인덱스
법적성격	지분증권	집합투자증권	집합투자증권	집합투자증권
투명성	높음	보통	보통	높음
유동성	높은	낮음	낮음	높음
결제일	T+2	T+3	T+3	T+2
거래비용	위탁수수료	운용보수(2~3%)	운용보수(1~2%)	위탁수수료·운용보수(약0.5%)
전증권사거래	가능	판매사 한정	판매사 한정	가능
시장위험	시장·개별위험	시장·개별위험	시장위험	시장위험
분산투자	불가	가능	가능	가능
증권거래세(0.3%)	매도 때	매도 때	매도 때	면제

❑ 해외주식형도 실시간 매매

가장 손쉬운 해외투자 방법으로도 ETF가 주목받고 있다. 다양한 국가에 투자하는 ETF 상품이 줄줄이 상장되고 있어서다. 해외주식에 투자하는 ETF 역시 국내에서처럼 실시간으로 거래할 수 있다. 해외주식형 펀드를 직접 매입한 뒤 환매할 경우 상당한 시간이 걸리는데, 이런 단점을 극복할 수 있다. 일례로 최근 투자자들에게 관심이 높은 중국 본토주식의 경우 펀드로 투자하면 환매할 때 길게는 한 달 가까이 걸린다.

해외주식을 ETF로 투자할 때 유의할 점이 두 가지 있다. 환헤지 여부와 세금 관련 사항이다. 국내에서 거래되는 해외투자 ETF는 환헤지를 하는 상품과 하지 않는 상품으로 나눈다. 해외 ETF라면 기초지수와 기초자산 가격이 해당 국가의 통화 단위에 기초해 표시된다. 하지만 실제 투자자들이 보는 ETF 가격은 원화로 환산된 수치다. 두 통화 단위 간 환율이 계속 변하면 기초지수의 움직임과 ETF 가격이 다른 모습을 보이게 된다. 즉 환헤지 여부에 따라 해당 주가지수가 오른 폭보다 ETF 가격이 덜 오르거나, 떨어진 폭보다 덜 떨어지는 결과가 나타날 수 있다.

해외주식에 투자하는 ETF 중 헤지를 통해 환율변동에 따른 위험을 제거하는 상품을 환헤지형 ETF라고 한다. 헤지를 않는 상품을 환노출형 ETF라고 한다. 환헤지형 ETF는 투자자들이 환헤지 상품임을 쉽게 알 수 있도록 종목 이름에 환헤지를 의미하는 '(H)'가 붙어 있다. 예를 들면 TIGER S&P500(H) ETF와 같은 식이다.

환헤지형이 환노출형 ETF 보다 더 좋은 것은 아니라는 점을 알아둘 필요가 있다. 환노출형 상품의 경우 투자국 통화 가치가 원화 대비 하락하면 환손실을 볼 수 있다. 반대의 경우엔 외환거래에서 이익을 볼 수 있다. 이는 동전의 양면과 같다. 다만 환노출 상품에 투자한다는 것은 해당 지수의 수익률과 환변동에 따른 손익까지 고려해야 하므로 국내 투자자들은 환헤지형 ETF 를 선호하는 측면이 있다. 이는 환헤지형 ETF 가 수익률이 높거나 안전하다는 의미가 아니다. 상품을 이해하기가 좀 더 수월하다는 의미로 해석하면 된다.

국내 상장된 해외투자 ETF는 보유기간과세 대상 상품이다. 매매차익의 15.4%를 세금으로 납부해야 한다. 금융소득종합과세의 적용 대상이 된다는 점도 유의할 부분이다.

❑ 바이오주도 ETF 로 투자하면 위험 분산

마지막으로 살펴볼 것은 요즘 잘나가는 바이오주 ETF다. 바이오산업은 저성장 시대에 높은 성장이 기대되는 산업이다. 오리지널 의약품의 본격적인 특허 만료 도래로 복제약인 바이오시밀러 산업도 올해부터 빠른 성장이 예상된다. 다만 바이오는 대표적인 '고위험·고수익' 산업이다. 바이오회사들은 현재 이익이나 매출보다 미래 신약에 대한 기대로 주가가 높게 형성되는 경우가 많다. 성공하면 주가 급등이 뒤따르지만 실패할 경우 주가 급락이 불가피하다. 신약 개발에 상당한 시간이 걸리는 점을 감안하면 장기 투자가 필요하다.

여러 종목으로 구성된 ETF 에 투자하면 위험을 분산할 수 있다. 비용이 싼 ETF 는 장기투자 수단으로도 적합하다. 바이오에 대한 전문지식이 없는 일반투자자 입장에선 바이오산업의 성장성에 투자하기 위해 ETF 를 적합한 투자수단으로 고려해 볼 수 있다. 국내에는 한국 바이오 및 제약주식에 투자하는 ETF 상품과 미국 바이오주식에 투자하는 ETF 가 모두 상장돼 있다.

< 강송철 한국투자증권 연구원 sckang@truefriend.com >

제14장 금융투자상품에 대한 이해

제1절 자본시장법에 따른 금융투자상품

1. 자본시장법상 금융투자상품의 개념

자본시장법에서 금융투자상품이란 이익을 주거나 손실을 회피할 목적으로 현재 또는 장래의 특정시점에 금전 및 그 밖의 재산적 가치가 있는 것을 지급하기로 약정함으로써 취득하는 권리를 말한다. 동시에 그 권리를 취득하기 위하여 지급하였거나 지급하여야 할 금전 등의 총액(판매수수료 등 제외)이 그 권리로부터 회수하였거나 회수할 수 있는 금전 등의 총액(해지수수료 등 포함)을 초과하게 될 위험(투자성)이 있는 것을 말한다. 즉 자본시장법상 금융투자상품은 위험이 있는 것을 가리키며, 위험이 없는 것은 금융투자상품이 아니다. 금융투자상품의 개념을 이해하기 위해서는 자본시장법에서 정의한 위험과 증권, 파생상품에 대하여 폭넓게 이해해야 한다. 위험을 가리키는 투자성은 원본손실위험 또는 원본손실 가능성을 의미한다.

자본시장법은 금융투자상품을 증권과 파생상품으로 구분하고 증권은 회사채, 주식 등과 같은 전통적 증권을 채무증권, 지분증권 등으로 추상화하였다. 그리고 집합투자증권, 구조화증권과 같은 신종증권을 포괄할 수 있는 투자계약증권, 파생결합증권 등 새로운 증권 개념을 도입하였다. 증권은 추가지급 의무가 없어 최대 투자원금까지만 손실이 발생한다는 점에서 파생상품과 구분된다. 자본시장법은 파생상품을 다시 장내파생상품과 장외파생상품으로 구분한

다. 장내파생상품이란 파생상품시장에서 거래되는 것 또는 해외 파생상품시장
(파생상품시장과 유사한 시장으로 해외에 있는 시장과 대통령령으로 정하는 해외 파생
상품 거래가 이루어지는 시장)에서 거래되는 파생상품을 말한다.

표 14-1 자본시장법상 금융투자상품

열거주의	포괄주의
-유가증권: 국채, 회사채, 주식, 수익증권 등 21종으로 열거 -파생상품: 일반상품, 금융상품 등 4종의 기초자산 -규제취약부문: 신종증권, 장외파생상품	-증권(투자원금까지만 손실발생) : 채무증권, 지분증권, 수익증권, 예탁증권 : 투자계약증권, 파생결합증권 -파생상품(투자원금 이상 손실 발생 가능) : 경제, 자연, 환경적 개념에 기초한 최광의의 기초자산

표 14-2 자본시장법상 증권의 정의

전통적 증권			신규 증권		
분류	포괄적 정의	예	분류	포괄적 정의	예
채무증권	지급청구권 표시증권	국채, 지방채 특수채, 사채 등	투자계약증권	타인의 노력으로 수익이 결정되는 증권으로 공동사업에 투자한 후 그 결과에 따라 손익을 귀속 받는 계약상의 권리를 표시하는 것	민법상 조합, 상법상 익명조합을 활용한 간접투자기구에 대한 지분 등
지분증권	출자지분 표시증권	주식, 신주인수권 출자증권 등			
수익증권	신탁수익권 표시증권	신탁 수익증권 등			
증권예탁증권	증권을 예탁받은 자가 그 증권의 발행국가 밖에서 발행하는 증권	국내 증권예탁증권(KDR)	파생결합증권	외생적 지표에 의하여 수익이 결정되는 증권으로 기초자산의 가격, 지표 등의 변동과 연계하여 손익이 정해지는 계약상 권리를 표시하는 것	주가연계증권(ELS) 신용연계증권(CLN)

종전 증권거래법 등에서는 금융기관이 취급할 수 있는 유가증권에 대해 국
채, 회사채, 주식, 수익증권 등 21종을 열거하였다. 그리고 파생상품은 기초자
산을 유가증권, 통화, 일반상품, 신용위험의 4종으로 제한하였는데, 자본시장법
에서는 금융투자업자가 투자성 있는 모든 금융상품을 자유롭게 취급할 수 있
도록 허용하는 포괄주의를 채택함으로써 금융투자상품을 원본손실이 발생할

수 있는 금융상품으로 정의하고 파생상품의 기초자산 범위도 전통적인 위험상품 외에 모든 경제, 자연, 환경적 위험을 포괄하도록 확장하였다.

금융투자상품에서 제외되는 금융상품으로는 원화로 표시되는 양도성예금증서 (CD)와 관리신탁의 수익권이다. 원화로 표시되는 양도성예금증서는 원본손실 가능성이 있어 개념적으로는 금융투자상품에 해당한다. 하지만 만기가 짧아 금리변동에 따른 가치변동이 미미하여 투자자보호의 필요성이 크지 않으므로 정책적으로 금융투자상품에서 배제되었다. 또한 처분, 운용이 결부되지 않은 순수관리신탁은 처분, 운용신탁보다 원본손실 가능성이 작아 투자자보호의 필요성이 크지 않으므로 금융투자상품에서 배제한다.

원본 대비 손실 비율의 정도에 따라 증권과 파생상품을 구분하면 된다. 즉 원본 대비 손실 비율이 100% 이하(즉 추가지급 없는 경우)인 상품은 증권, 원본 대비 손실 비율이 100% 초과(즉, 추가지급 발생)발생할 수 있는 상품은 파생상품으로 구분한다.

파생상품(Derivatives)이란 그 가치가 국공채, 통화, 주식 등 기초자산의 가격이나 자산가치 지수의 변동 때문에 결정되는 금융계약이다. 구체적으로는 선물, 옵션, 스왑 등을 의미한다. 파생상품은 1970년대 환율, 금리, 상품가격 및 주가 등의 변동성이 크게 증대됨에 따라 금융기관과 기업의 위험회피 수단으로 본격적으로 이용되기 시작하였다. 최근에는 일종의 금융상품으로서 이익 창출수단, 자본 및 자금조달비용의 관리, 재무상태표의 특정계정 또는 전체 계정의 리스크 속성을 변경하기 위한 수단 등으로 이용된다.

한국채택 국제회계기준상 파생상품은 다음의 세 가지 특성을 모두 가지고 있는 금융상품이나 계약을 의미한다. 선물, 선도, 스왑, 옵션뿐만 아니라 다음의 요건을 충족하는 새로운 금융상품이나 유사 계약은 파생상품으로 분류한다고 정의되어 있다. 첫째, 기초 변수의 변동에 따라 가치가 변동한다. 둘째, 최초 계약 시 순 투자금액이 필요하지 않거나 시장 요소의 변동에 유사한 영향을 받을 것으로 기대되는 다른 유형의 계약보다 적은 순투자금액이 필요하다. 셋째, 미래에 결제된다. ELS(Equity Linked Securities)란 기초자산인 개별주식의 주가나 주가지수에 연동하여 조기 및 만기수익률이 결정되는 신종 금융투자상품이다. 채권과 옵션 등을 결합하여 주가에 연동된 다양한 수익구조를 만드는 만기가 있는 구조화증권이며 파생결합증권으로서 증권회사에서 발행하여 판매하는 상품으로 주가연계증권이라고 한다. ELS는 발행주체에 따라 ELS, ELD, ELE, ELT로 구분된다. 원금보장형(ELB)과 원금비보장형으로 구분되며 ELD는 주가연계예금으로 은행에서 모집하는 주가연계상품이고 ELF는 주가지수연계펀드로 자산운용회사에서 만들고 판매회사에서 모집하는 펀드이며, ELT는 주가연계신탁으로 주요 증권사 신탁 운용부서가 만든 상품으로 시중금리에 만족하지 못하는 투자자를 대상으로 개발된 상품이다. 상품구조는 특정금전신탁재산을 위탁자가 지정한 특정 ELS에 신탁업자가 운용한다.

DLS(Derivatives Linked Securities)는 ELS와는 기본적으로 유사하나 기초자산으로 주가가 아닌 금리, 원자재, 환율 등을 활용한다. DLS의 수익구조를 예를 들면 투자기간 중 CD금리가 2.0%~4.2% 내에 있는 기간이 전체 투자기간에서 차지하는 비율에 비례하여 수익률이 결정될 수 있다. 모두 구간 내에 있었다면 5.5%의 수익이 보장되고 모두 구간을 벗어났다면 원금만이 보장된다.

2. 자본시장법상 개발 가능한 금융투자상품의 종류

(1) 개발이 예상되는 파생결합증권(구조화 상품)

역변동금리증권(Inverse Floater)은 고정금리에서 변동금리를 차감함으로써 금리가 오르면 낮은 수익을 제공하고, 금리가 내리면 높은 수익을 제공하는 증권이다.

이중지표증권(예 CMT증권)은 2개의 지표에 연계하여 원리금을 지급하는 증권이다. 예를 들어 CMT(Constant Maturity Index)는 지표가 장기금리와 단기금리 2개로 이자는 보통 장기금리-단기금리+a로 정해진다. 장단기 금리차가 커질수록 수익이 커지는 특징이 있다.

Range Accrual증권은 사전에 정해진 특정 범위 내에 지표가 머문 기간에 따라 수익을 결정하는 증권이다.

디지털옵션결합증권은 특정지표에 연계하되 수익을 비연속적으로 지급하는 증권이다. 예를 들어 주가가 8% 이상 상승 시 6%의 금리를 제공하고, 8% 이하 상승 시 2%의 금리를 제공하는 경우이다.

신용연계증권(CLN, Credit Linked Notes)은 증권 기초자산의 신용사건(수준)에 연계하여 원리금을 지급하는 증권이다. 이는 신용파산스왑(CDS)을 증권화한 형태이다. 신용연계증권의 보장매입자는 기초자산의 신용상태와 연계된 증권을 발행하고 약정된 방식으로 이자를 지급하며, 보장매도자는 약정이자를 받는 대신 신용사건이 발생하는 경우 기초자산의 손실을 부담하게 된다.

펀드연계증권(Fund Linked Note)은 특정펀드의 수익률에 연계하여 원리금을 지급하는 증권이다. CPPI(Constant Propotion Portfolio Insurance)기법, 즉 수익률에 따라 안전자산과 위험자산 간 배분을 적극적으로 하는 원본 보존전략을 이용하여 보장하는 경우가 많다.

재해연계증권(CATbond)는 재해발생에 따라 손실규모와 연계하여 원리금을 지급하는 증권이다. 자연재해 발생 시 보험사가 부담해야 하는 보상 부족분을 커버하기 위해 만들어진 채권이다. 주로 3~5년 만기로 발행된다. 재해규모는 10년마다 2배씩 증가해왔으며 향후 지구 온난화 등 기후변화에 따라 지속적으로 증가할 것으로 예상된다.

(2) 개발이 예상되는 투자계약증권(집합투자)

합자회사 형태의 공모펀드는 무한책임사원과 유한책임사원으로 이루어진 합자회사를 이용하여 투자자금을 공모하는 펀드이다.

익명조합 형태의 공모펀드는 상법상 익명조합의 형태를 통해 투자자금을 공모하는 펀드이다.

혼합자산펀드는 증권, 부동상, 실물, 파생상품 등 다양한 대상에 자유롭게 투자하는 펀드이다.

(3) 개발이 예상되는 장외파생상품

자본시장법하에서 개발이 예상되는 장외파생상품으로는 재해를 기초로 하는 파생상품, 범죄 발생률을 기초로 하는 파생상품, 날씨를 기초로 하는 파생상품 등이 있다.

재해를 기초로 하는 파생상품에는 지진 등 재해에 대비하여 일정 금액의 프리미엄을 제공하고 재해 발생 시 사전에 정해진 지표에 따라 금전을 지급하는 파생계약이다.

범죄 발생률을 기초로 하는 파생상품은 프리미엄을 제공하고 범죄 발생률 등의 지표에 연계하여 금전을 지급받는 파생계약으로 경비업체 등이 헷지 목적으로 사용할 수 있다.

날씨를 기초로 하는 파생상품은 프리미엄을 제공하고 강수량, 강설량 등의 지표와 연계하여 금전 등을 지급하는 파생계약이다. 날씨 장외파생상품은 1997년 처음 도입되었다. 전형적인 날씨 장외파생상품은 일정기간 누적된 난방지수와 냉방지수에 의해 결정되는 선도 계약 또는 옵션계약이다. 현재 내부분의 날씨파생상품 계약은 에너지 생산자와 소비자 간에 체결되고 있다.

제2절 집합투자증권(펀드)

1. 펀드의 정의

펀드란 자본시장과 금융투자업에 관한 법률(이하 자본시장법)에 따라 2인 이상에게 투자권유하여 모은 금전 등을 투자자로부터 일상적인 운용지시를 받지 아니하면서 재산적 가치가 있는 투자 대상 자산을 취득, 처분 등의 방법으로 운용하고, 그 결과를 투자자에게 배분하여 귀속시키는 것을 의미한다. 자본시장법에서는 펀드를 집합투자기구라 지칭한다.

펀드의 설립 형태 중 가장 일반적인 형태는 투자신탁과 투자회사이다. 투자신탁은 가장 대표적인 형태로 집합투자업자(자산운용회사)와 신탁업자의 계약에 의해 설립된다. 투자신탁의 관련자는 펀드를 운용하는 집합투자업자, 펀드재산을 보관, 관리하는 신탁업자, 펀드를 판매하는 판매회사, 펀드에 투자하는 수익자로 구분된다.

펀드의 설립구조로 자본시장법 시행 이전에는 투자신탁과 투자회사만 가능했다. 하지만 자본시장법 시행에 따라 투자신탁과 투자회사는 물론 투자유한회사, 사모투자전문회사, 투자익명조합, 투자합자회사 형태의 설립도 가능해졌으며, 조합형펀드까지도 설립할 수 있도록 변경되었다.

2. 펀드투자의 장·단점

(1) 펀드투자의 장점

펀드투자의 장점은 첫째, 공동 투자한다는 점이다. 소액의 자금을 모아 펀드를 구성하여 운용하므로 효율적인 투자를 할 수 있다. 소액자금으로 우량주식 수십 종목에 분산투자하는 효과와 함께 거래비용 최소화를 추구할 수 있다. 둘째, 대행투자(전문성)이다. 적은 비용으로 풍부한 경험과 전문지식을 갖춘 증권투자 전문가를 고용하는 효과를 얻을 수 있다. 셋째, 상대적 안전성이다. 투자위험을 최소화하기 위하여 증권 종류별, 산업별, 기간별로 다양한 유가증권에 분산하여 투자하고, 투자에 따르는 위험을 펀드 내에서 체계적으로 관리하기 때문에 직접투자 대비 안정성이 높다. 유동성 측면에서도 대부분의 공모펀드는 유동성이 높아 입금과 환매가 자유롭다. 넷째, 세제혜택이 있다. 펀드 중 세제혜택이 가장 큰 상품이 국내 주식형펀드다. 국내 주식형펀드에서 주로 발생하는 매매 및 평가차익은 비과세된다. 그뿐 아니라 펀드를 통해서 비과세, 분리과세, 분류과세를 기대할 수 있는 상품도 다양하다. 절세 금융상품으로 연금저축펀드와 재형펀드가 판매 중이고 2014년 3월부터는 소득공제장기펀드와 분리과세 하이일드펀드도 판매한다. 다섯째, 상품의 다양성이다. 거래 형태(거치식, 적립식, 임의식 등) 투자 내용(주식, 채권, 부동산, 실물자산, 해외자산 등), 투자목적(재산형성, 자산관리, 세금절감 등), 투자기간, 투자성향 등에 따라 다양한 상품이 판매 중이다. 여섯째, 거래의 편리성이다. 일반적으로 추가투자와 환매(일부 환매포함)가 자유롭고, 특별한 상품을 제외하고는 만기가 없이 계속 운용되므로 편리하게 거래할 수 있다. 적립식 투자자에게는 월간 이체횟수를 다양하게 하거나 납입금액을 자동조절하는 등 스마트한 투자를 지원하며, 펀드 목표수익률 달성 시 자동 환매처리 등의 서비스도 지원한다.

(2) 펀드투자의 단점

펀드투자의 단점은 첫째, 원금손실위험이다. 펀드는 예금 등 원금이 보장되는 상품과 달리 투자에 따르는 원금손실위험이 존재하며 위험에 대한 책임은 전적으로 투자자 본인이 진다. 둘째, 펀드의 비용이다. 펀드 가입 시 선취판매수수료를 징수하는 펀드도 있으며, 투자기간 동안 보수(집합투자업자 보수, 판매회사 보수, 신탁회사 보수 등)를 부담하는데 보수는 펀드의 성과와 관계없이 투자기간 동안 계속해서 발생한다. 이 외에도 펀드 운용을 위해 발생하는 비용과 증권 거래비용 등을 부담해야 한다. 셋째, 환매수수료 발생이다. 대부분의 펀드가 환매수수료 징수 기간을 정하고 있는데 이를 부담하지 않으려면 최소 투자기간(예 90일) 이상 투자해야 한다. 넷째, 펀드에 투자하는 경우 현재 펀드의 운용현황이나 보유자산에 대한 파악이 어렵다는 단점이 있다. 해외에 투자하는 펀드라면 운용 내역을 파악하기가 더욱 복잡하다. 주요 펀드유형별 단점을 살펴보면 다음과 같다.

주식형펀드의 가장 큰 단점은 주가지수 변동률과 펀드수익률 간 괴리가 발생할 수 있다는 것이다. 주가지수가 10% 올라도 투자한 펀드의 수익률은 10%가 아닐 수 있다. 투자하는 펀드가 인덱스펀드(주가지수와 동일한 수익률이 발생하도록 운용하는 펀드)라면 그 차이가 크지 않겠지만 액티브펀드(적극적인 운용전략을 구사하는 펀드)는 주가지수변동률보다 펀드수익률이 크거나 작을 수 있다.

채권형펀드의 단점은 채권(채무증권)의 경우 투자자가 거래소를 통하여 직접 매매할 때는 양도차익에 대하여 비과세 적용되지만 채권형펀드를 통하여 투자할 때는 일반과세된다.

ELS펀드(ELF)의 단점으로 ELF는 사전에 정해진 기일에 사전에 정한 조건이 충족되어야만 수익이 지급된다. 투자기간에 주가의 움직임은 수익과 관련이 없다. 또한 만기가 정해져 있어 만기 시 수익 여부와 관계없이 청산된다. 따라서 만기 시 주가가 크게 하락하여 원금손실이 발생한 경우라도 주가가 상승할 때까지 보유할 수 없다. 그래서 주가변동위험 이외에도 ELS발행사 신용위험이 존재한다는 것과 중도환매 시에는 높은 중도환매수수료율(이익금이 아닌 환매금액의 일정률 등)이 적용된다는 것이다.

MMF는 보유하고 있는 채권의 만기가 짧고 우량한 채권 중심으로 투자하며, 보유채권을 장부가격으로 평가함에 따라 투자에 따르는 위험이 낮다. 하지만 펀드가 보유하고 있는 전체 채권의 시가평가액과 장부평가액의 괴리가 일정수준(0.5%)을 벗어나면 시가로 평가하게 되는데, 이에 따라 손익이 변동되거나 원금손실이 발생할 수 있다.

해외투자형펀드의 단점을 보면 펀드의 기본적인 투자위험(시장위험, 신용위험, 개별기업위험, 유동성위험 등) 외에 환율변동에 따른 위험이 존재한다. 투자 대상 자산의 손익에 환율변동에 따른 손익이 더해져 최종 수익률이 결정되기 때문이다. 기본적으로 펀드 내에서 원/달러 간 환위험은 헤지를 하더라도 완벽하게 제거할 수 없으며 원/달러 이외에 달러와 실제 투자되는 국가 통화와의 환율변동위험도 손익에 영향을 미친다.

환매금지형(폐쇄형)펀드의 단점을 보면 부동산펀드, 선박펀드 등 폐쇄형펀드(환매금지형펀드)는 펀드 설정 후 증권시장에 상장된다. 하지만 유동성이 부족한 경우가 많기 때문에 현금화에 제한이 있을 수 있다.

3. 자본시장법상 활성화가 예상되는 집합투자증권

(1) 개인고객의 라이프사이클에 따른 유형의 펀드 개발 예상

뉴노멀시대의 저금리와 고령화 사회로의 진전에 따라 펀드의 다양한 개발이 예상된다. 향후 퇴직연금제도의 점진적인 활성화에 힘입어 사용자와 근로자의 니즈에 부합하는 퇴직연금펀드도 개발될 것이다. 예를 들어 은퇴세대 전용 펀드, 투자자의 연령대에 따라 안전자산과 위험자산의 비율을 적정하게 조정해 나가는 라이프사이클형펀드, 매월 또는 분기별로 일정금액이 연금형태로 지급되는 연금지급형펀드, 주택구입 및 자녀의 학자금과 결혼 비용 등과 같은 장래의 일시금 지출에 대비하기 위한 펀드 등이 예상된다.

라이프사이클형펀드는 투자자 연령에 맞춰 최적의 포트폴리오를 자동으로 재구성해주는 펀드다. 고객이 젊었을 때는 주식비중을 높여 공격적인 포트폴리오를 구성하고, 해가 갈수록 채권비중을 높여 수익률을 안정적으로 유지하게 해주는 것이 특징이다.

(2) 차세대 성장동력과 관련된 자산에 투자하는 펀드 개발 예상

한국 정부가 정책적으로 추진하고 있는 차세대 동력 산업, 즉 로봇산업, 항공산업, 나노산업, 바이오산업, 환경산업, 에너지산업, 문화콘텐츠 산업 등은 실제로는 혁신산업 또는 벤처산업의 현금흐름을 기초로 한다. 은행권의 대출보다는 기술력과 무형자산의 가치, 기업의 미래가치를 기반으로 투자를 받을 필요가 있으며 이러한 혁신기업에 대해 투자할 수 있는 가장 적합한 금융매개체가 펀드이다. 그러나 이러한 혁신기업에는 다양한 위험요인이 내재하며, 그러한 위험을 헤지할 수 있는 적절한 방안을 찾기가 쉽지 않다는 문제도 있다.

(3) 환경과 관련된 자산에 투자하는 펀드 개발 예상

최근 세계 각국은 환경오염 및 환경파괴를 억제할 수 있는 친환경기업을 육성하고 친환경에너지를 개발하고자 하는 녹색혁명이 진행 중이다. 앞으로는 이에 착안한 다양한 펀드가 개발될 것으로 예상한다. 이미 국내에서도 환경친화적인 기업 또는 환경사업기업을 주된 대상으로 에코펀드, 수자원환경 개선과 관련된 기업의 주식에 투자하는 워터펀드, 온실가스 감축 관련 사업을 영위하는 기업의 주식에 투자하는 기후변화펀드 등이 개발되었다. 또한 화석연료를 대체하는 친환경에너지사업, 예를 들어 태양광발전사업, 풍력발전사업 등을 영위하는 기업의 주식에 투자하는 대체에너지펀드도 있다. 최근에는 온실가스 감축시설 및 신재생에너지사업을 통해 발생한 탄소배출권에 투자하는 탄소배출권펀드도 개발되었다.

(4) 해외 자원과 관련된 자산에 투자하는 펀드 개발 예상

최근 각종 자원의 가격이 폭등함에 따라 글로벌시장에서 자원의 중요성이 주목받았고, 이에 착안한 다양한 금융투자상품, 특히 펀드가 개발되고 있다. 자본시장법은 간접투자자산운용법상의 실물자산을 일반 상품으로 달리 표현하면서 "농산물, 축산물, 수산물, 임산물, 광산물, 에너지에 속하는 물품과 이 물품을 원료로 하여 제조하거나 가공한 물품, 그 밖에 이와 유사한 것"으로 정의하고 있다.

일반상품 중에서 특히 유전, 가스, 석탄, 발전 등 에너지자원과 관련된 자산에 투자하는 펀드, 철, 구리, 아연, 우라늄, 금 등 광물자원과 관련된 자산에 투자하는 펀드가 활발하게 개발될 것으로 보인다. 원당, 곡물, 어류, 가축, 목재 등 농, 수, 축, 임산물자원과 관련된 자산에 투자하는 펀드도 개발될 것으로 예상한다.

이러한 일반 상품에 투자하는 펀드 형태로는 일반상품에 직접투자하는 특별자산펀드의 형태도 있지만, 대부분은 일반 상품과 관련된 증권에 투자하는 증권펀드 형태를 띨 것으로 예상한다. 에너지자원 중 유전을 예로 들면 해외의 유전 탐사, 개발, 생산회사의 주식 등 지분에 투자하는 펀드, 해외 유전 관련 펀드에 투자하는 펀드, 해외 유전사업과 관련된 투자계약증권에 투자하는 펀드, 해외 유전 관련 파생결합증권에 투자하는 펀드, 해외 거래소에 상장된 유전 관련 장내파생상품에 투자하는 펀드 등이 예상한다.

(5) 다양한 기초자산에 의거한 파생결합증권에 투자하는 펀드 개발 예상

자본시장법에 따라 대폭 확대된 기초자산에 따라 다양한 형태의 파생결합증권에 투자하는 펀드가 지속적으로 개발될 것이다. 예를 들어 주식연계 파생결합증권(ELS)에 투자하는 주식연계 파생결합증권 투자펀드(ELF)의 개발은 물론 금리연계 파생결합증권 투자펀드, 펀드연계 파생결합증권 투자펀드, 통화연계 파생결합증권 투자펀드, 일반 상품연계 파생결합증권 투자펀드, 신용위험연계 파생결합증권 투자펀드, 부동산연계 파생결합증권 투자펀드 등이 지속적으로 개발될 것으로 전망된다.

또한 자연적, 환경적, 경제적 현상 등에 속하는 위험과 연계된 파생결합증권 투자펀드의 개발도 시도될 것으로 보인다. 예를 들면 재해연계증권 투자펀드, 범죄발생률연계증권 투자펀드, 날씨연계증권 투자펀드, 기업부도율연계증권 투자펀드, 각종 거시경제지표연계증권 투자펀드 등도 예상한다.

(6) 국내 및 해외 부동산에 관련된 자산에 투자하는 펀드 개발 예상

최근 부동산 경기의 침체 및 미국 서브프라임모기지 사태, 러먼브라더스 사태 등 금융위기 여파로 부동산펀드를 개발하는 데 어려움이 있지만, 부동산 및 부동산 관련 자산이 전통적인 투자자산인 주식 및 채권과는 대별되는 대표적인 대안 투자자산임에는 의심의 여지가 없다.

자본시장법하에서 개발 가능한 부동산펀드를 예시해보면, 국내 또는 해외의 부동산개발사업을 영위하는 법인에 대해 개발사업금을 대여하는 형태의 대출형부동산 펀드, 국내 또는 해외의 수익성 부동산을 매입하여 임대를 통한 임대수익과 매각을 통한 매각차익을 동시에 기대하는 임대형부동산펀드, 경매 또는 공매부동산에 집중 투자하는 경공매형 부동산펀드, 펀드가 직접 개발사업을 영위하거나 간접적으로 시행사의 지분을 매입하는 개발형 부동산펀드 등이 지속적으로 개발될 것으로 예상한다. 또한 미분양아파트를 대상으로 투자하는 펀드, 아파트 분양권에 투자하는 펀드 등도 개발될 수 있을 것이다. 한편 해외 시장을 선진시장과 신흥시장으로 구분하여 각 시장의 특성에 맞는 자산을 발굴하여 투자하는 형태의 부동산펀드를 개발하는 것도 고려할 수 있을 것이다. 또한 해외 부동산투자회사의 주식에 투자하는 펀드 개발도 예상한다.

(7) 인프라와 관련된 자산에 투자하는 펀드 개발 예상

인프라자산은 장기적인 관점에서 투자를 필요로 해서 간접투자자산운용업법 시행초기에는 개발되지 않았다. 대신 사회기반시설에 관한 민간투자법에 의한 사회기반시설투융자회사에서 소위 인프라펀드라 불리면서 개발됐다. 이후 소수의 집합투자업자가 필요한 인프라 전문 운용인력을 구비하여 간접투자자산운용업법에 의한 인프라펀드를 개발하였다. 이 상품은 주로 보험회사와 같은 장기자금 운용기관에 판매되었다. 인프라펀드에서 투자할 수 있는 시설에는 산업기반시설뿐만 아니라 생활기반시설도 포함한다.

제3절 신탁과 실적배당상품

1. 신탁업의 개념

신탁이란 신탁 설정자(위탁자)와 신탁을 인수하는 자(수탁자) 사이의 특별한 신임관계에 근거하여 위탁자가 특정재산권을 수탁자에게 이전하거나 기타의 처분을 하고, 수탁자로 하여금 일정한 자(수익자)의 이익을 위하여 또는 특정의 목적을 위하여 그 재산권을 관리, 처분하게 하는 법률관계를 말한다. 신탁 행위는 신탁계약(쌍방의 계약)이나 유언(단독 행위)으로 신탁을 설정하기 위한 법률행위이다. 수탁자는 신탁 본래의 취지에 따라 선량한 관리자의 주의로써 신탁재산을 관리 또는 처분하여야 한다.

자본시장법에 의하면 신탁업은 신탁을 영업으로 하는 것이며 신탁업자는 신탁을 영업으로 할 목적으로 금융위원회로부터 인가를 받은 금융투자업자를 지칭한다. 신탁의 법률관계는 신탁업에 따라 규율되는 반면, 신탁업은 금융투자업의 일종으로 자본시장법에 따라 규율된다.

2. 신탁업의 종류

신탁업은 금전신탁과 재산신탁, 부동산신탁 등으로 구분된다. 현재는 부동산신탁 규모가 제일 크다. 금전신탁은 위탁자의 재산인 금전의 운용방법 지시여부에 따라 불특정금전신탁과 특정금전신탁으로 분류된다. 재산신탁은 유가증권신탁, 금전채권신탁, 동산신탁 등으로 구분된다.

부동산신탁은 부동산신탁회사가 수행하는 구체적인 신탁사무의 내용에 따라 토지개발신탁, 토지관리신탁, 관리신탁, 처분신탁, 담보신탁, 분양관리신탁 등으로 구분한다. 토지개발신탁은 신탁회사가 수탁받은 토지에 택지조성, 건축

표 14-3 재산신탁의 종류

구분	내용
유가증권신탁	증권을 수탁받아 보관, 배당금 수령 등 권리보존에 필요한 행위를 하거나 대여 등의 방법으로 관리, 운용한다
금전채권신탁	대출채권, 신용카드채권, 건설공사대금채권 등을 수탁받아 대금청구, 추심, 회수 등의 관리업무를 수행하는 신탁으로 주로 자산유동화의 매개체로 활용한다.
동산신탁	담보화가 곤란한 철도, 차량, 선박, 자동차 등을 제조, 판매회사로부터 수탁받아 대여 등으로 운용한다.

등의 사업을 시행한 후 이를 임대하거나 분양함으로써 발생하는 임대수익 및 분양수익을 수익자에 교부한다. 토지관리신탁은 시공사(또는 위탁자)가 부동산 개발 사업비를 조달하고 부동산신탁사는 법적(명목상) 시행사로 자금관리, 분양 사무 등을 담당하는 무차입 토지신탁이다. 관리신탁은 신탁회사가 수탁받은 부동산에 대하여 소유권보존, 임대차, 유지보수 등 일체의 관리서비스를 제공 한다. 처분신탁은 신탁회사가 부동산 소유자를 대신하여 실수요자를 찾아 수 탁부동산을 매각한다. 담보신탁은 위탁자는 자기소유 부동산을 신탁회사에 위 탁하고 발급받은 수익권증서를 담보로 금융기관으로부터 대출을 받는다. 신탁 회사는 수탁받은 부동산을 관리하는 한편 위탁자의 채무불이행 시 부동산을 처분하여 채권금융기관에 변제한다. 분양관리신탁은 건축물 분양에 관한 법률 에 의한 선분양을 위한 신탁계약이다. 신탁회사가 토지소유권과 분양수입금을 관리하고 분양사업자에 대한 사업 감독과 분양계약과 공정관리를 통해 피분양 자를 보호한다.

3. 단기실세금리상품

(1) MMF(단기금융집합투자기구)

자본시장법상 단기금융집합투자기구(MMF)는 집합재산 전부를 대통령령으로 정하는 단기금융상품에 투자하는 집합투자기구로서 대통령령으로 정하는 방법 으로 운용되는 집합투자기구를 말한다.

MMF(Money Market Fund)의 투자 대상은 원화로 표시된 자산으로서, 남은 만기가 6개월 이내인 양도성예금증서, 남은 만기가 5년 이내인 국채증권, 남은 만기가 1년 이내인 지방채증권, 특수채증권, 사채권(주권관련 사채권 및 사모방법 으로 발행된 사채권은 제외), 기업어음증권. 다만, 환매조건부 매수일 때는 남은 만기의 제한을 받지 아니한다, 금융기관이 발행, 할인, 매매, 중개, 인수 또는 보증하는 남은 만기가 1년 이내인 어음, 금융기관에 대한 30일 이내의 단기대출, 만기가 6개월 이내인 은행, 투자매매업자 또는 투자중개업자, 증권금융회사, 종합금융회사, 상호저축은행 등 금융기관에의 예치, 다른 단기금융집합투자기구의 집합투자증권, 전자단기사채 등의 투자로 대상이 정해져 있다.

(2) MMDA

MMDA(Money Market Deposit Account)는 시장금리부 수시입출식 예금을 말한다. 최고예치한도에 대한 제한은 없으나 최초 가입 시 일정금액 이상을 예치해야 한다. 저축예금을 모계자로 하는 개인용 MMDA상품은 예치금액에 따라 차등 적용한다. MMDA는 초단기로 운용할 대기성 자금 운용에 적합하다.

(3) MMT

MMT(Money Market Trust)는 수시입출금식 신탁으로 MMF, MMDA, CMA 등과 대비되는 상품이다. MMT는 단기자금운용 금융상품으로 MMF의 단점을 보완하여 출시되었다. MMF는 시가와의 차이가 0.5% 이상 벌어지면 시가평가로 전환되므로 수익률에 큰 변동이 생길 수도 있다. 수익증권이 아니라 특정 금전신탁 형태이지만 수익률 및 입출금이 자유롭고 당일 환매가 가능한 점 등 기존 MMF의 특성을 그대로 따른다. 단 예금자보호는 받지 못한다.

(4) CMA

CMA(Cash Management Account)는 1984년 8월 종합금융회사법에 따라 종금사 수신상품의 하나로 도입되었다. CMA는 현금자산관리계좌로 불린다. 입출금이 자유로우면서 고객예탁금계좌와 연계해 주식, 채권, 펀드 매입자금으로 이체하거나 급여이체, 카드결제자금 이체, 각종 공과금 이체, 은행 자동화기기를 이용한 업무마감시간 이후 입출금서비스를 이용할 수 있다. 이러한 편의성과 동시에 상대적으로 고수익이라는 장점도 있다. CMA는 고객과 사전 약정에 따라 예치자금이 MMF, RP 등 특정 단기금융상품에 투자되도록 설계한 CMA계좌를 통해 거래한다.

종금형CMA는 금융기관이 다수의 고객으로부터 자금을 조달하여 이 자금을 주로 기업어음이나 통화조절용 채권, CD, 정기예금, 단기국공채 등 단기금융 자산에 운용하고, 그 운용수익을 예탁 기간에 따라 투자자에게 차등 지급하는 실적배당형 상품이다. MMF형 CMA는 MMF에 투자하는 수시입출금 가능 상품으로 예금자보호가 되지 않는다. RP형 CMA는 RP(환매조건부채권)에 투자하는 상품으로 예금자보호가 되지 않지만, 국가나 지방자치단체, 은행 등이 발행한 우량한 채권에 주로 투자하여 안전성이 높다. MMW형 CMA, 즉 MMW(Money Market Wrap)형은 랩어카운트 형태로 증권사 CMA의 운용 방식 중 하나다. 신탁은 아니지만, 고객이 자산을 증권사에 맡기면 증권사가 신용등급 AAA 이상인 한국증권금융 등 우량한 금융기관의 예금, 채권, 발행어음, 콜론 등 단기 금융자산에 투자하고 그에 따른 성과를 지급하는 실적배당형 상품이다. 일일 정산을 통해 익일 원리금을 재투자함으로 복리효과를 누릴 수 있다.

4. 변액보험

변액보험이란 계약자가 납입한 보험료의 일부(특별계정투입보험료)를 별도로 구분된 특별계정(펀드)에 투입함으로써 주식, 채권 등 주로 유가증권에 투자하여 발생한 손익에 따라 보험금 등이 변동되는 보험이다. 특별계정투입보험료는 영업보험료에서 해당월 위험보험료 및 부가보험료를 차감하여 결정된다. 변액보험은 생명보험과 집합투자(펀드운용에 의한 실적배당)의 성격을 동시에 가지므로 법적규제에서도 보험업법과 자본시장법의 일부 규정이 동시에 적용된다. 변액보험은 생명보험상품이므로 손해보험사에서는 취급할 수 없다. 변액보험의 특징으로는 첫째, 펀드의 운용실적에 따라 사망보험금과 해지환급금이 변동한다. 둘째, 펀드의 운용실적이 악화된 경우에도 최저사망보험금을 보장한다. 셋째, 고객의 투자성향에 따라 자산운용 형태를 직접 선택할 수 있으며 펀드 변경도 할 수 있다. 넷째, 다양한 선택특약을 자유 조립할 수 있다. 다섯째,

10년 이상 유지하면 비과세 혜택 등 세제 혜택이 있다. 여섯째, 연금전환특약을 활용할 수 있다는 점이다. 변액보험의 종류는 변액종신보험, 변액연금보험, 변액유니버설보험 등이다.

제4절 기타 금융투자상품

1. 상장지수집합투자기구(ETF)

(1) ETF의 개념과 특징

자본시장법상 상장지수집합투자기구로 불리는 상장지수펀드(ETF; Exchange Trade Fund)는 주식처럼 거래소에 상장되어 주식매매와 유사한 방법으로 거래되는 펀드다. ETF란 일반적으로 주식, 채권과 같은 기초자산의 가격이나 지수의 변화에 연동하여 운용하는 것을 목표로 하는 펀드를 말한다. 지수 구성 종목의 주식 및 순자산만큼의 현금을 수탁은행에 납입하고 운용회사가 이를 근거로 발행한 증권이 거래소시장에서 개별 주식처럼 거래된다. 일반주식과 달리 매도 시에 증권거래세 및 농어촌특별세(0.3%)가 부과되지 않는다.

ETF의 특징을 보면 첫째, 인덱스펀드의 특징을 모두 가진다. 분산투자효과, 운용의 투명성, 시장 상승 시 최대 효과, 성과의 지속성 등의 특징이 있다. 둘째, 주식처럼 시장에서 실시간으로 거래된다. 그러면서도 ETF매도 시에는 주식과 달리 거래세가 면제된다. 셋째, 가장 저렴한 비용으로 투자할 수 있다. ETF는 일반 펀드 대비 회전율 및 보수가 가장 낮다. 예를 들어 펀드보수를 보면 성장형펀드가 가장 높고, 그다음이 인덱스펀드 그리고 ETF 순서로 ETF투자비용이 낮다. 펀드 회전율도 성장형펀드가 가장 높고 그다음이 인덱스펀드 그리고 ETF순서다. 넷째, 유동성이 풍부하다. 유통시장과 발행시장의 구분으로 ETF의 유동성은 유통시장의 거래량보다 훨씬 높다. 다섯째, ETF 한 주를 매입해도 ETF 추적지수의 전 종목을 매수한 것과 동일한 효과를 가진다. 반면, ETF의 단점으로는 인덱스펀드와 같이 단기 투자보다는 장기 투자에 더 적합한 상품이다. 하지만 매매가 용이하여 투자가 단기화될 가능성이 크다. 단, 레버리지ETF와 인버스ETF는 단기 투자가 더 적합하다.

(2) ETF의 종류

국내 ETF시장에는 유형별로 다양한 기초자산을 대상으로 한 ETF가 상장되어 있다. 하지만 KOSPI200과 같은 시장대표지수를 추적하는 ETF가 전체 순자산의 50% 이상을 차지하고 있으며, 시장지수ETF 편중현상이 지속되었다.

① 시장대표지수ETF와 섹터지수ETF

시장대표지수ETF는 KPSPI200, KRX100 또는 코스닥프리미어지수 등 코스피시장이나 코스닥시장을 대표하는 지수를 추적하는 것을 목표로 한다. 섹터지수ETF는 자동차, 반도체, 조선, 은행 등 특정 업종에 속한 기업에 투자하는 ETF이다. 업황에 따라 시장수익률보다 다소 높은 수익을 추구하는 상품이다. 섹터지수는 유가증권시장뿐만 아니라 코스닥시장을 포함하여 업종 내에서 유동성, 재무비율, 유동비율 등을 충족하는 종목들을 선정해 구성된다. 지수 내 구성종목 수는 10종목 이상이며, 한 종목의 시가총액 상한은 25%로 제한된다.

② 스타일지수ETF와 테마지수ETF

스타일지수ETF는 기업의 시가총액 순위에 따라 대형주, 중형주, 소형주 등으로 분류한다. 이를 다시 가치주와 성장주 등으로 분류하여 기업의 규모와 특성을 조합하여 만든 스타일지수를 추적한다. 가치주는 주가순자산배율(PBR), 주가수익비율(PER), 배당수익률 등의 지표를 토대로 기업의 내재가치 대비 저평가된 종목군이다. 성장주는 매출액, 순이익증가율 등이 높은 종목으로 구성되어 있다.

테마지수ETF는 투자자의 욕구에 맞추어 시장의 테마를 형성하는 종목군을 발굴하여 만든 지수를 기초지수로 한다. 주로 특정 그룹주 형태의 ETF가 많다. 거래가 활발한 그룹주ETF의 경우 몇몇 기업의 주가상승률이 KOSPI지수를 상회한 것에 착안하여 개발된 지수다. KODEX삼성그룹이 대표적인 상품이다. 각 그룹주 지수는 해당 그룹집단에 소속된 기업들 중 시가총액이 큰 종목으로 구성되어 있다.

③ 해외지수ETF와 채권ETF

해외지수ETF는 2007년 10월에 상장된 KODEX China H를 시작으로 일본, 브라질, 미국, 브릭스 등의 지역 관련 주식에 투자하는 ETF들이 순차적으로 상장되었다.

채권ETF는 2009년 8월에 도입되었다. 상장 초기에는 채권ETF들이 모두 만기 3년, 5년의 국고채(가중평균 듀레이션 3년 내외)만 투자하는 ETF들이었다. 그러다가 2010년부터 통안채 및 만기 1년 내외의 단기채에 투자하는 ETF들이 개발되었다. 특정 채권지수를 추종하는 채권ETF는 다양한 만기의 채권들로 구성되어 있으며 일정한 듀레이션을 유지하기 위하여 주기적으로 구성종목을 리밸런싱한다. 채권ETF의 특징 중 하나는 한국거래소에 상장되어 거래되기에 장내거래를 통해 장외시장 상품인 채권에 대한 투자효과를 누릴 수 있다는 점이다.

④ 인버스ETF와 레버리지ETF

인버스ETF는 2009년 9월에 아시아시장 최초로 상장되었다. 주식시장의 하락에 대비할 수 있는 헤지수단으로서 기존의 선물, 옵션 등의 파생상품과 달리 소액으로 투자할 수 있다. 만기가 없기 때문에 개인투자자에게 유용한 헤지수단으로 등장한 상품이다. 현재 국내 인버스ETF의 기초지수는 모두 F-KOSPI200지수 일별수익률의 -1배를 추적하는 것을 목표로 운영된다.

레버리지ETF는 2010년 2월에 최초로 상장되었다. 주가상승 시 수익을 극대화하기 위해 ETF 자체 내에서 순자산의 2배에 해당하는 주식 관련 포지션을 보유한다. 이로써 투자가들이 개별적으로 자금을 차입하지 않아도 레버리지ETF를 매수하는 것만으로 자금을 차입하여 투자한 것과 유사한 효과를 얻을 수 있다. 국내 레버리지ETF는 모두 KOSPI200지수 일별수익률의 2배를 추적하는 것을 목표로 운용된다.

⑤ 상품ETF

국내 상품(Commodity)ETF는 상품의 종류와 순자산 규모가 해외시장에 비해 작은 수준이다. HIT골드ETF가 국내 최초로 상장된 ETF이다. 국제 금 현물가격을 추적하는 것을 목표로 하고 있다. 금 현물을 직접 매입하는 것이 아니라 해외에 상장된 금ETF의 매수를 통해 운용되는 재간접형 ETF이다. 재간접형ETF는 자본시장법상 펀드자산의 40% 이상을 다른 펀드에 투자하는 펀드를 말한다.

2. 뮤추얼펀드

뮤추얼펀드(Mutual Fund)는 유가증권 투자를 목적으로 설립된 회사형 투자신탁으로서, 주식을 발행하여 투자자로부터 자금을 모집한 후 그 자금으로 유가증권에 투자, 운용하고 그 운용수익을 투자자(주주)에게 이익배당 형태로 분배하는 회사를 말한다. 우리나라에서는 증권투자회사라고 칭하며 설립근거는 간접투자자산운용업법이다. 뮤추얼펀드는 주식회사의 형식을 갖추고 있으나 서류상의 회사(Paper Company)로서 실체가 없고 실제 뮤추얼펀드의 운용은 자산운용회사가 한다. 예를 들면 미래에셋의 박현주 1호, 삼성투신의 다이나믹, LG투신의 트위스챌린지 등이 있다.

3. 랩어카운트

랩어카운트(Wrap Account)란 증권사 등이 투자자에게 가장 적합한 포트폴리오에 관한 상담결과에 따라 자산을 운용하거나, 이에 부수되는 주문 집행, 결제 등의 업무를 일괄처리해 주고, 잔고평가금액에 근거한 일정비율의 수수료를 받는 자산종합관리계좌를 말한다. 즉, 랩어카운트는 고객이 맡긴 고객자산을 증권사가 알아서 주식, 채권, 펀드 등에 투자를 대행해 주는 계좌를 말한다. 우리나라에서 랩어카운트란 자격시험을 통과한 금융자산관리사(FP; Financial Planner)가 주식, 채권, 펀드 등에 대한 투자상담과 이에 부수되는 업무를 일괄처리해 주는 맞춤형 금융상품을 의미한다. 종류는 컨설턴트랩과 뮤추얼펀드랩이 있다. 컨설턴트랩은 증권사 영업사원이 고객설문서를 통해 고객의 정보를 파악한 다음, 적절한 투자전략 및 포트폴리오를 구성해 사전에 증권사와 계약을 맺고, 투자일임이 가능한 투자자문사를 추천하면 해당 투자자문사가 고객의 자산을 운용하는 방식이다. 뮤추얼펀드랩은 증권사 직원이 고객 상담 후에 고객의 상황에 맞게 적합한 포트폴리오 및 투자전략에 따라 뮤추얼펀드나 수익증권을 추천하면 고객은 이 중 일부를 선택하는 방식이다.

랩어카운트 투자 시에는 다음과 같은 사항에 유의해야 한다. 첫째, 자산운용의 목적과 기간, 투자 예상수익 등에 따라 최적의 포트폴리오를 구성하기 위해서 증권사의 영업점에서 제공하는 상담과 고객설문서 작성에 충실하게 응해야 한다. 증권사는 정확한 설문과 상담을 바탕으로 자사의 자산배분모델을 통해 효율적인 포트폴리오를 고객에게 권유할 수 있기 때문이다. 둘째, 컨설턴트랩이나 뮤추얼펀드랩 모두 운용회사의 운용능력이 중요하다. 반드시 투신운용사나 투자자문사의 업력과 인력구조 등을 살펴보아야 한다. 셋째, 거래 및 성과보고를 자세히 살펴보고 투자환경 및 투자실적 등을 참고로 새로운 투자전략및 투자자문회사 변경 등을 고려하는데 자료로 삼아야 한다.

4. 부동산투자회사(REITs)

리츠(REITs)는 다수의 투자자로부터 자금을 모아 부동산에 투자, 운영하고 그 수익을 투자자에게 돌려주는 부동산 간접투자기구인 주식회사를 말한다. 부동산은 직접투자와 간접투자로 구분된다. 부동산 직접투자는 자금보유주체가 보유자금으로 부동산에 투자하기까지 일련의 과정을 독자적으로 수행하면서 직접적으로 부동산에 투자하는 형태이다. 부동산 간접투자는 자금보유주체가 보유자금을 제도권 내의 전문자산운용기관에서 부동산에 투자운용함을 목적으로 개발한 부동산 간접투자상품에 투자함으로써 간접적으로 부동산에 투자하는 형태다.

리츠의 장점을 보면 소액투자가 가능하고, 직접투자보다는 위험이 낮으며, 세제상 혜택 등의 장점이 있다. 첫째, 대형부동산에 대한 직접투자는 일부에게 기회가 국한되지만 리츠를 통해 소액으로도 투자 기회를 얻을 수 있다. 둘째, 부동산 취득에 따른 취득세와 등록세가 30% 감면되고 각종 보유세가 절감된다. 페이퍼컴퍼니 형태의 리츠는 배당 가능 이익의 90% 이상 배상 시 배당금액에 대하여 법인세가 면제되므로 직접투자보다 수익성이 우수하다. 셋째, 부동산의 장점인 인플레이션 헤지가 가능하며, 채권의 장점인 정기적 배당과 주식의 장점인 처분이익이 혼합된 상품이다. 넷째, 유동성이 결여된 부동산을 증권화함으로써 직접투자에서는 기대할 수 없는 높은 유동성을 확보할 수 있다. 다섯째, 자산관리회사의 효율적이고 전문적인 투자 및 운용을 통해 직접투자 시 발생하는 위험과 임대차비용, 시설관리 등의 어려움을 회피하고 자산가치를 극대화할 수 있다. 여섯째, 리츠는 국토해양부의 인가를 받아 설립되며, 감사, 주주총회의 내부 감독기구뿐만 아니라 국토해양부, 금융감독원 등 외부 감독기구의 감시 및 감독을 받는다, 이에 따라 운용 및 성과에 있어서 투명성이 높고 철저한 투자자보호가 이루어진다는 장점이 있다.

리츠 종류별 세제 혜택사항을 살펴보면 자기관리형리츠는 법인세 면제 혜택이 없고 취득세, 등록세 30% 감면과 각종 보유세 절감효과가 있다. 위탁관리형리츠는 배당가능이익의 90% 이상 배당 시 배당금액에 대하여 법인세 면제, 취득세, 등록세 30% 감면효과가 있다. 기업구조조정리츠와 개발형리츠는 배당 가능 이익의 90% 이상 배당 시 배당금액에 대하여 법인세 면제와 취득세, 등록세 30%를 감면한다.

 **연습문제**

1. 자본시장법에 따른 금융투자상품의 개념을 설명하라.

2. 개발이 예상되는 파생결합증권을 설명하라.

3. 집합투자증권(펀드)의 의의와 장·단점을 논하라.

4. 신탁업의 의의와 재산신탁의 종류를 설명하라.

5. REITs(부동산투자회사)란 무엇인가 설명하라.

주식과 채권에 대한 이해

이 장에서 학습하는 내용

- 주식과 채권에 대한 이해
  - ▶ 주식과 채권의 개념과 종류
  - ▶ 기업공개의 방법과 상장제도
  - ▶ 채권발행 방법
  - ▶ 채권수익률의 위험구조

이 장의 학습목표

- 주식과 채권의 개념과 종류를 이해한다.
- 기업공개의 방법을 학습한다.
- 채권발행방법과 채권수익률개념을 파악한다.
- 메자닌증권, BW 등 신종상품을 이해한다.

투자론 산책

중위험 · 중수익 상품 메자닌, 이젠 개인투자자에게도 '기회'

메자닌펀드…CB(전환사채).EB(교환사채) · BW(신주인수권부사채) 투자로 年 10% 수익률, 투자 전 절세요건 살펴야 … 랩어카운트는 채권매매 차익 비과세

"1~2년 전까지만 해도 일부 아는 사람만 이용하던 상품인데, 최근에는 소문이 많이 퍼졌는지 콕 찍어 찾는 사람이 늘었어요. 최소 투자금액이 적지 않은데도 불구하고 출시 후 하루 이틀 만에 완판될 정도로 인기가 많습니다. 미리 예약을 하지 않으면 가입이 어려울 정도예요."

강남 고액 자산가들이 주로 이용한다고 해서 소위 '강남펀드'라 불리기도 한다는 '메자닌펀드' 얘기다. 웬만큼 재테크에 관심 있는 사람에게도 메자닌펀드는 생소한 이름이다. 거의 대부분 상품이 사모펀드 형태로 판매되는 데다, 증권사 PB센터에서 관리하는 VIP 고객을 중심으로 사전 예약을 받아 모집 당일에 마감되는 경우가 많아서다. 하지만 고액 자산가 사이에 안정적으로 쏠쏠한 수익을 보장하는 중위험 · 중수익 상품으로 알려지면서 몇 년 전부터 꾸준히 수요가 늘고 있다.

메자닌은 건물 1층과 2층 사이에 있는 라운지 공간을 의미하는 이탈리아어다. 주식과 채권의 중간 성격 상품인 CB(전환사채), EB(교환사채), BW(신주인수권부사채) 등에 투자한다는 뜻에서 이런 이름이 붙었다. 일반적으로 채권(선순위채권)과 주식 사이에 존재하는 모든 혼합 형태의 금융상품을 통칭한다.

메자닌펀드는 주로 2~3년 만기의 전환성 채권에 투자하고 만기에 맞춰 해당 주식에 관한 권리를 행사하는 방식으로 운용된다. 채권 보유를 통한 이자소득과 매매 차익에서 수익을 챙긴다. 가장 큰 장점은 주가가 박스권에 갇혀 있어도 연 5~6% 대의 안정적인 수익을 낼 수 있다는 점이다. 채권 발행사의 주가가 오르지 않아도 해당 채권을 만기까지 보유해 이자수익을 얻을 수 있다. 물론 주가가 오르면 주식으로 전환해 시세차익을 얻으면 된다. 전통적으로 투자하는 채권, 주식과는 상관관계가 낮아서 투자했을 때 포트폴리오가 개선되는 효과도 있다.

펀드온라인코리아 관계자는 "채권보다 기대수익률은 높고, 주식보다 리스크는 낮다고 보면 된다. 일반 개인투자자 입장에서는 언제 어떤 회사채가 발행되는지 일일이 챙기기 힘들고, 또 안전하면서도 수익률이 괜찮은 것들은 공모 경쟁이 심해 매수가 쉽지 않다. 메자닌펀드는 운용사에서 알아서 양호한 회사채에 선별 투자해주기 때문에 손쉽게 메자닌 투자를 할 수 있다는 게 장점"이라고 말했다.

메자닌펀드를 찾는 수요가 늘어나면서 운용사들은 최근 새로운 메자닌펀드 상품을 잇달아 내놓고 있다. 현대자산운용은 5월 들어서만 '현대시즌Ⅰ 메자닌사모H-1 [채혼]'을 비롯해 6개의 상품을 출시했다. '현대시즌Ⅰ 메자닌사모증권투자신탁' 은

정통 메자닌펀드로, KTB자산운용에서 10년 넘게 메자닌 투자를 담당해온 선형렬 에이원투자자문 대표가 자문을 맡아 더욱 주목받는다. 연 1.3%의 신탁보수 외에 5% 이상의 수익이 나면 초과수익의 20%를 성과보수로 내야 하는데도, 투자자가 몰리고 있다. 이 외에 KB자산운용의 'KB메자닌사모(주혼)'와 공모 형태로 운영되는 HDC자산운용의 'HDC메자닌II1[채혼]' 등이 줄줄이 시장에 나왔다.

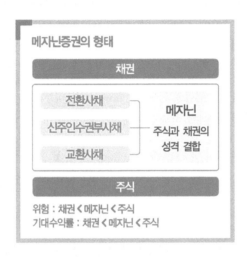

전환형 채권 투자해 안정적인 수익/ 투자 시 목돈 필요…
중도해지 불가 하이일드 · 적립식 가미한 상품 출시

실제 수익률 측면에서 메자닌펀드는 눈에 띄는 성과를 내고 있다. 대부분이 사모 형태로 운영되기 때문에 정확한 통계를 내기는 어렵지만, 업계에서는 10% 내외의 연평균 수익률을 내는 것으로 추정한다.

현재 메자닌펀드를 가장 많이 운용 중인 KTB자산운용의 경우 업계 최초로 메자닌펀드를 출시한 2005년부터 10년간 선보인 상품이 모두 목표수익률 이상의 내부수익률(IRR · 중간에 돌려받는 이자 등을 재투자했을 때 수익을 합산한 수익률)을 거둔 것으로 알려졌다. 'KTB메자닌30호' 등 2013년에 설정돼 현재 운용 중인 18개 메자닌펀드의 연평균 내부수익률은 지난 4월 말 기준 20.5%에 이른다. 2014년 3월부터 2015년 3월까지 설정된 41개 메자닌펀드도 연평균 IRR이 15.7%로 순항 중이다.

메자닌펀드의 고수익률은 최근 중소형주 활황과도 맞물려 있다. 주식 관련 채권은 보통 투자 후 1년이 지난 시점부터 주식으로 교환하거나 신주를 인수할 수 있다. 그동안은 주가가 낮아 주식 관련 채권 인수 시 결정되는 주식 교환 또는 발행 가격도 싼 편이었다. 지난해부터 중소형주 주가가 급등하면서 주식 교환 또는 발행

가격도 올라가는 추세다. 1~2년 뒤 주식으로 교환하거나 신주를 인수할 때 주가가 추가로 상승하면 메자닌펀드 수익률도 함께 올라간다.

또 다른 중위험·중수익 상품인 ELS(주가연계증권)와 비교해보면, 메자닌펀드의 장점은 더욱 두드러진다. ELS는 상한이 제한돼 있다 보니 주가 상승기에도 정해진 수익률에 만족해야 하지만 CB나 BW는 제한 없이 주가 상승에 대한 수익을 모두 가져갈 수 있는 장점이 있다. 주식시장이 안 좋을 때에는 채권 투자자로, 좋을 때는 주식 투자자로 변신이 가능한 셈이다.

그렇다고 메자닌펀드가 장점만 가진 것은 아니다.

대부분 사모 형태로 모집하기 때문에 3,000만~5,000만 원 정도의 목돈이 최소 투자금으로 필요하다. 또 폐쇄형 펀드여서 한번 가입하면 만기(통상 2~3년)까지 돈을 뺄 수 없다. 장기간 돈이 묶일 수 있는 만큼, 중간에 급전이 필요한 일이 생길 가능성이 있다면 투자를 보류하는 것이 좋다. 메자닌에서 발생하는 수익은 전부 금융소득 종합과세 대상에 포함된다는 점도 유의해야 할 점이다.

KTB자산운용 관계자는 "메자닌펀드는 통상 설정 첫해에는 투자 대상을 물색하고 집행이 이뤄지는 시기라 큰 수익이 나지 않는다. 2~3년 차부터 본격적으로 수익이 발생하기 때문에 3년 정도는 인내심을 갖고 지켜볼 필요가 있다"고 설명했다.

일반인들이 흔히 아는 우량기업이 아니라 투기 등급과 무등급 채권이 투자 대상이 될 수 있다는 점도 염두에 둬야 한다. 메자닌펀드는 채권에 투자하는 만큼 채권 발행사의 재무 사정이 악화될 경우 채무불이행 위험이 있다. 한 자산운용사 관계자는 "메자닌펀드에 편입된 비우량 코스닥 기업의 경우 10개 중 1~2개 정도는 도산할 가능성이 있다. 펀드에는 여러 기업의 채권을 담아 위험을 분산시키기는 하지만, 적격투자 등급의 회사채에 투자하고 있는지 등을 눈여겨 살필 필요가 있다"고 조언했다.

최근에는 정통 메자닌펀드 형태가 아닌 하이일드, 적립식 등을 가미한 '하이브리드'형 메자닌펀드도 속속 출시되는 추세다.

KTB자산운용이 내놓은 'KTB메자닌공모주하이일드사모증권투자신탁[채권혼합]'은 자산의 50%까지를 메자닌 증권에 투자하고 BBB+급 이하 하이일드채권에 30% 이상을 투자하는 펀드다. 자산의 40% 한도로 공모주에 투자해 운용능력을 극대화한다. 펀드 운용 역시 채권과 주식 부문 전문가를 따로 두는 투트랙 전략을 구사한다. 공모주 하이일드펀드의 성격을 가미해 차별화를 시도하면서, 5000만 원까지 분리과세 세제 혜택을 받을 수 있게 했다.

공모주와 하이일드채권, 그리고 주식전환사채에 골고루 투자하면서 월 적립식으로 투자할 수 있는 펀드도 있다. 한국채권투자자문의 '100세시대월적립식하이일드펀드'는 노후 대비를 위한 개인연금 개념의 상품이다. 전체 포트폴리오의 30% 이상을 주식 관련 사채 등 BBB+ 등급 이하 하이일드채권에 투자하기 때문에 공모주 발행 물량의 10%를 우선적으로 배정받을 수 있다. 메자닌펀드와 공모주, 하이일드펀드의 장점을 모았다고 보면 된다. 최초 투자금은 100만 원 이상, 이후부터 적립식으로 월 10만원 이상 투자가 가능하다.

해외 글로벌 전환사채펀드에 투자해도 메자닌펀드에 투자하는 효과를 볼 수 있다. 글로벌 전환사채를 원화로 환산하면 약 540조 원 규모다. 미국에 발행된 것이 50% 이상이며 약 30%가 유럽, 아시아태평양 지역이 나머지를 차지한다. BB 이하 투기 등급과 무등급 채권이 전체 발행 채권의 80%를 차지한다는 게 특징이다.

글로벌 전환사채펀드는 전통적으로 주식시장과 연관성이 많다. 일반적으로 주가 움직임의 40% 수준 정도로 펀드가 움직이기 때문에 주식에 투자하고 싶지만 변동성이 두려운 투자자들이 눈여겨볼 만하다.

[용어해설] ＊메자닌펀드(Mezzanine fund)

신주인수권부사채(BW), 전환사채(CB), 후순위채권 등에 투자하는 간접펀드다. 원금과 금리가 보장되는 채권의 특성을 가지면서도 향후 주가가 오를 때 신주인수권이나 주식 전환권을 행사해 주식 투자의 장점도 누릴 수 있는 특징이 있다. 최근 메자닌 상품이 주목받고 있다. 건물 1~2층 사이 중간층을 뜻하는 이탈리아어 '메자닌(Mezzanine)'은 금융투자업계에서 주식과 채권의 성격을 동시에 보유한 금융상품을 뜻한다. 특정 회사 채권에 주식을 연계시켜 주가 상승 시 '채권이자+α(매매차익)'를 추구하는 구조로, 주식으로 전환하거나 주식을 살 수 있는 워런트(Warrant)가 붙은 전환사채(CB), 신주인수권부사채(BW), 교환사채(EB) 등이 이에 해당한다. 투자자 입장에서는 주가 하락으로 시세 차익을 남기기 어렵더라도 만기까지 채권을 보유해 이자를 받을 수 있는 대표적인 중위험·중수익 상품이다. 채권 이자율의 경우 회사 신용등급에 따라 1~7%까지 다양하다

< 매경이코노미, 류지민 기자>

제15장 주식과 채권에 대한 이해

제1절 주식과 채권의 개념과 종류

1. 주식의 개념과 종류

(1) 주식의 의의

주식(Stock)은 주식회사의 사기사본에 내한 출자지분권(Equity)을 나타내는 증권을 말한다. 따라서, 출자의 증거이며 출자자(주주)가 얻는 권리를 나타내는 증권이다. 일반적으로 보통주식을 소유한 주주가 가지는 권리는 이익배당청구권, 의결권, 잔여재산분배청구권, 신주인수권 등이 있으며 주식의 가치는 곧 기업의 가치라고 할 수 있다.

우리나라 상법에서는 주권의 액면가를 100원 이상의 균등한 금액으로 하고 있으므로(상법 제329조) 모든 주식은 액면주이다. 미국의 경우에는 액면이 정해져 있지 않은 무액면주가 보편적인 형태이다.

(2) 주식의 종류

① 보통주와 우선주

보통주(Common Stock)는 주주의 권리를 평등하게 가진 주식으로서 이익배당이나 잔여재산의 분배에 있어서 기준이 되는 주식이다. 1주1표 주의에 의해 1주당1의결권을 갖는다. 보통주로부터 기대되는 수익의 원천은 배당수익(Income Gain)과 시세차익(Capital Gain)이다.

우선주(Preferred Stock)는 이익배당이나 잔여재산의 분배 등에 있어서 우선적 지위가 인정된 주식이다. 배당우선주의 경우 보통주보다 대개 배당률이 더 높은 대신 의결권이 없다. 우선주는 의결권이 없이 자기자본을 조달할 수 있기 때문에 발행회사 입장에서 유용한 자본조달 방법이다. 우선주는 미지급된 배당분을 다음 결산기에 배당받을 수 있는지 여부에 따라 누적적 우선주와 비누적적 우선주로 구분된다. 또한 우선주가 일정률의 우선배당을 받은 다음에 남은 이익에 대하여 보통주와 같이 배당에 참가하느냐에 따라 참가적 우선주와 비참가적 우선주로 나뉜다.

② 의결권주와 무의결권주

의결권주는 주주총회에 상정되는 의결사항에 대하여 결정권을 갖는 주식으로서 일반적으로 보통주에는 의결권이 있다. 배당우선주가 소정의 배당우선권이 실현되지 않으면 의결권이 부활한다.

③ 유상주와 무상주

기존의 주식회사가 신주를 발행하는 경우에는 주금의 납입이 있느냐 없느냐에 따른 구분으로 유상주는 주금의 납입에 의하여 발행되는 주식이며, 무상주는 주금의 납입이 없이 이익잉여금 처분 등을 통해 발행회사가 무상으로 할당하는 주식이다.

④ 상환주와 전환주

상환주(Redeemable Stock)는 주주권의 존속기간이 한정된 주식으로서 발행시점으로부터 회사의 이익으로써 일정기간 후에 소각하도록 되어 있는 주식이다. 상환주는 원금이 상환된다는 점에서 사채적 성격을 가지고 있는데, 우리나라 상법에서는 우선주에 한하여 상환주를 발행할 수 있도록 하고 있다.

전환주(Convertible Stock)는 일정한 요건하에서 다른 종류의 주식으로 전환할 수 있는 주식을 말하는데 대개 우선주에서 보통주로 전환하는 것이 대부분이다.

⑤ 액면주와 무액면주

액면주란 주권에 액면가액이 기재되어 있는 주식이다. 상법에서는 액면주식의 금액은 균일하여야 하며 100원 이상이어야 한다고 규정하고 있다. 무액면주는 주권에 금액이 기재되어 있지 않은 주식으로서 미국 등 선진국에서는 일반적이나 우리나라는 인정하지 않는다.

⑥ 기명주와 무기명주

기명주는 주식을 소유하고 있는 주주의 이름이 주식에 명시되어 있는 주식이며, 무기명주는 주식에 주주의 이름이 명시되어 있지 않은 주식이다. 기명주는 주주로서의 권리행사자를 명확하게 파악할 수 있는 장점이 있지만, 신속한 유통이 어렵고 주식거래에 많은 사무비용이 필요하게 되는 단점이 있다.

⑦ 후배주와 혼합주

후배주(Deferred Stock)는 이익이나 이자의 배당, 잔여재산의 등에 있어 타종의 주식에 비해 불리한 조건이 인정되는 주식을 말한다. 후배주는 배당순위에서만 불리하며 고율의 배당률을 유지할 수도 있다. 이 후배주는 보통 이익을 획득하는 수단으로 이용하기 때문에 영국과 미국에서는 경영자주라고도 한다. 현재 우리나라에서는 거의 사용되고 있지 않다.

혼합주는 어떤 권리에 대하여는 우선적 지위를, 다른 권리에는 열위적 지위가 부여된 주식을 말한다. 현재 우리나라에서는 거의 사용되고 있지 않다.

⑧ 주식예탁증서

국내 기업이 외국투자자들을 대상으로 유상증자를 할 때 유통편의를 위해 발행주식을 예탁기관에 맡기고 예탁기관이 발행주식을 근거로 발행하는 예탁증서를 주식예탁증서(DR; Depositary Receipts)라고 한다. 주식예탁 증서는 보관된 주식과 동일한 권리를 가지고 국제금융시장에서 유통된다. 발행시장에 따라 미국시장에서 발행하면 ADR(American Depositary Receipts), 유럽시장에서 발행하면 EDR(European Depositary Receipts), 미국과 유럽에서 동시에 발행하면 GDR(Global Depositary Receipts)이 라고 부른다.

1972년 미국의 모건 개런티 트러스트사가 최초로 발행하였고 우리나라 는 1985년 삼성전자, 그 뒤 KB국민은행이 발행하여 나스닥시장에 상장 한 바 있다.

(3) 시장안정을 위한 제도

① 가격제한폭제도

가격제한폭은 일반적으로 기준가격(전일 종가 등)에 일정비율을 곱하여 산출되며, 호가는 가격제한폭 범위 내의 가격으로 하여야 한다. 일별로 상승할 수 있는 최고가격인 상한가는 기준가격에 가격제한폭을 더한 가 격을 말하며, 일별로 하락할 수 있는 최저가격인 하한가는 기준가격에서 가격제한폭을 뺀 가격을 말한다. 주식, 외국주식예탁증서, 상장지수펀드 및 수익증권 등의 가격제한폭은 현재 상하 30%로 되어있다. 다만, 정리 매매종목, 신주인수권증서, 신주인수권증권 및 채권의 경우에는 가격제 한폭을 두지 않고 있다.

② 서킷브레이커

서킷브레이커(Circuit Breakers)는 주식시장의 매매거래중단제도로서 증 권시장의 내외적인 요인에 의해서 주가가 급락하는 경우 투자자들에게 냉정한 투자판단 시간을 제공하기 위해 시장에서의 모든 매매거래를 일 시적으로 중단하는 제도이다. 코스피지수가 직전거래일의 종가보다 8%

이상 하락하여 1분간 지속하는 경우 주식시장의 모든 종목의 매매거래를 중단하게 된다. 한편, 코스피지수가 8% 이상 하락하면, 매매거래중단의 발동을 예고할 수 있다. 서킷브레이커는 3단계로 발동하며 1단계는 8%, 2단계는 15%, 3단계는 20% 순차적으로 발동할 수 있다. 서킷브레이커가 발동되면 20분 동안 시장 내 호가접수는 물론 채권시장을 제외한 현물시장과 연계된 선물, 옵션시장도 호가접수 및 매매거래를 중단하게 된다. 20분 경과 후에는 매매거래를 재개한다. 서킷브레이커는 주가상승 시에는 발동되지 않고 주가급락 시에만 발동된다.

③ 사이드카

사이드카(Side Car)는 프로그램매매 호가관리제도라고도 하는데 프로그램매매를 구제하는 가장 대표적인 방법으로 시장상황이 급변할 경우 프로그램매매의 호가효력을 일시적으로 제한함으로써 프로그램매매가 주식시장에 미치는 충격을 완화하고자 하는 제도이다. 선물시장에서 기준종목(코스피200선물 종목 중 직전 매매일의 거래량이 가장 많은 종목)의 가격이 기준가 대비 5% 이상 상승 또는 하락하여 1분간 지속되는 경우, 상승의 경우에는 프로그램매수의 호가 효력을, 하락의 경우에는 프로그램매도의 호가 효력을 5분간 정지한다. 프로그램매매의 호가 효력이 5분 동안 정지된 후 접수순서에 따라 매매를 체결시킨다. 또한 기준종목의 가격이 기준가 대비 5% 이상 상승 또는 하락하는 경우 프로그램 매수호가 또는 매도호가의 효력이 정지될 수 있다는 사실을 예고할 수 있다.

④ 종목별 매매거래정지제도

종목별 매매거래정지제도는 특정 종목과 관련된 풍문 등으로 인하여 투자자에게 기업의 정보를 충분히 주지시킬 수 있는 시간이 필요하거나, 호가폭주로 인하여 시장에서 정상적인 매매체결이 불가능할 경우 해당 종목의 매매거래를 일시적으로 중지시키는 제도이다. 이는 투자자의 주의를 환기하고 시장에서의 안정적인 매매거래를 도모하기 위한 조치이다. 풍문 등의 사유로 매매거래가 정지된 경우 매매거래가 재개되는 시점은 일반적으로 해당 기업이 매매거래 정지 사유에 대한 조회결과를 공시한 시점부터 30분이 경과한 때로 정한다. 그리고 매매거래 폭주로 매매거래가 정지된 경우에는 호가 및 매매거래 상황을 감안하여 매매거래 재개시기를 결정한다.

⑤ 시장경보제도

시장경보제도는 투기적이거나 불공정의 개연성이 있는 종목 또는 주가가 단기간에 비정상적으로 급등하는 종목을 대상으로 투자자에게 주의를 환기하고자 시장감시위원회에서 운영하는 제도이다. 시장경보제도는 상장주가 등이 일정요건에 해당하면, 투자주의종목, 투자경고종목, 투자위험종목 등의 3단계 유형으로 지정함으로써 일반투자자의 추종매매를 억제하고 불공정거래의 확산을 사전에 차단하기 위한 경보조치이다. 투자경고종목 및 투자위험종목으로 지정되는 경우 매매거래에 제한이 따를 수 있다.

⑥ 단기과열종목지정제도

단기과열종목지정제도는 단기적으로 이상급등, 과열 현상이 지속되는 종목을 단기과열종목으로 지정하여 매매거래에 제한을 가함으로써 과도한 추종매매 및 불공정거래를 예방하고 효율적 균형가격 발견을 도모하기 위한 제도이다. 단기과열종목으로 지정되면 지정 첫날에 매매거래가 정지되며, 그다음 3일 동안에는 단일가격에 의한 개별경쟁매매방법에 의한 매매체결이 적용됨으로써 매매에 제한이 따른다.

⑦ 관리종목지정제도

관리종목지정제도는 상장 후 영업실적 악화로 인한 기업부실, 주식분산요건 미충족, 기업지배구조 불량 등으로 향후 상장폐지 위험이 큰 주식을 관리종목으로 지정함으로써 투자자에게 주의를 환기하고 아울러 당해

법인엔 해당 사유를 해소하도록 하여 조속한 정상화를 유도하기 위한 제
도이다. 관리종목은 신용거래 대상에서 제외되며 대용증권으로도 활용될
수 없으나, 그 매매체결방식은 다른 일반종목과 동일하다.

(4) 대량매매제도

대량매매제도는 거래규모로 보아 일반 매매방법으로는 시장에서 처리하기
곤란한 대량물량에 대하여 일시적인 수급불균형과 시세급변을 방지하면서 매
매를 원활하게 처리할 수 있도록 도입한 제도로서 신고대량매매, 장중대량바
스켓매매, 시간외대량매매 및 시간외바스켓매매로 구분된다. 신고대량매매는
종목 및 수량이 동일한 대량주문에 대해 양 당사자 간에 단일가매매시 형성되
는 가격(시가 또는 종가)으로 거래를 체결시키는 제도이다.

(5) 시장제도의 비교

주식유통시장에는 유가증권시장인 코스피시장, 벤처기업 등의 주식거래를
위한 코스닥시장, 신설기업 및 소규모 기업 주식거래 활성화를 위한 제3시장인
프리보드, 기술주 거래를 위한 코넥스시장 등으로 구분되며 〈표 15-1〉과 같다.

표 15-1　시장제도의 비교

구 분	코스피시장	코스닥시장	프리보드	코넥스
매매거래시간	장내시장 09:00~15:00 시간외 시장 -장개시전:07:30~09:00 -장종료후:15:10~18:00	장내시장 9:00~15:00 시간외 시장 -장개시전:07:30~09:00 -장종료후:15:10~18:00	장외시장 09:00~15:00	장내시장 09:00~15:00 시간외 시장 -장개시전:07:30~09:00 -장종료후:15:10~18:00
가격제한폭	±30	±30	±30	±15
매매방식	경쟁매매	경쟁매매	상대매매	경쟁매매
위탁증거금	증권사 자율	증권사 자율	매수:현금100% 매도:당해주식 100%	1억원 이상

구 분	코스피시장	코스닥시장	프리보드	코넥스
위탁수수료	증권사 자율	증권사 자율	증권사 자율	증권사 자율
결제 전 매매	가능	가능	가능	
양도소득세	면제	면제	벤처기업,소액주주: 면제 중소기업주권: 10% 대기업주권: 20%	소액주주 면제
증권거래세	0.15% (농특세0.15%별도부과)	0.3%	0.5%	0.3%
주문	시장가, 지정가 등	시장가, 지정가 등	지정가	시장가, 지정가
수도결제	3일 결제	3일 결제	3일 결제	3일 결제
기준가	전일 종가	전일 종가	전일 거래량 가중평균주가	전일 종가
매매단위	10주 (단, 5만 원 이상 1주)	1주	1주	1주

* 자본시장법에서 규정하는 금융투자회사, 정책금융기관, 은행·보험, 연기금 등이 포함되고, 개인은 펀드(공모펀드 제외)를 통한 투자만 가능. 그리고 벤처캐피탈, 헤지펀드 가입 개인(5억 이상 투자 가능한 개인), 엔젤투자자가 추가로 포함.

2. 채권의 개념과 종류

(1) 채권의 의의

채권(Fixed Income, Bond, Debenture)이란 자금을 필요로 하는 주체인 발행자가 투자자인 채권자로부터 자금을 차입하고, 발행이자와 원금지급에 대한 의무관계를 명시한 채무증서로 확정소득증권으로 분류된다. 채권은 정부나 기업이 자금조달을 목적으로 발행하는 유가증권으로 정기적으로 약정이자를 지급하고 만기에 원금을 변제할 것을 약속하는 확정이자부 증권이며 주식과 같이 타인에게 양도할 수 있는 유통성을 지닌다.

채권을 발행할 때 기본요소는 채권의 액면가, 액면(표면)이자율, 그리고 만기가 반드시 결정되어 발행된다. 일반투자자들이 혼동하기 쉬운 채권과 주식의 차이점을 구별해보면 〈표 15-2〉로 쉽게 알 수 있다.

표 15-2 주식과 채권의 차이점

구 분	주 식	채 권
발행자	주식회사	정부, 지방자치단체, 특수법인, 주식회사
자본의 성격	자기자본	타인자본(부채)
증권소유자의 지위	주주	채권자
소유에 의한 권리	결산 시 사업이익금에 따른 배당금을 받을 권리(유동적 권리) -의결권 및 경영참가권 -배당청구권 -잔여재산청구권	사업실적에 관계없이 확정이자 수령 권리(확정적 소득) -회사정리절차에서 채권단에 참여 -이자 및 원금상환권 -주식에 우선하는 잔여재산 청구권
상환기간	발행회사와 존속을 같이하는 영구증권	영구채권을 제외하고 모두 기한부증권
투자위험	크다	작다

(2) 채권의 종류

① 발행주체에 따른 분류

발행주체에 따른 분류로는 국채, 지방채, 특수채, 회사채, 외국채로 나뉜다.

ⓐ 국채

국채는 재정정책의 일환으로 국가가 발행하는 채권으로 정부가 원리금을 보증하기 때문에 신용도가 가장 높은 증권이라 할 수 있다. 국채의 종류에는 국고채권, 국민주택채권, 양곡증권, 외국환평형기금채권, 재정증권, 공공용지보상도로채권 등이 있다.

ⓑ 지방채

지방채는 지방자치단체인 특별시, 광역시, 도, 시, 군 등이 지방자치법과 지방재정법에 따라 발행하는 채권이다. 지방채의 종류에는 서울도시철도채권, 부산시지하철도채권, 지방도시철도채권, 지역개발채권 등이 있다.

ⓒ 특수채

특수채는 특별법에 따라 설립된 법인이 발행한 채권이다. 특수채는 크게 금융채와 비금융특수채로 나뉘며, 다시 금융채는 통화안정증권, 산업금융채권, 기타 은행채, 카드채권, 리스채권, 종합금융채권, 할부금융채권, 기타 금융채 등이 있으며, 비금융특수채에는 한국전력채권, 지하철공사채권, 토지개발채권, 도로공사채권, 토지주택공사채권, 예금보험공사채권, 증권금융채권 등이 있다.

ⓓ 회사채

회사채는 주식과 함께 기업의 대표적인 직접금융수단으로 상법상의 주식회사가 발행하는 채권이다. 회사채를 발행하려면 신용평가회사 2곳 이상으로부터 신용등급평가를 받으면 가능하다. 회사채의 종류에는 보증사채, 무보증사채, 담보부사채, 전환사채, 신주인수권부사채, 교환사채, 옵션부사채 등이 있다.

ⓔ 국제채

국제채는 외국에서 유통되거나 외화로 표시된 채권으로서 국내채에 비교되는 개념이다. 국제채에는 발행하는 통화가 소속된 나라에서 채권을 발행하는 외국채와 발행하는 통화가 소속된 나라 밖에서 채권을 발행하는 유로채가 있다.

외국채권은 외국법인(외국정부, 외국지방자치단체, 외국공공기관, 외국 법령에 따라 설립된 외국기업 등)이 국내에서 발행하는 채권이다. 예를 들면 미국 비거주자가 미국달러로 채권을 발행하고자 하는 경우, 미국에서 발행하여 미국투자자에 판매하는 것을 외국채라고 하며, 미국 이외의 다른 나라에서 발행하여 전 세계의 투자자에게 판매하는 것을 유로채하고 부른다. 국제채에는 양키본드, 사무라이본드, 아리랑본드 등이 있다. 양키본드는 미국 금융시장에서 발행되는 달러표시채권을 가리킨다. 1992년에 한국전력과 삼성전자가 양키본드를 발행한 바 있다.

사무라이본드는 일본시장에서 발행되는 엔화표시 국제채를 가리킨다. 한국산업은행 등 금융기관이 엔화차입을 위해 발행하고 있다. 아리랑본드는 외국의 차입자가 한국시장에서 원화표시로 발행하는 외국채를 말한다. 아리랑본드는 아시아개발은행이 발행한 바 있다.

김치본드는 우리나라 채권시장에서 달러화 등의 외국 화폐 단위로 표시한 채권을 발행해 외화를 조달하는 것이다. 보통 우리나라에서는 원화 표시로 채권이 발행되고 유통된다는 데 반해, 김치본드는 외화로 표시되어 발행된다는 것이 가장 큰 차이점이다.

② 이자지급방법에 따른 분류

채권은 이자지급 방법에 따라 할인채, 이표채, 복리채, 단리채 등으로 구분한다.

ⓐ 할인채

할인채(Discount Bond)는 만기 시 상환금액에서 상환기일까지의 이자를 발행시점에서 미리 할인하여 매출하는 채권으로 통화안정증권, 외국환평형기금채권, 금융채 중 일부가 여기에 해당하며, 대부분 1년 미만의 잔존기간을 갖는다.

ⓑ 이표채

이표채(Coupon Bond)는 채권의 권종에 이표가 붙어 있어 이자지급일에 이표를 떼어 약정이자를 지급받을 수 있는 채권이다. 외국의 경우 6개월마다 이자를 지급하지만 우리나라의 경우 보통 3개월 단위로 이자를 지급하고 있다.

ⓒ 복리채

복리채(Compound Bond)는 이자가 단위기간 수만큼 복리로 재투자되어 만기상환 시에 원금과 이자가 동시에 지급되는 채권이다. 일반적으로 복리채는 이표채에 비해 상대적으로 만기가 짧은 특징이 있다.

③ 상환기간에 따른 분류

ⓐ 단기채 : 발행기간 1년 미만(통화안정증권)
ⓑ 중기채 : 발행만기 1년~5년(국민주택채권 1종, 지역개발채권, 회사채)
ⓒ 장기채 : 발행만기 5년 초과(국민주택채권 2종, 도시철도채권, 국고채권)

④ 기타

보증(담보) 유무에 따라 보증부사채, 무보증사채, 담보부채권으로 나뉘며,

원금지급형태에 따라 만기상환채권, 분할상환채권으로 구분하며, 모집방법에 따라 사모, 공모채권으로 분류할 수 있다.

⑤ 회사채의 종류

ⓐ 보증사채

사채의 원금상환 및 이자지급을 금융기관이 보증하는 사채로 투자자로서는 투자의 안정성이 보장되기 때문에 선호되고 있으나 발행자 입장에서는 보증료 지급이 발행비용 상승요인이 되고 있다. 사채원리금 지급 보증기관은 은행, 신용보증기금, 기술신용보증기금, 종합금융회사, 보증보험회사 등이 있다.

ⓑ 무보증사채(일반사채)

사채의 원리금상환에 대하여 금융기관 보증이나 담보공여 없이 발행회사의 신용에 의하여 발행되는 사채를 말한다. 무보증사채는 투자자로서는 보증사채나 담보부사채보다 투자의 안정성이 떨어지기에 신용도가 우수한 회사를 중심으로 발행되고 있다.

ⓒ 담보부사채

사채의 원금상환 및 이자지급을 보증하기 위한 물적담보가 제공된 사채로 담보부사채신탁법에 의하여 발행된다.

ⓓ 전환사채

전환사채(Convertible Bond)란 일정한 조건에 따라 채권을 발행한 회사의 주식으로 전환할 수 있는 권리가 부여된 채권으로 전환 전에는 사채로서 확정이자를 받을 수 있고 전환 후에는 주식으로서의 이익을 얻을 수 있는 사채와 주식의 중간 형태를 취하는 채권이다. 전환사채의 장점은 일반사채보다 낮은 금리로 발행되므로 자금조달비용이 경감되며, 주식으로 전환할 수 있는 권리가 부여되므로 간접적인 증자효과가 있으며, 주식으로 전환 시 고정부채가 자기자본으로 되므로 재무구조 개선 효과를 가진다. 투자자로서는 사채로서의 투자가치의 안정성과 잠재적 주식으로서 시세차익에 의한 고수익을 기대할 수 있는 장점이 있다. 반면, 발행회사는 주식전환으로 경영권 지배에 영향을 받을 수 있고 투자자 측면에서는 일반사채보다 낮은 이자율, 주가의 하락 등으로 전환권 행사를 못 할 위험이 있다는 단점을 지닌다.

ⓔ 신주인수권부사채

신주인수권부사채(Bond With Warrants)란 채권자에게 소정의 기간이 경과한 후 발행회사의 주식을 일정한 가격에 일정한 수량만큼 살 수 있는 권리(신주인수권)를 부여한 채권을 말한다.

ⓕ 교환사채

교환사채(Exchangeable Bond)란 교환사채 소지인에게 소정의 기간 내에 사전에 합의된 교환 조건으로 당해 발행회사가 보유하고 있는 유가 증권으로 교환청구를 할 수 있는 교환권이 부여된 채권을 말한다. 교환 시 발행사의 자산(보유 유가증권)과 부채(교환사채)가 동시에 감소하게 되는 특징과 추가적인 자금유입이 없다는 특징이 있다.

표 15-3 전환사채, 신주인수권부사채, 교환사채의 차이점

구 분	전환사채(CB)	신주인수권부사채(BW)	교환사채(EB)
권리의 종류	주식전환권	신주인수권	주식인수권
권리행사가	최초 발행 시 전환가가 정해짐	최초 발행 시 신주 인수금액이 정해짐	최초 발행 시 회사 보유 주식에 전환가가 정해짐
권리행사	권리행사 후 사채소멸	사채는 계속 존재	권리행사 후 사채소멸
권리행사 시 자금	사채를 전환가로 전환 (추가 납입금 없음)	추가자금 필요	사채를 전환가로 전환
기업자산규모	총자산 불변	총자산 증가	총자산 불변

ⓖ 이익참가부사채

이익참가부사채(PB; Participating Bond)란 기업 수익의 급증으로 주주가 일정률 이상의 배당을 받을 때 사채권자도 참가할 수 있는 권리가 부여된 사채로서 배당을 받지 못했을 경우 다음 연도로 권리가 넘어가는지의 여부에 따라 누적적 이익참가부사채와 비누적적 이익참가부사채로 구분된다.

ⓗ 옵션부사채

옵션부사채(Bond With Imbedded Option)란 채권발행 시 일정 조건이 성립되면 만기 전이라도 발행회사는 사채권자에게 매도청구(Call Option)를, 사채권자는 발행회사에 상환청구(Put Option)를 할 수 있는 권리가 부여된 새로운 형태의 채권이다. 종류에는 발행기업이 미래 일정기간 동안에 정해진 Call 가격으로 채권을 상환할 수 있는 권리를 가진 수의상환사채(Callable Bond)와 채권보유자가 일정기간 동안 정해진 상환요구가격으로 원금의 상환을 청구할 수 있는 권리를 갖는 상환요구사채(Puttable Bond)가 있다.

ⓘ 금리연동부채권

금리연동부채권(FRN; Floating Rate Note)은 기준금리에 연동되어 지급 이자율이 변동되는 조건의 채권이다. 액면이자율은 시중금리에 따라 일정기간마다 기준금리 + Spread로 조정된다. 기준금리는 91CD만기수익률 또는 3년 만기 국고채수익률, LIBOR, Prime Rate 등이 사용되기도 한다. Reverse Floater는 이표율이 시장금리와 반대 방향으로 움직이도록 설계된 변동금리채권으로 채권자는 금리하락기에 이자소득 상승과 채권가격 상승의 두 가지 이득을 함께 얻을 수 있다. 금리상승기에는 그 반대이다.

ⓙ 자산유동화증권

자산유동화증권(ABS; Asset Backed Securities)은 자산(Asset)을 근거(Backed)로 발행되는 증권(Securities)이다. 자산이란 자동차 회사나 가전회사들이 고객들로부터 받지 못한 미수금(매출채권), 금융기관대출금, 리스채 등 각종 채권, 부동산 등이다. 자산유동화에 관한 법률에 따라 금융기관의 금융자산, 수출업체와 서비스업체의 매출채권, 부동산 관련 채권, 기타 장기계약상의 채권 등의 자산(재산권)을 기초로 유동화되어 발행되는 모든 유가증권을 일컫는다. 또한 유동화가 가능한 자산은 현재뿐만 아니라 미래에 발생할 채권을 포함한다. 자산유동화 과정에서 반드시 자산보유자의 신용은 특수목적회사(SPC)에 양도되는 기초자산의 신용이 완전히 분리되어야 한다. 신용평가기관은 기초자산에 대한 실사를 통해 채권의 회수가능성, 현금흐름을 분석하여 신용등급평가를 하게 된다.

ⓚ 주택저당담보부채권

주택저당담보부채권(MBS; Mortgage Baked Securities)은 금융기관이 담보로 대출한 주택저당채권(Mortgage Loan)을 기초로 발행한 증권을 말한다. 주택저당채권은 주택건설촉진법 제3조의 규정에 따른 주택의 구입 또는 건축에 소요된 대출이자와 이 자금의 상환을 위한 대출자금에 대한 채권으로서 당행 주택에 설정된 저당권에 의하여 담보된 채권이다.

ⓛ 미국재무성증권

미국재무성증권을 보면 만기 1년 미만의 단기 재무성증권인 Treasury Bill, 만기 1년~10년의 중기채인 Treasury Note, 만기 10년 이상의 장기채인 Treasury Bond 등이 있다.

ⓜ 신종자본증권

신종자본증권(Hybrid Bond)은 주식과 채권의 중간적 성격을 가지면서도 일정 수준 이상의 자본 안정성 요건을 충족해 금융감독당국이 은행의 기본자본으로 인정하는 증권으로 하이브리드채권으로 불리기도 한다. 확정금리가 보장되는 대신 만기가 없어 은행에 상환부담이 없다. 국제결제은행(BIS) 기준 자기자본비율 산정 시 기본자본으로 인정받을 수 있어 은행들이 BIS 비율을 높이기 위한 수단으로 검토하고 있다. 은행의 자기자본 구조는 자본금, 자본준비금, 이익잉여금을 포함한 기본자본과 후순위채나 대손충당금 등 부채 형태로 조달한 자금을 지칭하는 보완자본으로 구분되는데 신종자본증권은 기본자본으로 간주해 은행들이 자본구조 강화를 위해 발행을 추진하고 있다. 발행 방식은 은행이 직접 우선주 등을 발행하는 직접발행 방식과 은행이 자회사를 세워 우선주 등을 발행하고 자회사는 이 발행자금으로 모 은행이 발행한 채권을 매입하는 간접 발행 방식으로 나뉜다. 간접 발행을 하면 은행은 자회사에 지급되는 차입이자에 대해 손비인정을 받게 돼 조세 절감효과도 누릴 수 있다. 현재 유럽과 미국에서 신종자본증권의 발행을 허용하고 있으며 전체 자본 중 신종자본증권이 차지하는 비중이 각각 17%와 12%에 달하고 있다. 일본, 홍콩, 태국 등 아시아 국가들도 다국적 대형 은행과의 경쟁에 대응해 신종자본증권 발행을 허용한 상태다. 우리나라 역시 금융감독위원회에서 발행을 허용했고 하나은행이 2억 달러 규모의 신종자본증권 발행에 성공하기도 했다.

⑪ 기타 특수한 채권

Catastrophe Bond는 만기상환액이 천재지변의 발생 여부에 의존하는 채권이다. 스위스에서 발행된 바 있는 것으로 겨울 폭풍에 연계된 Winterthur이나 일본의 지진에 연계된 Electrolux 등이 그 예이다. 이 채권들은 특정한 종류의 재난이 발생할 때 더 높은 이표이자를 받을 수 있도록 설계된 채권으로서, 재난으로 인한 손실을 채권발행회사에 전가하는 보험효과를 갖는다.

Indexed Bond는 이표이자가 물가수준 또는 특정 상품의 가격에 연동된 채권으로 1997년부터 발행되기 시작한 미국의 TIPS(Treasury Inflation Protected Securities)는 지급이자가 소비자물가상승률에 연동된 채권이다.

제2절　기업공개의 방법과 상장제도

1. 기업공개의 개념

기업공개(PO; Public Offering)는 소유를 분산시키기 위해 증권거래법 등이 규정하는 바에 따라 일정한 요건을 갖춘 기업이 새로운 주식을 발행하여 일반투자자들에게 공모하거나, 이미 발행되어 기존의 대주주가 소유하고 있는 주식의 일부를 일반투자자에게 매출하여 주식소유를 분산시키는 것이다. 기업공개에 따라 사적기업(Private Company)에서 공적기업(Public Company)으로 전환되고 원활한 자금조달 가능, 소유와 경영의 분리를 통한 경영합리화 도모가 가능하게 된다.

기업공개는 과거에는 상장과 동일한 개념으로 인식되었으나, 현재는 상장과는 별도로 유가증권신고서(10억 이상 공모의 경우)만 금융감독위원회에 제출하면 기업공개(주식공모)는 가능하다. 따라서 상장을 위하여는 증권선물거래소의 심사를 받아야 하며 일정 심사요건을 통화해야 한다.

2. 상장의 개념

상장(Listing)은 증권거래소 상장기준을 충족하는 유가증권에 대하여 유가증권시장에서 집단적, 대량적으로 매매거래될 수 있도록 승인하는 행위이다. 즉 한국거래소가 개설하는 증권시장에서 거래될 수 있도록 자격을 부여하는 것을 말한다. 〈표 15-4〉에서 보는 바와 같이 기업공개와 상장은 본래의 의미에서는 확연한 차이가 있다.

표 15-4 기업공개와 상장의 개념 비교

구 분	기업공개	상 장
시 장	발행시장	유통시장
목 적	기업의 자금조달	유가증권의 원활한 유통, 공정한 가격형성
성 격	주식분산의 한 형태	거래적격 유가증권의 선별
규제취지	공시주의(발행당사자)	규제주의(상장 적격성 여부 심사)
특 성	발행기업과 청약자의 이해조화	발행물량의 소화를 중시, 공익과 투자자보호, 기업의 계속성, 시장성 중시

상장은 그 형태에 따라 신규상장, 재상장, 신주상장, 변경상장, 우회상장으로 구분하며 〈표 15-5〉와 같다.

표 15-5 상장형태의 구분

구 분	내 용
신규상장	유가증권시장에 주식을 처음 상장시키는 형태
재상장	상장폐지 후 5년 이내의 기업이나 주식상장법인의 분할에 의해 신설된 기업의 주식을 상장시키는 형태
신주상장	유가증권시장의 상장법인이 유상증자, 무상증자, 주식배당, 전환사채 또는 신주인수권부사채의 권리행사 등에 따라 신주를 발행하여 추가 상장시키는 형태
변경상장	상장주식의 상호, 액면금액 등이 변경된 경우, 신주를 발행하여 구주를 신주로 교체상장시키는 형태
우회상장	정식 상장절차를 거치지 않고 비상장기업이 상장법인과 합병을 통해 상장법인의 주인이 되어 상장효과를 보는 형태

3. 기업공개의 방법

기업공개의 방법은 신규 자금조달의 필요성 유무에 따라 크게 신주모집과 구주매출로 구분한다. 첫째, 신주의 모집은 기업에서 새로운 자금이 필요한 경우에 주식을 신규로 발행하여 일반투자자로부터 공모하는 방법이다. 둘째, 구주의 매출은 기존의 대주주들이 소유하고 있는 기발행주식의 일부를 일반대중에게 공개적으로 매출하는 방법이다. 셋째, 모집과 매출의 병행은 신규 자금조달의 필요성이 있으나 그에 따른 신주공모만으로는 주식상장에 필요한 주식분산요건을 충족시킬 수 없는 경우에 이용하는 방법이다. 넷째, 모집설립은 회사설립 후 즉시 상장법인이 되는 경우로서, 회사설립 시 발기인이 발행주식의 일부만을 인수하고 총발행주식의 30% 이상은 일반대중으로부터 공모하는 방법이다. 여섯째, 직상장은 이미 분산요건을 충족하는 기업이 증권선물거래소의 예비상장 심사 후 모집 또는 매출을 통한 자금조달을 하지 않고 주권을 바로 상장하는 방법으로 상장요건을 갖춘 기업이 기업공개라는 절차 없이 거래소시장에서 상장하는 방법이다. 일곱째, 최초공모(IPO: Initial Public Offerings)는 모집과 매출을 이용하여 발행주식을 최초로 일반투자자에게 공모하는 방법이다.

4. 상장절차

(1) 선행요건

외부감사인 지정(주식회사의 외부감사에 관한 법률 시행령 제4조의 3)과 기업등록(증권거래법 제3조)이 있다.

(2) 상장준비단계

주간사계약 체결(유가증권 인수업무에 관한 규정 제3조), 정관의 정비, 명의개서 대행계약(유가증권상장규정 제4조), 우리사주조합 결성 및 지주관리 위탁계약, 이사회(또는 주주총회)의 결의(상법 제416조) 등이다.

(3) 상장단계

예비접촉, 주간사회사(등록종목 딜러)의 주식분석, 예비상장심사청구서 제출(유가증권 상장규정 제4조), 증권선물위원회에 대한 감리요청(유가증권 상장규정 제15조 제5항), 예비상장심사결과의 통지(유가증권 상장규정 제4조의 2), 유가증권 신고서의 제출(증권거래법 제12조), 청약 및 납입(유가증권 인수업무에 관한 규정 제39조), 유가증권발행실적 보고(증권거래법 제17조), 주권의 발행 및 교부, 주권 신규상장신청서 제출(유가증권 상장규정 제4조의 4), 상장승인 및 매매개시 등이다.

제3절 채권발행 및 유통시장

1. 채권의 발행

　채권의 발행방법은 주식의 발행방법을 준용하는데 채권의 발행방법은 채권을 발행하는 대상을 기준으로 공모와 사모로 나누어지고 공모는 추가적으로 자기모집, 모집주선, 잔액인수, 총액인수 등의 방식으로 구분한다.

　회사채는 주로 총액인수에 의한 공모방식으로 발행된다. 국채의 발행은 은행, 증권회사 등이 인수단을 구성하여 공동으로 인수하는 인수발행, 정부가 현금 대신 국채를 발행하여 채권자에게 교부하는 교부발행, 증권회사를 통하여 일반투자자에게 매출하는 공모발행 등으로 구분한다. 채권발행을 위해서는 공신력 있는 신용평가회사 두 군데 이상으로부터 신용평가를 받아야 회사채 발행이 가능하다.

2. 채권의 유통

　채권은 발행자에게서 인수단을 거쳐 투자자에게 매출되고, 다시 투자자들 사이에서 이동을 계속하다가 상환기간이 되면 그 수명을 다하게 된다. 이처럼 발행시장을 통해 발행된 채권이 투자자들 간에 매매되는 시장을 채권의 유통시장이라고 한다.

　유통시장에서는 발행시장에서 이미 발행된 채권의 매매가 이루어지기 때문에 유통시장은 발행시장의 존재를 전제로 한다. 거래형태에 따라 분류해 보면 〈표 15-6〉과 같다.

표 15-6 거래형태에 의한 분류표

구 분	거 래 방 법	거래규모
직접탐색시장	스스로 거래상대방을 물색	적음
브로커시장	거래상대방을 찾기 위해 대리인을 활용	많음
딜러시장	항시 매매할 용의가 있는 딜러를 상대로 매매	중간
경매시장	단일기구를 통해 상대투자자들과 경매	많음

장내거래는 증권거래소를 통해 일어나는 매매거래를 말하는데, 반드시 증권 거래소에 상장된 채권만 거래가 이루어지며 익일 결제거래가 원칙이다.

장외거래는 증권거래소가 개설한 유가증권시장 이외에서 자기매매 또는 중개매매에 의한 매매거래를 말한다. 장외거래는 증권회사를 통하는 상대매매시장과 채권자기매매업자 간 중개회사, 즉 기관투자가 간 채권전용 중개업자(IDB; Inter Dealer Broker)를 통한 거래를 일컫는다. 통상 장외거래는 〈표 15-7〉과 같이 증권회사 영업소 내에서 증권회사 영업시간 내에 자금 및 채권의 수도결제가 가능한 범위 내에서 이루어진다.

표 15-7 장내거래와 장외거래 비교

구 분	장내거래	장외거래
대상채권	상장채권	상장채권 및 비상장채권
매매방법	집단집중매매	개별상대매매
거래장소	증권거래소	증권회사의 영업창구
수도결제	익일결제	거래 후 1~30일 이내
매매수량단위	액면 10만 원 기준, 정배수	제한 없음
호가단위	가격기준	제한 없음

3. 채권시가평가 제도

채권의 가치를 시장에서 인지될 수 있는 가격에 의해 평가하는 것으로 자산이나 부채의 가치를 현재의 공정한 가치로 산정하는 것을 의미한다. 채권의 시가평가는 대부분 만기수익률을 통해 결정되는데, 기준채권을 기준으로 하여 대상채권의 만기, 신용도, 표면금리에 따라 만기수익률의 스프레드를 결정한다. 기준채권의 만기수익률에 개별 채권의 특성에 따라 결정된 스프레드를 더하여 대상채권의 만기수익률을 계산하고 이를 이용하여 대상 채권의 가격을 결정한다.

시가평가 적용대상은 펀드에 편입되는 모든 채권을 원칙으로 한다. 상장채권의 경우 평가일이 속하는 달의 직전 달부터 소급하여 계속 3개월간 매월 10일 이상 거래소에서 시세가 형성된 채권은 평가 일의 최종시가를 적용한다. 비상장채권은 증권투자신탁업 감독규정에 따른 2개 이상의 평기기관이 제공하는 가격정보를 기초로 평가한다. 상기 기준으로 시가산출이 불가능한 채권은 유가증권 등 시가평가위원회에서 산출한 공정가액으로 평가한다.

표 15-8 장부가평가 방식과 시가평가 방식의 비교

구 분	장부가평가 방식	시가평가 방식
채권평가방법	2영업일 전 운용한 개별자산의 투자수익률에 투자금액(장부가격기준)의 가중치를 곱하여 산출한 당일의 운용수익률로 평가	금융투자협회 등에서 고시하는 매일매일의 시장가격으로 채권의 가치를 평가하여 익영업일 기준가격에 반영
운용실적표시 방법	적용수익률 (=평균기준복합수익률−신탁보수율)	기준가격 (신탁재산 순자산총액으로 평가)
평가손익반영	채권보유기간 중 반영불가	매일의 평가손익을 반영
부실자산발생	채권평가충당금 적립 및 적용수익률 (배당률 하락)	자산가치에 직접 반영 (기준가격하락)

4. 채권수익률의 개념

채권수익률이란 채권에 투자했을 때 일정기간 동안 발생한 투자수익을 투자원금으로 나누어 투자기간으로 환산할 것을 말하며 일반적으로 연이율로 표시된다. 채권수익률은 ① 현재의 투자액에 대한 미래가치의 증가율로 볼 수 있으므로, ② 미래에 획득이 가능한 모든 투자수익의 현재가치와 채권의 시장가

격을 일치시켜주는 할인율, ③ 채권수익률은 채권의 가격을 나타내는 수단이
다. (채권수익률과 채권가격은 역의 관계), ④ 채권수익률은 채권의 투자성과를
측정하는 데 보편적으로 사용되기 때문에 다른 금융상품과의 비교수익률로 이
용할 수 있다.

일반적으로 만기수익률이 채권수익률로 사용되고 있으나 만기수익률 이외에
도 여러 가지의 수익률 개념이 사용되고 있으므로 각 수익률의 개념을 정확히
알아야 한다.

(1) 표면이자율

표면이자율(Coupon Rate)은 채권의 권면에 기대된 이자율로서, 채권발행자
가 채권소지자에게 1년간 지급하게 되는 이자를 액면금액으로 나누어 %로 표
시하며, 재투자개념이 없고 단리로 총수령하는 이자율을 말한다. 재투자가 없
으므로 1년 동안의 이자지급횟수에 관계없이 표면이율은 동일하다. 채권보유
에 따른 세금계산시 원천징수 대상소득이다. 표면이자율=표면금리=발행이율로
같은 개념이다.

$$표면이자율 = (연간\ 표면이자수입/액면가액) \times 100$$

(2) 발행수익률

발행시장에서 채권이 발행되어 처음 매출될 때 매출가액으로 사는 경우 매
출가액과 이로부터 얻어지는 모든 수익과의 비율을 연단위로 환산한 비율이
다. 채권의 발행시점에서 결정되며 동일채권에 대하여 하나만 존재한다. 표면
금리대로 채권이 발행되면 표면금리가 바로 발행수익률이 된다. 할증 또는 할
인 발행될 때는 표면금리와 발행수익률이 다를 수 있다.

(3) 직접수익률

단순하게 투자금액(매입금액)에 대하여 매년 얼마의 이자를 얻을 수 있는가만을 계산한 것이다. 표면이자 수입만을 평가하는 수익척도가 되기 때문에 경상적인 수익을 중시하는 투자자에게는 중요한 지표이다. 직접수익률 = 단순수익률 = 경상수익률로 같은 개념이다.

$$직접수익률 = (연간표면이자수입 / 채권매입가격) \times 100$$

(4) 만기수익률

투자자가 만기일까지 채권을 보유할 경우 1년당 어느 정도의 수익을 가져오는가를 나타내는 예상수익률이다(1년당 전체수익의 투자원본에 대한 비율). 시장수익률 = 유통수익률 = 내부수익률 = 최종수익률로 같은 개념이다. 일반적으로 채권수익률이라고 하면 만기수익률을 말한다. 채권에 투자한 후부터 만기상환일까지의 기간 동안에 발생하는 모든 현금흐름의 현재가치의 합과 시장에서 그 채권이 매매되는 가격을 일치시키는 할인율로 정의된다. 직접수익률과는 달리 표면이자수입은 물론 가격손익이나 이자를 재투자하여 얻어지는 재투자수입까지 감안하여 산출된다. 만기수익률과 투자수익률이 동일하게 실현되기 위해서는 다음 두 가지 조건을 충족해야 한다. 첫째, 투자채권을 만기까지 보유해야 한다. 둘째, 표면이자수입 등 만기 전까지 발생하는 현금흐름을 최초 투자 시의 만기수익률로 재투자해야 한다.

(5) 실효수익률

채권의 수익을 측정하는 데 있어서 투자율을 적용하여 채권의 원금, 표면이율, 재투자수익 등 세 가지 수익을 모두 계산한 투자수익의 증가율을 나타내주는 지표이다. 일정 투자기간 중에 실제로 실현된 이자수입, 이자의 재투자 수입과 자본수익의 합계액인 실현 총이익에 대한 매입가격의 비율이다. 실효수익률이란 채권투자에서 얻어지는 총현금수입, 즉 유입현금의 미래가치의 연복리중가율이라고 할 수 있다.

실효수익률 = (채권매도가격 – 채권매입가격) / 채권매입가격 × 365/보유일수

(6) 연평균수익률

만기가 1년 이상인 채권 및 금융상품에 있어서 만기까지의 총수익을 투자원금으로 나눈 후 해당 연수로 나눈 단리수익률이다. 총투자수익률을 연단위로 산술평균한 개념이다. 해당연수가 길수록 연평균수익률은 이자의 재투자로 인한 이자수입으로 인하여 증가한다. 제1금융권 등에서 장기저축 상품의 수익률이 높은 것처럼 광고할 때 주로 사용한다.

5. 채권수익률의 결정요인

채권은 이자가 확정되어 있고, 발행주체의 신용도가 비교적 높은 편이며 투자자도 발행자의 신용도에 따라 종목을 선택할 수 있기 때문에 비교적 안정성이 높다.

채권의 수요와 공급 수준을 결정하는 것은 시중에서 실질적으로 적용되고 있는 실질금리이다. 실질금리는 사회 전체의 자금공급총액과 자금수요총액이 균형을 이루는 점에서 결정되며 시중의 자금사정을 나타내준다. 이처럼 채권은 실질금리에 의해 유통시장에서 매일 가격이 변하고 있다. 채권가격은 여러 가지 요인에 의해 변동되는데 크게 시장의 수급관계, 시중 자금사정, 시중금리, 경기동향, 환율 및 국제금리변동, 통화금융정책 및 재정정책, 물가수준, 경제상황과 같은 외적요인과 채권의 만기, 잔존기간, 표면이자율, 유동성위험, 발행주체의 지급불능 위험과 같은 신용위험 등 내적요인에 의해 변동된다.

6. 채권수익률의 위험구조

채권의 발행주체가 지닌 위험수준이나 발행조건으로 인한 불확실성으로 인하여 채권수익률에 체계적인 차이가 나는 것을 채권수익률의 위험구조라고 한다. 채권의 위험은 체계적 위험과 비체계적 위험으로 구분된다. 체계적 위험이란 모든 채권에 해당하는 것으로 통제 불가능한 위험이다. 이자율변동위험과 구매력위험이 체계적 위험으로 구분된다. 비체계적 위험은 모든 채권이 아닌 당해 채권에 국한된 것으로 통제 가능한 위험이다. 채무불이행위험, 중도상환위험, 유동성위험 등이 이에 해당한다.

(1) 이자율 변동위험

미래의 시장이자율이 불확실하고 변동성을 갖게 된다면 채권으로부터 얻어진 이자지급액이나 원금상환액을 재투자함으로써 얻게 될 재투자수익률 역시 변동성을 갖게 되며, 또한 미래의 채권가격 역시 불확실하게 된다. 전자를 재투자수익률 위험이라 하고 후자를 가격위험이라고 하는데 이 두 위험은 서로 반대 방향으로 작용한다. 이를테면 시장이자율이 상승하게 되면 이자지급액의 재투자로부터 얻어지는 재투자수익률은 상승하게 되지만 채권의 가격은 하락하게 된다.

(2) 구매력 위험

예상되지 않은 인플레이션에 따른 채권의 실질수익률 하락을 구매력위험 또는 인플레이션위험이라고 한다. 물가가 상승할 것으로 예상되는 경우, 투자자는 현재의 이율에다 예상하는 물가상승률만큼을 가산한 이자를 요구할 것이다. 따라서 물가상승률 예상이 적중한다면 구매력위험은 발생하지 않는다. 그러나 현실적으로 완전한 예상은 불가능하므로 예상과 실제와는 차이가 발생한다. 이 위험은 물가가 안정된 경우에는 큰 영향은 없으나 물가가 급변할 경우에는 주요한 위험요인으로 작용하게 된다.

(3) 채무불이행위험

채권의 발행자가 원금 또는 이자를 약속한 대로 지급하지 못하게 될 가능성 또는 위험을 채무불이행위험이라고 한다. 채권수익률은 채무불이행위험의 크기에 따라 증가하게 되는데, 이때 위험이 없는 것으로 간주하는 무위험채권의 수익률과 채무불이행위험을 갖는 채권의 수익률과의 차이를 수익률 스프레드 또는 위험프리미엄이라고 한다.

(4) 중도상환위험

채권은 만기 시까지 투자자들 사이에 전매되다가 만기에 상환되는 것이 일반적이다. 그러나 발행조건 중에 중도에 일정한 가격으로 발행인이 임의로 상환할 수 있다는 조항이 들어 있다면 이자율이 하락할 때는 이미 발행된 채권을 상환하고 낮은 이자율로 새로운 채권을 발행하는 것이 발행자에게 유리하다. 그러나 투자자 입장에서는 원금이 만기 이전에 투자자의 의사와는 상관없이 상환되므로 당초에 기대한 수익률을 달성하지 못할 수도 있다. 이러한 가능성을 중도상환위험이라고 한다. 중도상환위험을 지닌 채권가격은 중도상환 가능성이 없는 채권가격보다 일반적으로 낮다. 이 위험은 중도상환위험이 없는 채권의 매입 또는 분산투자를 통해 회피, 축소할 수 있다.

(5) 유동성위험

보유채권을 매각하려고 할 때 만일 수요가 부족하여 매각할 수 없거나 매각은 할 수 있지만, 적정한 가격을 받지 못할 수 있는데 이런 위험을 유동성위험 또는 시장성위험이라고 한다. 특히, 시중의 자금사정이 악화하는 경우에는 이 위험은 커지게 된다.

제4절 듀레이션과 말킬의 채권가격정리

1. 듀레이션의 개념

듀레이션(Duration)은 이자율의 변화에 따른 채권가격의 민감도를 측정하고 자 McCaulay가 고안했으며 이는 채권투자에서 발행하는 현금흐름을 회수하는 데 걸리는 평균기간을 말한다. 즉 만기 이전에 발생하는 현금흐름도 모두 고 려하는 평균상환기간, 즉 가중평균만기를 일컫는다.

듀레이션은 다음과 같은 특징을 갖는다, 첫째, 다른 조건이 동일한 경우에 채권의 만기가 길수록 듀레이션은 길어진다. 이는 만기가 길수록 원리금의 회 수기간이 길어지기 때문이다. 둘째, 다른 조건이 동일한 경우에 표면이자율이 높을수록 듀레이션은 짧아진다. 이는 표면이자율이 높을수록 각 기간별 현금 흐름이 동일액씩 증가하지만, 그 현재가치는 현재에 가까운 시점의 현금흐름 일수록 크게 나타나기 때문이다. 셋째, 다른 조건이 동일한 경우에 만기수익률 이 높을수록 듀레이션은 짧아진다. 만기수익률이 높을수록 미래현금흐름의 현 재가치가 감소하는데, 현재로부터 먼 시점의 현금흐름일수록 더 큰 폭으로 감 소하기 때문이다. 따라서 가까운 시점의 가중치는 커지고 먼 시점의 가중치는 작아지므로 듀레이션은 짧아진다.

2. 채권가격의 계산

채권의 매매가격 계산이란 채권발행 당시 확정된 발행조건으로 계산된 일정 기간 후의 원리금을 매매일 당시의 시장수익률로 할인하여 매매일의 현재가격 을 산출하는 것을 말한다. 따라서, 채권가격이란 확정된 미래수입을 매일매일 변하는 시장수익률로 연복리로 할인한 개념이다.

① 채권가격 계산 일반식

$$P = Sn/(1+r)^n$$

P:채권가격, Sn:기대수입(원금+이자), r:시장수익률(유통수익률), n:잔존기간

② 관행적 복할인 방식

$$P = Sn/(1+r)^n* \; (1+r*d/365)$$

P: 채권가격, Sn: 만기상환액, r: 수익률, n:잔존기간, d: 잔존일수

현재 채권매매에서는 상기의 관행적 복할인 방식이 이용되고 있다.

3. 말킬(Malkiel)의 채권가격정리

채권가격을 결정하는 요소는 채권에 내재된 현금흐름과 잔존만기, 그리고 유통수익률이다. 특히 현금흐름은 표면이자율, 액면가액, 이자지급방법 등에 따라 영향을 받는다. 채권가격정리에서 말킬은 채권수익률의 변화와 채권가격 변동에 관하여 다음과 같은 일반원칙을 제시하고 있다.

① 제1정리: 채권가격은 채권수익률과 반대방향으로 움직인다.

채권가격은 채권수익률로 확정된 미래의 현금흐름을 할인하는 개념이다. 채권수익률이 높아지면, 할인하는 분모가 커지는 것이므로 채권가격은 하락한다. 즉, 채권수익률이 오르면 채권투자자의 요구수익률이 높아지므로 채권의 현재가치는 하락하게 된다. 이 정리는 투자전략적인 측면에서 볼 때 앞으로 금리가 하락할 것으로 예상되면 채권매입은 늘리고, 금리가 상승할 것으로 예상되면 채권을 팔아야 한다는 것을 의미한다.

② 제2정리: 잔존기간(채권만기)이 길수록 수익률 변동에 대한 채권가격의 변동폭은 커진다.

예를 들면 채권수익률이 6%에서 4%로 낮아지는 경우 채권의 가격은 상

승한다. 이때 5년 만기 채권의 가격이 1년 만기 채권의 가격보다 큰 폭
으로 상승하게 된다. 따라서, 장기채권은 단기채권보다 수익률 변화로
인한 가격변동성이 더 크다고 볼 수 있다. 이 정리는 투자전략적인 측면
에서 볼 때 수익률 하락 시에는 장기채에 대한 투자를 늘려 시세차익을
극대화하고, 수익률 상승 시에는 단기채의 수시교체로 직접수익률을 높
이는 것이 유리함을 의미한다.

표 15-9 5년 복리채(표면이율 3%)의 잔존만기에 따른 채권가격의 변동

잔존만기	채권가격변동(유통수익률 6% → 4% 하락시)	가격변동률
1	109,370 → 111,470	1.9%
2	103,170 → 107,180	3.9%
3	97,330 → 99,100	5.0%
4	91,830 → 99,100	7.0%
5	86,630 → 95,280	10.0%

③ **제3정리: 채권수익률 변동에 따른 채권가격변동폭은 잔존기간(만기)이 길
수록 증가하나, 그 변동률은 체감한다.**

액면가 100,000원, 표면이율 20%인 채권의 경우, 채권수익률이 20%에서
15%로 하락하면 만기 5년인 채권가격은 116,740으로 16.7%가 상승하는
반면, 만기 10년인 채권은 125,080원으로 25.1% 상승한다. 만기가 5년에
서 10년으로 2배가 늘었으나 수익률변동에 따른 가격상승률은 16.7%에
서 25.1%로 1.5배 증가하는 데 그쳐 잔존기간 증가에 대해 가격상승률
은 체감함을 알 수 있다. 이 정리는 투자전략적으로 시세차익을 높이는
데 있어서 잔존기간이 길수록 유리하나 잔존기간이 길어질수록 그 증감
률이 체감하므로 한계효율 측면에서 볼 때 잔존기간이 너무 장기채는 보
유할 필요성이 적다는 것을 의미한다.

④ 제4정리: 만기가 일정할 때 채권수익률 하락으로 인한 가격상승폭은 채권수익률 상승으로 인한 가격하락폭보다 크다.

일정 수익률이 동일한 크기의 수익률 상승과 하락이 발생한다고 할 때, 다른 조건이 같다면 수익률 하락에 의한 채권가격 상승폭이 수익률 상승에 의한 채권가격 하락폭보다 크다. 예를 들면 시장수익률이 5% 하락할 때 5년 만기 채권의 가격이 16.7% 상승하지만, 반대로 채권수익률이 5% 상승할 때에는 채권가격이 13.4%만 하락한다. 이는 수익률 하락 시에는 채권투자 성과가 더욱 크게 나타난다는 것을 의미한다.

⑤ 제5정리: 표면이율이 높을수록 수익률변동에 대한 채권가격변동률이 낮아진다.

표면이율이 낮은 채권일수록 수익률변동에 따른 가격변동률이 크다는 것을 뜻한다. 예를 들면 채권수익률이 20%에서 15%나 25%로 5%만큼 변동하는 경우에 표면이율이 높아질수록 채권가격의 변동률이 낮아짐을 알 수 있다. 이는 투자전략적으로 높은 매매차익을 얻기 위해서는 표면이자율이 낮은 채권이 더 적절함을 뜻한다.

결론적으로 채권가격정리에 의하면 채권가격은 채권수익률과 반대로 움직이며, 잔존기간이 길수록 표면이율이 낮을수록 그리고 시장수익률이 높을수록 채권가격 변동률이 높아짐을 알 수 있다. 따라서 이들 요인은 투자자들에게 매우 중요한 지표로 활용되고 있다.

4. 채권의 과세대상

채권을 보유함으로써 얻는 소득은 이자소득과 자본소득 두 가지로 구성된다. 이자소득은 채권발행 시 약정이율에 의해 확정되는 것으로서 채권의 발행 시부터 만기 시까지 채권의 원금 외에 지급되는 소득을 말한다. 이에 반해 자본소득은 개별적인 투자자의 투자수익에서 당해 투자자의 보유기간 중 이자를 제외한 나머지 수익으로서 채권매매 시의 수익률 변동에 의해 발생하는 소득으로 항상 0보다 큰 것은 아니다. 따라서 수익률변동으로 양(+)의 소득이 발생할 수도 있고, 음(-)의 소득이 발생할 수도 있는 것이다. 채권투자 시 과세대상소득은 채권투자수익의 두 가지 원천 중 채권의 표면금리에 의한 이자소득만을 과세대상으로 한다.

 **연습문제**

1. 주식의 종류 중 상환주와 전환주, 후배주와 혼합주를 설명하라.

2. 국제채의 개념과 양키본드와 김치본드를 설명하라.

3. 메자닌이란 무엇인가 설명하라.

4. 기업공개와 상장의 개념을 설명하고 차이점을 비교하라.

5. 말킬의 채권가격정리를 설명하라.

파생상품에 대한 이해

이 장에서 학습하는 내용

- 파생상품에 대한 이해
  - ▶ 헤지거래 필요성
  - ▶ 선물계약과 선도계약
  - ▶ 옵션과 스왑, 주가지수선물
  - ▶ 금리선물, 통화선물, 금선물

이 장의 학습목표

- 파생상품에 대한 특성과 필요성 이해하기
- 헤지거래로서의 선물계약과 선도계약 파악
- 옵션과 스왑, 주가지수 선물의 개념을 이해
- 금리선물, 통화선물과 실물자산인 금선물을 학습한다.

투자론 산책

파생상품시장 훈풍을 기다리며

완연한 봄기운과 함께 국내 증시 상승세로 여의도 증권가가 오랜만에 분주한 모습이다. 코스피는 수년간 지속한 박스권을 드디어 탈출했고, 코스닥지수도 7년 3개월 만에 700선을 돌파했다. 하지만 파생상품시장은 이러한 훈풍에서 조금 비켜서 있는 것 같다. 올 들어 일평균 거래대금이 39조 원대로 전년도보다 약 6% 증가하기는 했지만 한창 거래가 활발했던 2011년도 거래대금과 비교하면 40% 정도 급감한 수치다. 현물과 선물의 균형적인 발전을 위해서라도 파생상품시장 활성화를 위한 종합적인 대책이 필요한 시점이라는 것이 업계의 공통된 의견이다.

이러한 상황에서 시장에 한 가지 반가운 소식이 전해졌다. 지난 4월 23일 금융당국이 코넥스시장, 장외시장, 파생상품시장 활성화 방안을 발표한 것이다. 파생상품시장의 경우 코스피200 미니선물·옵션 등 신상품 도입, 옵션상품 비용구조 합리화를 주요 내용이다. 이번 당국의 발표는 주식시장의 활황과는 달리 거래 침체 분위기를 쉽게 벗어나지 못하고 있는 파생상품시장에 활력을 불어넣을 수 있는 매우 시의적절한 제도 개선이라 생각한다.

그동안 국내 파생상품시장은 투기 성향의 시장이라는 오명 속에 시장 진입규제가 강화되면서 거래규모가 크게 감소했다. 그 결과 거래량 세계 1위였던 독보적인 위상이 어느새 중국, 인도 등 주변국 시장에도 추월당하며 12위까지 추락한 상황이다.

특히 코스피200 옵션 거래승수 인상으로 인해 거래비용 상승과 현물시장과 연계된 차익거래 기회 상실 등 파생상품을 이용한 헤지·차익거래 효율성이 저하되는 부작용도 나타났다. 이에 따라 국내 투자자들은 거래 단위가 작고 시장 진입이 상대적으로 용이한 해외시장으로 속속 이탈하는 현상이 계속되고 있다.

지난달 한국은행이 기준금리를 1%대로 인하하면서 우리나라는 역사적으로 유례 없는 초저금리 시대와 고령화 시대에 접어들게 됐다. 또한 국내 가계자산 중 금융자산 비중이 미국, 일본 등 주요국보다 현저히 낮은 수준이어서 최근 자본시장이 투자대안처로 크게 주목받는 상황이다. 파생상품시장은 위험관리와 가격 발견 같은 본연의 기능 이외에도 자본시장에 가장 많은 유동성을 공급하는 윤활유 같은 역할을 수행한다.

이번 파생상품시장 활성화 방안은 현물과 선물 복합상품인 ETF(상장지수펀드), ELS(주가연계증권), ETN(상장지수증권) 등 다양한 간접투자상품 및 투자자산의 설계·운용 전략 개발을 촉진할 수 있다. 이를 통해 우리 자본시장이 주변 경쟁국들과 동등한 수준으로 활성화하는 데 크게 기여하게 될 것이다.

코스피200 미니선물·옵션 도입으로 투기거래 현상 재발에 대한 우려가 있을 수 있다. 투자자 사전교육 강화 제도 등 다양한 안전장치가 이미 마련돼 있으므로 개인투자자의 무분별한 시장 참여와 같은 부작용을 제한할 수 있도록 해야 할 것이다. 또한 이번 활성화 방안은 차익거래 기회 확대 및 헤지 거래비용 축소 등 파생상품 본연의 기능을 제고하는 데 많은 도움이 될 것이다. 신규 거래수요를 유인하고 국내 투자수요의 해외 이탈 방지 등을 통해 증권업계의 영업기반도 크게 확충될 것으로 기대된다.

기본수수료 및 수수료 상한 설정 등 옵션상품 비용구조 합리화도 수수료가 낮은 저가종목은 투기수요가 집중되는 문제를 방지할 수 있고, 고가종목의 경우 거래비용 인하 효과에 따른 위험관리 목적의 투자수요를 유인할 수 있는 장치가 될 것이다.

파생상품시장은 최근 3~4년간 침체가 지속해 왔고, 시장 간 글로벌 경쟁이 나날이 치열해지는 사이 중국, 일본, 인도 등 아시아 시장들은 벌써 몇 걸음씩 성큼 앞서 나가고 있다. 안팎으로 녹록지 않은 상황이지만 이번 기회를 살려 우리 파생상품시장이 전문투자자 위주의 위험관리시장으로 제대로 성장할 수 있도록 시장발전을 저해하는 제도나 병목현상을 지속적으로 발굴하고 개선하는 데 더욱 노력해야 할 것이다.

< 강기원 한국거래소 파생상품시장본부장>

제16장 파생상품에 대한 이해

제1절 위험헤지

선물시장에서 투자자들이 선물계약을 이용하여 행할 수 있는 거래의 종류는 헤징(Hedging), 투기(Speculation), 차익거래(Arbitrage), 스프레드(Spread) 등 네 가지가 있다. 이 중 위험회피를 거래동기로 하는 헤저들의 거래를 중심으로 살펴보고자 한다.

헤지(Hedge)는 현재시점에서 미래의 가격을 고정(Lock In)함으로써 일정기간 동안의 가격변동위험을 제거하는 경제적 활동으로 정의된다. 이는 현재 또는 앞으로 예상되는 현물시장에서의 포지션으로부터 발생하는 가격변동위험을 상쇄시키기 위하여 현물시장과는 반대되는 포지션을 선물시장에서 취함으로써 가능하다.

선물시장의 위험이전 기능은 가격확인 또는 예측의 기능과 밀접한 관련을 갖는다. 미래의 예상치 못한 가격변동의 위험을 선물시장을 활용하여 회피하게 되면 투자자들의 투자의욕이 향상되고, 선물시장을 통한 위험이전 기능은 자본형성을 용이하게 해주기도 한다.

현물시장에서 계획된 매입이나 매도가 실제로 일어나기 전에 선물에 대한 포지션은 반대거래에 의해 청산되는 것이 보통이다. 헤지는 선물시장에서 취하는 포지션이 매입(Long)인가 매도(Short)인가에 따라 매입헤지(Long Hedge)와 매도헤지(Short Hedge)로 분류되며, 선물계약을 통한 위험헤지 정도에 따라 완전헤지와 불완전헤지로 구분된다.

투기(Speculation)는 일정기간 중의 가격변동으로부터 이득을 취할 목적으로 어떤 포지션을 매도(매입)하고 나중에 매입(매도)하는 것을 말한다. 실거래를 동반하지 않으며 선물시장에서의 포지션만 취하게 되는 거래다.

차익거래(Arbitrage)는 두 개의 상이한 시장(현물시장과 선물시장)에서 동일 증권(자산)에 대해 상반된 포지션을 동시에 취하는 것을 의미한다. 두 시장의 가격차이를 이용하여 이익을 얻고자 하는 것이다.

스프레드(Spread)는 관련 선물계약을 동시에 매입, 매도함으로써 이득을 취하는 거래로 일종의 투기로 볼 수 있다. 두 계약 사이의 가격차이가 자신에게 유리한 방향으로 변할 것이라는 기대하에 거래를 하게 된다. 따라서 스프레드, 차익거래, 투기거래는 이익을 위해 거래가 이루어지지만, 헤징은 이익의 동기보다는 위험감소동기에 의해서 거래가 이루어지는 것이 일반적이다.

1. 매도헤지

매도헤지(Short Hedge)는 현물은 보유하고 있으면, 현물가격이 하락하게 되면 손실이 발생하게 되는데, 이러한 위험을 회피하기 위해 선물시장에서 선물을 매도하는 것을 말한다. 헤지는 현물과 선물가격이 같은 방향으로 움직일 것이라는 것을 전제로 한다. 예상대로 현물가격이 하락하면 현물시장에서 손실이 발생하지만, 선물가격도 하락하므로 비싼 가격에 매도한 선물을 반대매매를 통해 청산함으로써 선물시장에서 이득이 발생하게 된다. 이와 같이 현물시장에서 손실을 선물시장에서 이득으로 상쇄시킴으로써 완전히 또는 부분적으로 위험을 전가할 수 있게 된다. 또한 동일한 시점에서 현물가격과 선물가격의 차이를 베이시스(Basis)라고 한다.

베이시스 = 현물가격 − 선물가격

2. 매입헤지

매입헤지(Long Hedge)는 현물시장에서 현재는 숏포지션(Short Position) 상태에 있지만, 상품을 보유하여야 할 경우 향후 가격이 상승하게 되면 손실을 보게 될 때, 이러한 위험에 대비하여 선물시장에서 선물을 매입함으로써 헤지를 하게 되는 것을 말한다. 이 역시 현물과 선물이 같은 방향으로 움직인다고 전제한다면, 현물시장에서 가격상승에 따른 손실을 선물시장에서 가격상승에 따른 이득으로 상쇄시키고자 하는 것이다.

제2절 선물계약과 선도계약

선물거래(Futures)는 계약체결방법이 정형화되어 있다. 즉, 거래단위, 만기, 거래대상물 등 계약조건이 표준화되어 있다. 그러나 선도거래는 거래방법, 계약단위, 만기 등의 조건이 매매당사자 간의 합의에 따라 결정되기에 제한 없이 거래가 가능하다.

선물거래는 매매당사자 사이에 청산소가 거래의 이행을 보증하고 결제 및 인수도 업무를 담당한다. 거래자는 위험을 보증받는 대가로 청산소에 거래액의 일정률에 해당하는 증거금을 예치하여야 한다. 따라서 선물거래에서는 거래에 따른 위험이 발생하지 않는 데 반해 선도거래는 계약상대방의 신용에 의존해야 하기에 계약불이행 위험이 수반된다. 또한 선물거래(Forward)는 만기 이전에 반대매매를 통하여 포지션을 청산할 수 있으며 선도거래는 일단 거래가 성립되면 거래 쌍방의 합의에 의해서만 거래를 청산할 수 있다. 그리고 선물거래는 대부분 만기일 이전에 반대거래에 따라 청산되기에 만기일에 실물이 인수도 되는 경우는 전체의 2~3%에 불과하며 선도거래는 만기일에 실물의 인수도에 의해 결제된다.

제3절 선물거래의 종류

1. 주가지수선물

주가지수(Stock Price Index)는 특정 주식시장에 상장된 주식들의 가격수준을 나타내는 지표로써, 지수산정방법에 따라 시가총액 가중식 주가지수, 가격 가중식 주가지수 등으로 나눌 수 있다. 주가지수는 주식가격의 움직임을 나타내는 지수에 불과하지만, 주가지수를 금액으로 환산하여 이를 선물거래의 대상으로 한 것이 주가지수선물(Stock Index Futures)이다. 주가지수는 실체가 없는 수치로서 현물결제가 불가능하므로 현금결제를 통하여 주가지수선물거래를 청산하게 된다. 현재 우리나라에서 거래되고 있는 주가지수선물거래제도는 〈표 16-1〉과 같다.

표 16-1 주가지수선물 종류

구 분	코스피200선물	스타지수선물	개별주식선물
기초자산	코스피200지수	코스닥 스타지수	삼성전자, kb금융지주, 포스코 등 25개 기업
거래승수*	1포인트당 50만 원	1포인트당 1만 원	10주
호가가격단위	0.05포인트	0.50포인트	5원~500원
최소가격변동금액	25,000원(0.05p.x1만 원)	5,000원(0.50p.x1만 원)	50원~500원
결제월	3,6,9,12월	3,6,9,12월	3,6,9,12월
결제방법	현금결제	현금결제	현금결제

*선물1계약금액(거래단위) = 해당선물지수 × 거래승수

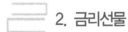

2. 금리선물

금리선물(Interest Rate Futures)이란 이자율에 의해서 가격이 결정되는 기초자산(채권)에 대하여 거래되는 선물계약을 의미한다. 현재 우리나라에서 거래되고 있는 금리선물의 종류는 〈표 16-2〉와 같다.

표 16-2 금리선물의 종류

구 분	3년 국채선물	5년 국채선물	10년 국채선물
기초자산	3년 만기 국고채권 (표면금리 5%, 6개월단위 이자지급)	5년 만기 국고채권 (표면금리 5%, 6개월 단위 이자지급)	10년 만기 국고채권 (표면금리 5%, 6개월 단위 이자지급)
거래단위	액면가 1억 원	액면가 1억 원	액면가 1억 원
가격의 표시	액면가 100원당 원화 (백분율 방식)	액면가 100원당 원화 (백분율 방식)	액면가 100원당 원화 (백분율 방식)
호가가격단위	0.01포인트	0.01포인트	0.01포인트
최소가격변동금액	10,000원	10,000원	10,000원
결제월	3,6,9,12월	3,6,9,12월	3,6,9,12월
결제방법	현금결제	현금결제	현금결제

3. 통화선물

외환을 기초로 하는 통화선물(Foreign Currency Futures)은 한국거래소의 파생상품시장에서 미국달러선물 매입자의 경우에는 만기일에 원화를 지급하고 미국 달러를 매입하게 되며, 미국달러선물 매도자는 만기일에 미국 달러를 매도하고 원화를 받게 된다. 현재 우리나라에서 거래되고 있는 통화선물의 종류는 〈표 16-3〉과 같다.

표 16-3 통화선물의 종류

구 분	미국달러선물	엔선물	유로선물
기초자산	미국 달러	일본 엔화	유로화
거래단위	US $ 10,000	¥ 1,000,000	EURO 10,000
가격의 표시	원/US$	¥100당 원화	원/€
최소가격변동폭	1,000원 (US $10,000X0.10원/US$)	1,000원 (¥1,000,000X0.10원/¥100)	1,000원 (€10,000X0.10원/€)
결제월 (8개 결제월)	최근연속 6개월 +3,6,9,12월	최근연속 6개월 +3,6,9,12월	최근연속 6개월 +3,6,9,12월
결제방법	실물인수도	실물인수도	실물인수도

우리나라 상품선물의 종류는 〈표 16-4〉와 같다.

표 16-4 상품선물의 종류

구 분	금선물	미니금선물	돈육선물
기초자산	순도 99.99%의 금괴	순도 99.99%의 금괴	돈육대표가격(산출기관: 축산품질평가원)
거래단위	1kg	100g	1,000kg
가격표시방법	원/g	원/g	원/kg
호가단위	10원	10원	5원
최소가격변동금액	10,000원(1,000gx10원)	1,000원(100gx10원)	5,000원(1,000kgx5원)
결제월	2,4,6,8,10,12월 및 그 밖의 월 중 1개	2,4,6,8,10,12월 및 그 밖의 월 중 1개	분기월 중 2개와 그 밖의 월 중 4개
결제방법	인수도결제	현금결제	현금결제

제4절 옵션의 개념

1. 위험회피형 투자자

옵션(Option)이란 특정자산을 특정시점에 미리 약정된 가격으로 사거나 팔 수 있는 권리를 그 소유자에게 부여하는 계약이다. 기초자산을 매입할 수 있는 권리를 콜옵션(Call Option)이라 하고 기초자산을 매도할 수 있는 권리를 풋옵션(Put Option)이라 한다. 이러한 계약은 옵션발행자와 옵션매입자 간에 이루어지는데 옵션매입자는 이러한 권리를 얻는 대신 옵션발행자에게 대가를 지불해야 하는데 이를 옵션프리미엄(Option Premium) 또는 옵션가격(Option Price)라고 한다.

옵션이 만기가 되었을 때 옵션매입자는 기초자산의 가격과 행사가격을 비교하여 자신에게 유리할 때는 옵션을 행사하고 불리할 때는 옵션을 포기한다. 권리를 포기할 경우 최대손실은 옵션발행자에게 대가를 지불했던 옵션프리미엄(Option Premium) 또는 옵션가격(Option Price)에 한정된다. 예를 들면 콜옵션의 경우 만기일이 도래했을 때 기초자산의 시장가격이 옵션의 행사가격보다 높은 경우에 권리를 행사하게 된다. 그러나 기초자산의 시장가격이 행사가격보다 낮으면 시장에서 직접 매입하는 것이 유리하기에 콜옵션은 포기하게 된다.

옵션을 기초자산에 따라 분류하면 주식옵션, 주가지수옵션, 통화옵션, 금리옵션, 선물옵션, 상품옵션 등이 있다.

제5절 스왑거래

1. 스왑거래의 개념

스왑(Swap)은 교환이라는 의미로 교환의 대상이 원유나 곡물과 같은 일반상품이면 상품스왑이라 하고, 통화나 채권과 같은 금융상품이면 금융스왑이라고한다. 금융스왑은 미래의 정해진 기간 또는 기간 동안에 각자가 소유한 서로다른 현금을 교환하기로 약정하는 계약을 의미한다.

스왑거래는 거래당사자가 미래현금흐름을 일정기간 교환하기로 약정한 계약을 말하며 계약내용이 당사자의 합의에 따라 결정되고 장외시장에서 사적인형태로 계약이 체결된다는 점에서 선도거래와 유사하다.

최근에 스왑은 시장 간 스프레드의 차익거래를 통해 위험부담 없이 추가적인 이익실현을 가능하게 하고 차입비용의 절감과 이종통화 간 자금수지의 불균형에 의한 유동성 제약을 해소하며, 가격위험을 헤지, 시장규제 회피, 즉 새로운 시장에의 접근을 용이하게 하는 등 과거의 스왑거래에 비해서 금융시장의 보완 등 다양한 이용가치를 제공한다.

스왑거래는 거래대상과 교환되는 현금흐름에 따라서 이자지급조건을 교환하는 금리스왑, 서로 다른 통화의 원리금상환의무를 교환하는 통화스왑, 금리스왑과 통화스왑을 결합한 혼합스왑 그리고 외환스왑으로 구분된다.

2. 스왑거래의 종류

(1) 금리스왑

금리스왑(Interest Swap)은 스왑거래 당사자가 동일한 통화로 표시된 각자의차입금에 대한 이자지급의무를 서로 교환하여 지급하기로 약정한 거래를 말한다. 금리스왑은 차입금에 대한 금리변동위험의 헤지나 차입비용을 절감하기 위해서 이루어진다. 일반적으로 변동금리와 고정금리를 교환하는 고정-변동금리스왑, 서로 다른 변동금리부 이자지급조건을 교환하는 베이시스스왑(Basis Swap), 서로 다른 통화 간 이자지급조건을 교환하는 크로스커런시스왑 등으로 구분된다.

(2) 통화스왑

통화스왑(Currency Swap)은 스왑거래의 당사자가 상이한 통화로 차입한 자금의 원리금상환의무를 서로 교환하여 지급하기로 약정한 거래를 말한다. 즉, 상이한 통화로 표시된 명목원금을 교환하고, 만기까지 명목원금에 기초하여 상이한 통화로 표시된 이자를 지급하며 만기일에 약정한 환율로 명목원금을 다시 교환한다.

통화스왑의 종류에는 장기적인 환위험을 회피하기 위해 거래당사자가 계약시점에 약정한 환율에 따라 특정통화를 미래의 일정시점에 매입하거나 매도하기로 한 계약인 장기선물환계약, 스왑계약에 따라 서로 필요로 하는 통화표시 자금을 현물환율을 적용하여 매입해서 사용하고 만기에 계약기간 동안의 환율변동과는 관계없이 최초계약시점의 현물환율로 동일한 금액을 상환하기로 약정하는 직접통화스왑과 스왑거래 당사자가 환위험을 회피하고 차입비용을 절감하기 위해 서로 다른 통화로 표시된 채무에 대해 원리금상환의무를 교환하기로 약정한 계약인 채무교환스왑 등으로 구분할 수 있다.

(3) 혼합스왑

혼합스왑(Cocktail Swap)은 금리스왑과 통화스왑을 혼합한 형태의 거래를 말하며 통상 은행이 스왑중개기관으로서의 기능을 수행하고 복합스왑 또는 통화금리스왑이라고도 한다.

(4) 외환스왑

외환스왑(FX Swap)은 스왑거래의 당사자가 현재 환율에 따라 서로 다른 통화를 교환하고 일정기간이 경과한 후 계약시점에 약정한 선물환율에 따라 원금을 재교환하기로 하는 거래를 말한다. 즉, 동일한 거래상대방과 현물환과 선물환, 만기가 상이한 선물환과 선물환, 현물환과 현물환을 서로 반대방향으로 동시에 매매한다.

따라서 외환스왑은 단기자금 조달, 환리스크 회피, 외환거래의 결제일 조정과 회계처리상 부외거래로 취급되어 신용도 평가에 영향을 미치지 않는 장점과 은행간금리의 적용, 풍부한 유동성 등의 장점을 지닌다.

(5) 자산스왑

자산스왑(Asset Swap)은 스왑금융을 이용하여 채권의 현금흐름을 변환시키는 거래를 말하며 금융기관들이 장기고정금리자산을 변동금리자산으로 전환하기 위한 수단으로 많이 활용하고 있다. 예를 들면 고정금리채권을 매입하고 고정금리지급 금리스왑계약을 체결하면 변동금리채권의 매입포지션을 합성하는 효과를 본다.

(6) 상품스왑

상품스왑(Commodity Swap)은 스왑거래의 상대방에게 일정수량의 상품에 대해서 고정된 단위당 가격을 적용하여 정기적으로 지급하고 상대방으로부터는 고정가격 대신에 현재의 시장가격을 수령하는 거래를 말한다. 가격결정의 대상이 되는 기초자산인 상품은 동일한 상품이 될 수도 있고 서로 다른 상품이 될 수도 있다.

연습문제

1. 위험헤지의 개념과 매도헤지와 매입헤지를 설명하라.

2. 선물계약과 선도계약의 차이점을 논하라.

3. 금리선물 개념과 종류를 설명하라.

4. 옵션이란 무엇인가 설명하라.

5. 스왑의 개념과 종류를 설명하라.

참고문헌

김대호 · 오세경, 투자론, 경문사, 2010.
이재하 · 한덕희, 핵심투자론, 박영사, 2014.
이하일, 증권투자론, 삼영사, 2014
김기서 · 이석희, 금융투자상품 판매전략, 한국금융연수원, 2015.
정대용, 자산운용과 투자전략, 한국금융연수원, 2013.
강진홍 · 조한웅, 기업가치 평가실무, 영화조세통람, 2014.

MAYO, Introduction to Investments, Cengage, 2012
JONES, Investments, Princples and Concepts, Willy, 2010.
SHERIDAN TITMAN · JOHN D. MARTIN 원저 · 송영출 옮김, Valuation, The Art and
   Science of Corporate Investment Decisions, 석정, 2013.

한글색인

ㅇ

영문색인